大师谈收藏

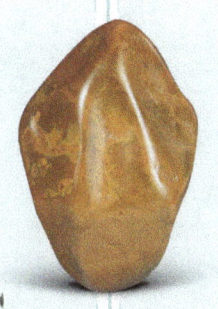

寿山石
投资收藏入门

第2版

黄宝庆 黄键琳 编著

上海科学技术出版社

图书在版编目（CIP）数据

寿山石投资收藏入门/黄宝庆，黄键琳编著.—2版.—上海：上海科学技术出版社，2014.5
（大师谈收藏）
ISBN 978-7-5478-2165-7

Ⅰ.①寿… Ⅱ.①黄…②黄… Ⅲ.①寿山石-投资-基本知识②寿山石-收藏-基本知识 Ⅳ.①F724.785②G894

中国版本图书馆CIP数据核字（2014）第048056号

寿山石投资收藏入门（第2版）
黄宝庆　黄键琳　编著

上海世纪出版股份有限公司
上海科学技术出版社　出版
（上海钦州南路71号　邮政编码200235）
中国图书进出口上海公司发行
200001　上海福建中路193号　www.ewen.cc
＊＊＊＊＊＊＊＊有限公司印刷
开本 850×1168　1/32　印张 8　插页 4
字数：200千字
2010年1月第1版　2014年5月第2版　2014年5月第3次印刷
ISBN 978-7-5478-2165-7/G·502

本书如有缺页、错装或坏损等严重质量问题，
请向工厂联系调换

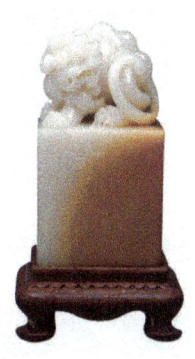

序

　　民间流传的"盛世收藏"名言,已经成为今日中国的现实。自20世纪始,工艺美术品悄然地走入了人们的视线并逐渐形成了庞大的国内市场。由于历代工艺美术品和近现代工艺美术品在市场流通中具有不同程度的增值和保值空间,因此工艺美术品已跃升为当今国内外资本的主要投资目标。

　　被今人称作"工艺美术"的艺术品,其实都是古代各个时期人们的生活用品。先人们在生活中发现了土与火,创造了彩陶、陶瓷;后来发现了铜,创造了青铜器;发现了漆,创造了漆器……每一时期新材料的发现都推动了科技和工艺的发展,新的科技、工艺、材料的发现,也创造了更加便利和适用的生活用品,从而更新和丰富着人们的生活及生活方式。由于古代物质和精神生活的单纯性,促使当时人们的精力更专注在对唯一和主要用品的适用功能和审美功能的集中表达上。因此,无论是彩陶、青铜器、漆器、金银器、玉器等物品上都呈现着时代的使用和审美合璧的双重功能。在

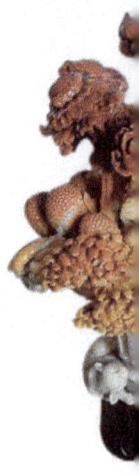

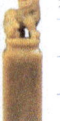

古代器物中，蕴涵着各个时期社会形态、人们生活水平、生活方式、工艺科技水准和人们的审美情感等信息。这些有形和无形的形象和信息凝聚成为一种特有的历史价值和艺术价值，当器物一旦失去使用价值以后，后人又会在它的形体上发现和挖掘出历史价值和审美价值。早在我国宋代就已出现了对古书画和古器物的收藏与复制。清代以后，复制古代工艺品和根据古代传统工艺、传统工艺风格进行创新的工艺品，形成了独立的制作和流通产业，所制作的器物专供人们陈设、欣赏、把玩、收藏与投资。

今天在工艺品收藏和投资中不乏古代工艺品和近现代工艺品。古代工艺品一般通过墓葬出土、各朝代宫廷留存、私人收藏传承等方式传世。古代工艺品大多属帝王、贵族、文人士大夫所拥有，这种种器物均具有较高的历史价值、工艺价值、艺术价值和经济价值。现在这部分物品被收藏在各大博物馆内，流通到社会的数量毕竟有限。

近现代工艺美术品的门类、品种、花式极为丰富，如：玉器、石雕、象牙、竹木器、漆器、陶瓷、琉璃、金银铜锡器、珐琅器、红木家具、刺绣，等等。其中，由于受不同地域不

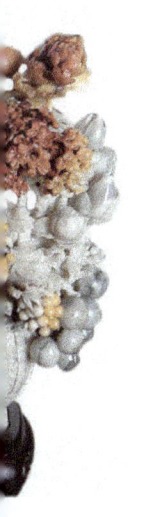

同民族文化、风俗、资源的影响,每类工艺品又呈现出风格迥异的特色。

近现代工艺品已退去了实用功能走向艺术的层面,因此尤其重视材料品质的选择和艺术设计水平的提高、工艺加工的精致,目前工艺美术品的艺术附加值,吸引了更多投资者的目光。工艺美术品的发展与工艺美术品的收藏、投资互为因果,高水平的工艺美术品具有稳定、可观的保值增值空间,由此会推动工艺美术品收藏和投资的拓展。同样,工艺品投资的发展也会推进工艺美术事业的持续发展。

"今天的工艺美术品是未来的文物"这一论断正是历史的规律。工艺品收藏和投资,不仅是个人资本投资增值的目的,也是个人兴趣爱好、养性益智、提高审美的自我修养,更是一份留存给后人时代艺术精华的历史责任。

目前工艺美术品市场虽方兴未艾,但市场中的工艺制品存在着真伪、良莠纷杂现象。如何鉴真收精,全凭收藏者的眼力功夫。眼力来源于收藏者、投资者对工艺品知识了解的程度和审美品位的高下,审美品位则来自对工艺品知识掌握多寡和收藏实践的品鉴中。

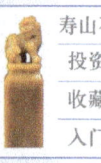

  中国工艺美术历史悠远,艺术璀璨,工艺精致,是中国文化艺术的重要组成部分。无论哪一门类的工艺美术品,其魅力中无不包含了复杂的发展、蜕变历程;充满了世代人在天时、地利、人和的认知中对材料选择、利用的智慧;积淀了工艺美术设计和工艺技法表达的绝技的繁复和多样性。这门丰厚而优秀的学问是中国工艺美术宝贵的财富,是工艺美术品收藏和投资者珍贵的知识典籍。

  "大师谈收藏"系列丛书用一问一答的形式,把工艺美术历史、材料、工艺、名人名作、真伪鉴别、保养等理论知识化。书中的提问与解答开门见山、简明扼要,直指要点,使读者易懂、易记,可谓是收藏和投资者的一本入门指南。此书可以帮助有志收藏投资者入门有道,少走弯路;对于已有一定收藏、投资经历者而言,也可以作为检验收藏成果,提升收藏、投资能力的良师益友。

北京工艺美术学会理事长　唐克美
2014 年 2 月

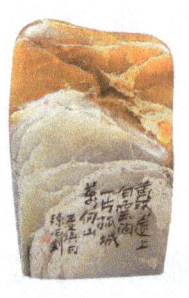

前言

天遣瑰宝生闽中。

福州寿山得天独厚的地理气候条件，蕴藏着丰富而瑰丽的珍贵彩石——寿山石，她汲日月之精华，山川之灵气，并带着美丽的传说和上天的眷顾，使其脂润的特质和瑰丽的色彩，以及文化底蕴在艺坛独树一帜。

石不能言最可人。

寿山石瑰丽的外表和内在品质，使她代代流传，成为今之国宝。

寿山石雕艺术品集自然精华与雕刻艺术家的智慧于一体，精巧绝伦、巧夺天工。1500多年的悠久历史伴随着文人墨客的咏吟赞叹和皇家贵族的情有独钟，使寿山石承载着深厚的文化积淀，成为福州工艺美术的重要代表，更是中国工艺美术界的一朵奇葩。

优美的寿山石雕艺术品在人类社会生活中不仅有助于物质文明，而更重要的是有助于精神文明事业的发展。它可以使人陶冶情操，美化心灵，益寿延年。在欣赏中获得美的愉悦。

当前，随着中国经济的迅速增长，社会结构与社会观念也发生着巨大的变化，这些都深刻地影响着我国工艺美术行业和艺术品投资市场的发展。社会的发展和经济水平的提高推动着艺术品收藏急剧升温，寿山石及寿山石雕作品的艺术价值和经济价值也逐渐为人们普遍接受和推崇，众多收藏爱好者的加入使寿山石身价倍增。而随着寿山石雕艺术水平的不断提高，收藏寿山石成了欣赏、保值、考古、交流、珍藏等重要内容。当前，寿山石交易市场空前活跃，一派繁荣。《大师谈收藏》系列丛书正是应这种艺术品收藏投资的需求而产生，寿山石作为投资收藏的热点之一自然也被收录其中。

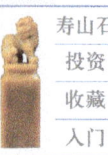

本书分为四部分，由原料篇、工艺篇、收藏篇、投资篇组成本书的基本框架，123个问答囊括寿山石投资收藏中需要了解和注意的基本知识。本书的编写遵循以下原则：力求内容准确、全面，既有一定的实用价值，又能体现较高的理论水平；既能为寿山石的收藏投资实践提供现实指导，同时为寿山石艺术文化的理论研究提供一定的参考价值。

作者在本书的撰写期间，得到了有关人士的支持和帮助。时值本书再版之际，谨向所有为本书付出了努力和辛劳的朋友表示衷心的感谢。他们的热情帮助和大力支持，促使我们完成了一项有意义的工作。首先，衷心感谢为本书进行多次审稿并提出许多宝贵修改意见的专家们，你们的认真审阅和专业意见是本书准确性和专业性的重要保证；同时感谢在互联网上共享大量宝贵资料的朋友们，你们的无私共享和经验分享是本书全面性和实用性的广泛来源；最后，感谢北京工艺美术学会，你们提供的良好契机和大力支持使本书出版后深受读者欢迎并多次重印。

本书曾经多次专家研讨，三易其稿，终于完成。虽然本书经过作者和其他专家的严格审核，但仍难免有欠妥之处，诚望同仁和读者不吝指正。

编著者
2014年2月

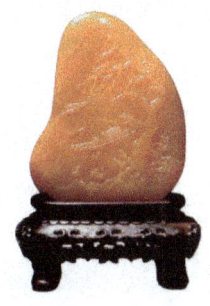

目录

原料篇

1. 什么是寿山石？	2
2. 寿山石是如何形成的？	3
3. 寿山石的产地有多大？	5
4. 寿山石有哪些美丽的传说？	7
5. 寿山石有哪些考古、研究文献？	9
6. 寿山石为什么会有五彩斑斓的颜色？	11
7. 寿山石对人体健康有哪些益处？	13
8. 寿山石常见瑕疵有哪些？	15
9. 寿山石究竟有多少个品种？	17
10. 寿山石是如何分类的？	19
11. 寿山石的石种是如何命名的？	20

12．什么是田坑石？有哪些特点？	21
13．田坑石中有哪些珍贵石种？	24
14．田黄石有哪些特征？	27
15．田黄石有哪几种分类方法？	32
16．田黄石有哪些文化内涵？	36
17．如何理解"无皮不成田"？	38
18．如何理解"无格不成田"？	39
19．田黄石价格为何节节攀升？	41
20．田黄石造假手段有哪些？	43
21．如何辨别假冒田黄的石种？	45
22．什么是水坑石？有哪些特点？	51
23．水坑石有哪些珍贵石种？	53
24．什么是山坑石？有哪些特点？	57
25．什么是芙蓉石？	59
26．何谓芙蓉屎？	60
27．芙蓉石有哪些颜色？	61
28．何谓高山石？	63
29．高山石有哪些石种？	64
30．何谓荔枝洞石？	73
31．何谓旗降石？	74
32．何谓善伯洞石？	75
33．何谓都成坑石？	77
34．何谓鸡母窝石？	78
35．何谓汶洋石？	79
36．何谓月尾石？	80
37．何谓老岭石？	81
38．何谓焓红石？	82
39．何谓艾叶绿？	83

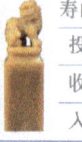

40．何谓伪田黄？　　　　　　　　　　　84
41．何谓掘性寿山石？　　　　　　　　86
42．何谓寺坪石？　　　　　　　　　　87

工艺篇

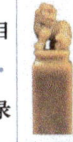

43．何谓相石？为何要相石？　　　　　90
44．如何相石形？　　　　　　　　　　91
45．如何相石质？　　　　　　　　　　92
46．何谓巧色？　　　　　　　　　　　93
47．寿山石雕刻有哪些艺术流派？如何划分？　94
48．寿山石雕技法是如何发展的？　　　98
49．什么是圆雕技法？有什么特点？　　100
50．什么是镂雕技法？有什么特点？　　104
51．链雕技法是什么？有什么特点？　　106
52．什么是浮雕技法？有什么特点？　　107
53．什么是钮雕技法？有什么特点？　　109
54．寿山石雕刻有哪些工序？　　　　　110
55．何谓打坯？　　　　　　　　　　　111
56．何谓凿坯？　　　　　　　　　　　112
57．何谓修光？　　　　　　　　　　　112
58．何谓磨光？　　　　　　　　　　　113
59．佛教题材的寿山石雕有哪些特点？　114
60．寿山石雕的观音有哪些形象？　　　116
61．寿山石雕的弥勒有哪些形象？　　　117
62．寿山石雕的达摩有哪些形象？　　　119
63．寿山石雕的济公有哪些形象？　　　119

64．寿山石雕的罗汉有哪些形象？ 120
65．寿山石雕的李白有哪些形象？ 121
66．刘海戏蟾有何吉祥寓意？ 122
67．什么是薄意技巧？有哪些特点？ 122
68．薄意技法是如何发展而来的？ 125
69．薄意选材有哪些特点？ 126
70．薄意雕刻有哪些步骤？ 130
71．常见薄意作品有哪些题材？ 133
72．寿山石如何与印章结缘？ 136
73．印章石料的选材主要有哪些？ 138
74．寿山石印章的结构是怎样的？ 139
75．如何选择印石？ 141
76．寿山石印钮有哪些题材？ 142
77．寿山石印章古兽印钮有哪些寓意？ 145
78．什么是款识？ 147
79．煨乌和煅红指的是什么？ 149
80．如何看待做旧？ 151
81．寿山石雕做旧有哪些方法？ 151
82．如何识别染色处理？ 152
83．如何识别拼合寿山石雕？ 153

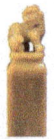

收藏篇

84．寿山石的收藏历史是怎样的？ 156
85．寿山石收藏群体主要有哪些？ 158
86．如何正确看待捡漏？ 162
87．为何收藏寿山石切忌急躁的心态？ 163

88．为什么在收藏寿山石时必须量力而行？	164
89．为什么说收藏寿山石不宜盲目跟风？	167
90．寿山石艺术品为什么要进行保养？	168
91．寿山石原石应如何保养？	170
92．如何保养寿山石艺术品？	170
93．何谓油养？油养需注意什么？	173
94．哪些寿山石种不宜油养？	175
95．油养的油料如何选择？	176
96．何谓蜡养？蜡养需要注意什么？	179
97．如何因石而异地进行寿山石保养？	180
98．寿山石雕配底座有什么作用？	182
99．如何为寿山石雕作品配一个好底座？	183
100．何谓包浆？哪些寿山石雕作品易产生包浆？	186

投资篇

101．目前，寿山石资源现状如何？	188
102．寿山石价格为何一路攀升？	189
103．寿山石原石有哪些收藏价值？	190
104．为什么说寿山石是投资的好选择？	192
105．目前有哪些主要的寿山石贸易市场？	196
106．何谓寿山石艺术品的回流潮？	199
107．投资收藏寿山石的新手需要注意哪些事项？	201
108．如何提高对各种寿山石的鉴别能力？	202
109．如何以最少的资金进行寿山石的投资与收藏？	204
110．如何看待名贵石种的收藏？	205
111．收藏寿山石越多越好吗？	208

112. 寿山石雕作品越老越值钱吗? 209
113. 为什么寿山石雕投资收藏需要注重雕工? 211
114. 如何判断寿山石艺术品雕工的优劣? 214
115. 如何看待寿山石雕的名家作品? 216
116. 如何投资收藏寿山石雕的名家作品? 217
117. 如何看待裂格? 219
118. 寿山石雕有哪些规范标识? 220
119. 测量寿山石的尺寸要注意哪些事项? 222
120. 网上交易寿山石有哪几种方式? 224
121. 网购寿山石有哪些优势? 225
122. 网购寿山石存在哪些风险? 228
123. 网购寿山石应该注意哪些问题? 230

附录　寿山石三坑主要品种表 234

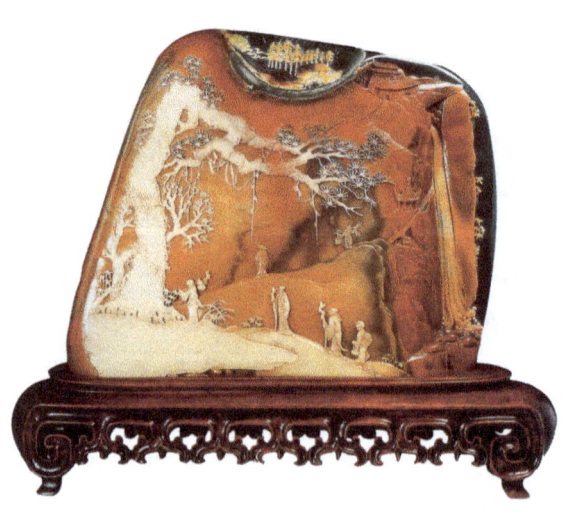

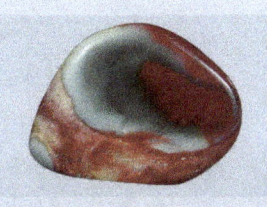

寿山石投资收藏入门

原料篇

1. 什么是寿山石？

寿山石地方标准（DB35/419—2000 福建省地方标准）对寿山石下了如下定义：寿山石因首次发现于福州寿山而得名，是以叶蜡石、地开石、高岭石、珍珠陶石、伊利石等黏土矿物为主的单矿物或多矿物集合体，因其具特有的硬度、工艺特点而雕刻成各种工艺品。简言之，寿山石是指蕴藏于福州寿山村、可用于工艺雕刻、以地开石和叶蜡石等非金属矿物为主要成分的矿石。

寿山石种类繁多，古人按其产出地貌位置归纳为田坑石、水坑石和山坑石三类，现代人按其矿物学类型分为叶蜡石型、高岭石型和伊利石型。

寿山石产于福建省福州市北郊约40千米的寿山村，其形成可上溯至数千万年前火山爆发引起的地质活动，以石质细腻、色彩斑斓、纹理天成、柔而易攻等特点而闻名遐迩，是世间罕见的五彩宝石。其中，尤以田黄最为贵重，为寿山石中的极品。

寿山石多用于篆刻与雕刻，为中国印章和石雕艺术品的最佳材料之一，被誉为"石中之王"、"国之瑰宝"。寿山石"上伴帝王将相，中及文人雅士，下亲庶民百姓"。自古以来，寿山石雕以其"天生丽质"的自然美与"巧夺天工"的艺术美而深受藏石家、爱好者喜爱，并在历次的中国"国石"评

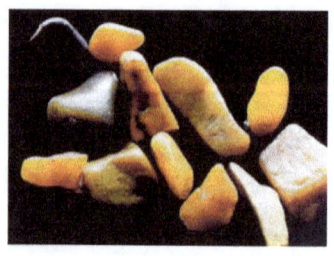
——田坑石——

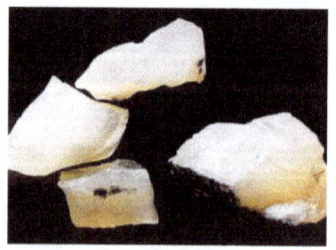
——水坑石——

选活动中荣登候选"国石"榜首。

据考古发现和出土文物考证,早在南朝时期(公元445年),寿山石就已用于雕刻工艺品,迄今已有1 500多年的历史。南宋时,寿山石矿开采已具规模,经元、明、清各代的发展,已形成独立的寿山石雕产业。

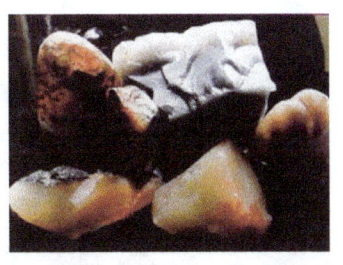
———— 山 坑 石 ————

寿山石雕刻工艺精美,是自然造化与人类智慧的结晶,寿山石雕被誉为"榕城三宝"之一,是我国工艺美术百花园中的一朵奇葩。寿山石雕技法丰富多彩,技艺精湛,经过千百年的积累和创新,已形成了圆雕、印钮雕、镂空雕、高浮雕、薄意雕、浅浮雕、镶嵌雕、链雕、篆刻及微雕等工艺技法。作品题材广泛,有人物、动物、山水、花鸟、古兽、博古等。

寿山石雕刻艺术源远流长,在中国玉石传统文化中占有突出地位,常常作为国家礼品赠送给各国元首和世界知名人士,并被列入文化部颁布的第一批国家非物质文化遗产名录,成为中华民族宝贵民间艺术的典型代表。

2. 寿山石是如何形成的?

寿山石的矿物成分以叶蜡石为主,其次为石英、水铝石和高岭石,少量黄铁矿。寿山石与所有矿产一样,都是地壳活动的特定产物。

寿山石属火山热液交代(充填)型叶蜡石矿床。在地质的中生代(距今约2.3亿年至6 700万年),在今日福建的东

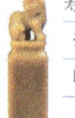

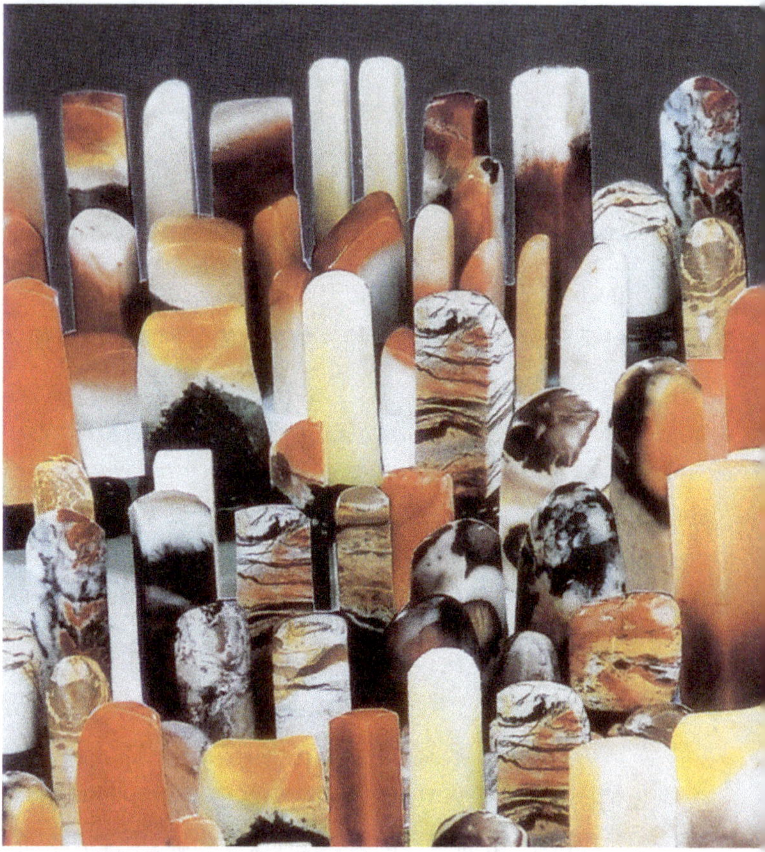

———— 五彩斑斓的寿山石 ————

部发生了一次地质大变动，大量岩浆冲出地表，形成火山岩。在火山喷发的间隙或喷发结束之后，伴随着的大量的酸性气、热液活动，交替分解了周围岩层中的长石类矿物，将其原先含有的比较活跃的钾、钙、镁和铁等元素分化，而保留下较为稳定的铝、硅等元素。这些含铝、硅元素的溶液沿着周围岩石的裂隙沉淀晶化而成矿，便成为叶蜡石、高岭石、地开石等，也就是我们统称的"寿山石"。由于地下的岩浆富含

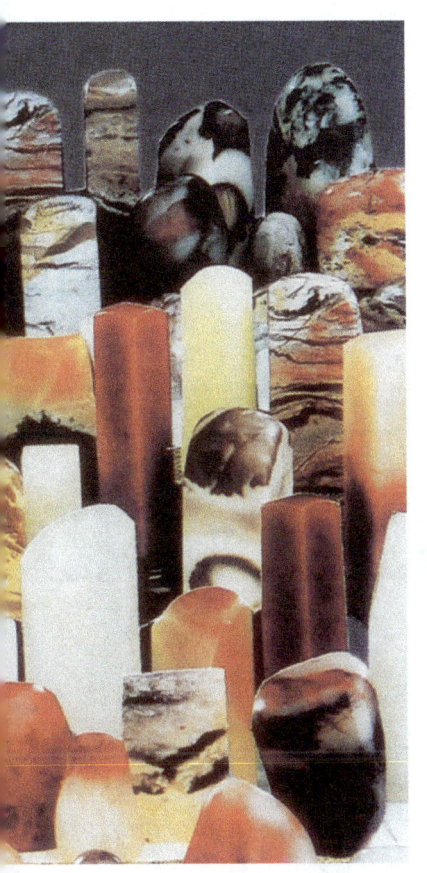

氧化硅和氧化铝等成分,因此寿山石矿有别于地球表层其他的石矿,而被称为优质叶蜡石。

因为所含成分不同、各成分比例不同以及成矿时客观环境不同,寿山石一般公认可以分为田坑类、水坑类、山坑类三类。

各种原生矿是内生成矿作用形成的,火山喷发之后岩浆流动、沉淀,形成地下的矿脉。这是寿山石成矿的必经阶段。

除内生成矿外,还有一种地质作用是外生成矿,所谓外生成矿是指地下矿脉随着地壳运动而暴露于地表,一些岩石在物理风化侵蚀作用下脱离了母矿,并沿着山坡溪流滚落,在不断冲击和碰撞中,加上水的化学作用和氧化作用最终形成的。如田坑石就是又经历了次生矿特定的地质作用而形成的,号称"石中之王"的田黄石,就是最好的代表。

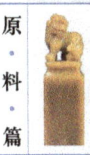

原·料·篇

3. 寿山石的产地有多大?

寿山位于福州市北郊,距城近40千米,地理位置为东经119°10'39″,北纬26°10'50″,属福建省中东部的丘陵

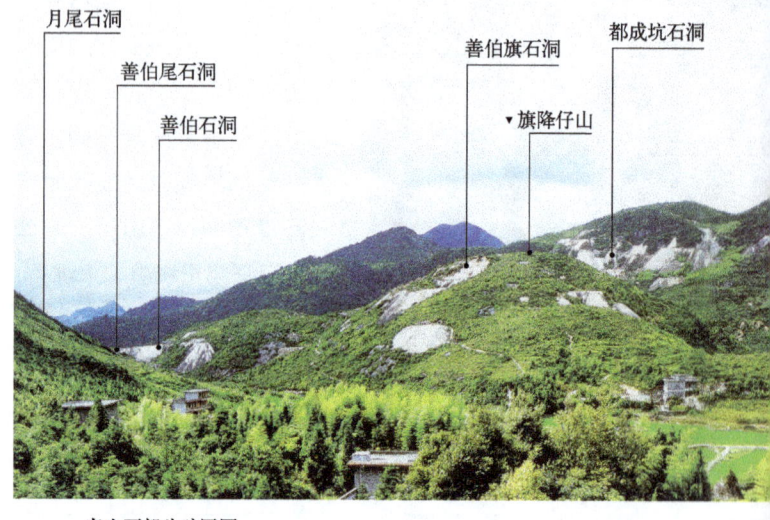

寿山石部分矿区图

地带,海拔不及千米。山中有村,名为"寿山村",寿山石就产于此。

地质学家勘探结果表明,福州的寿山石主要分布在福州北部与连江、罗源交界的金三角地带,以寿山村为中心,北至党洋,南至月洋,东至连江,西至汶洋村,方圆不过一二十千米,有三大产区:一个是寿山产区,一个是月洋产区,再一个是党洋产区。

寿山石产区中心区包括高山、旗山、老岭、猴柴山、金狮公山、柳坪及北面黄巢山、山秀园山、党洋山等处。位于寿山村东南面8千米处的加良山、峨嵋山,以出产芙蓉石和峨眉石而著名。

寿山石的矿脉分为三支:第一支向西北而行,分别为旗山、贝坑山、旗降山、鸡冠山、牛角山、连江黄山、九茶山、月尾山等;第二支由西南向东北,分别为大高山、小高山、

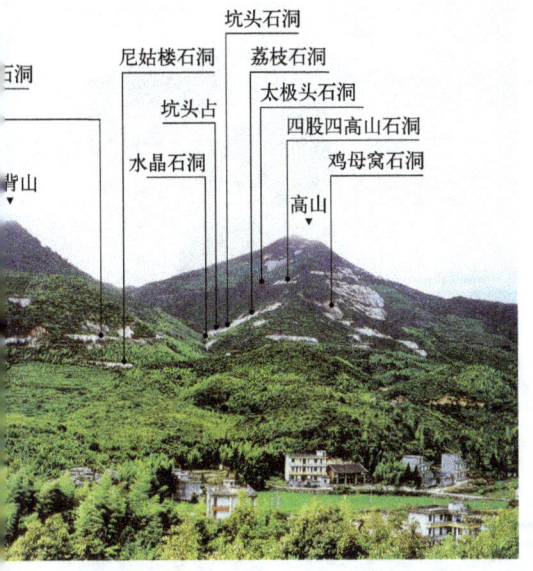

水晶岩山、都成坑山；第三支由大小高山再分而东南行，蜿蜒数十里，入宦溪镇湖垱村，再折东北为月洋高山顶，至连江县而止。

4. 寿山石有哪些美丽的传说？

自古以来，民间就流传着许多关于寿山石的美丽的传说和故事，为寿山石增添了无比神奇的文化色彩。

相传女娲补天路过寿山、芙蓉、九峰诸处时，被寿山的山川美景所打动，于是将补天余石撒在寿山的山峦水涧之中，变成了今天色彩斑斓的寿山彩石。这便是民间传说的"女娲补天遗石寿山"的由来。

有关寿山石的由来，还有一个美丽的传说，那就是"凤凰彩卵留人间"，意为寿山石是凤凰卵所变。另一个说法是

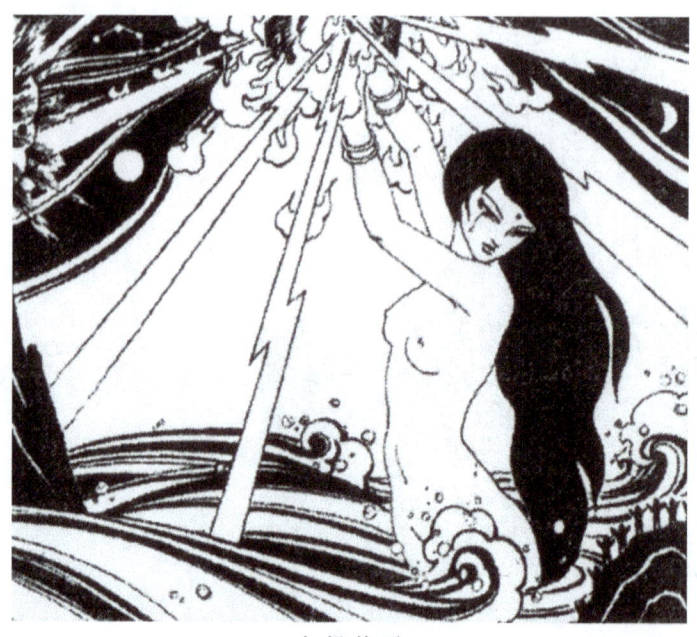

女 娲 补 天

天帝御前凤凰女神奉旨出巡凡界，到福州北峰寿山一带时，见这里峰峦叠嶂，无限秀美，希望自己的后代能在这秀丽无比的山间阔地繁衍生息，离别之际产下了许多彩卵。千万年后，这些彩卵变成了晶莹璀璨、五颜六色的寿山石。

除此之外，还有"仙人遗棋子，陈长寿捡石发大财"以及"朱元璋夜宿寿山石洞，医好满身疥疮"、"田黄石可驱灾避邪"、"藏田石者能益寿延年"等许多广为流传的民间传说。

"天遣瑰宝生闽中"，寿山石是上天对有福之州的寿山的特别眷顾。这些美丽的传说不仅寄托了人们对寿山石的喜爱和对大自然的感恩，也给可爱的寿山石蒙上了一层神秘的色彩。这些传奇故事也成为寿山石文化中的一个重要组成部分。

5. 寿山石有哪些考古、研究文献？

寿山石开采的文字记录，最早见于南宋梁克家的《三山志》。宋之后，福建、福州多部志书皆有记述，在许多私人著作里也有许多记述。

最早赞美寿山石的诗是从宋代的黄干开始的，"石为文多招斧凿"，形象地描写出寿山石色彩斑斓、花纹可爱，从而招来斧凿之灾。此后，历代学者、诗人对寿山石之爱化作诗词歌赋，吟诵不绝，如明代的谢肇淛、陈鸣鹤，清代的黄任、叶观国、杨仲愈、杨庆琛、魏杰，现代的郭沫若、邓拓、潘主兰等。

真正对寿山石的研究是自清初开始的。高兆的《观石录》和毛奇龄的《后观石录》都是关于寿山石的研究成果。被称为寿山石文化第一篇论述的《观石录》，全文仅2700字，却涉猎甚广，对寿山石做了一个简单而广泛的概述。全文对140余枚寿山石作了描述和评价，将寿山石分作"水坑"和"山坑"两大类，还将寿山石分"神、妙、逸"三品，并总结了

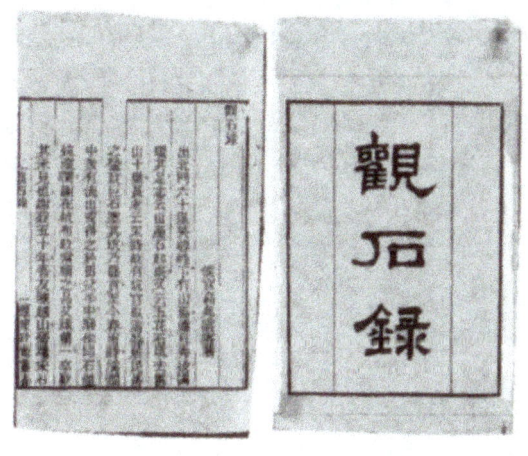

观 石 录
清康熙 高兆

当时一些石雕艺人的艺术技巧及他们雕刻寿山石"相石"、"解石"及磨光的经验。其后，毛奇龄著《后观石录》对寿山石分类首次提出"山、水、田"三坑之说，并提出以"田坑为第一，水坑次之，山坑又次之"的品石观点。三坑分类法至今仍在使用。《后观石录》全文也只有3 600多字，对49枚寿山石作了欣赏性质的记录。其与《观石录》都是采取"因相命名，随色取号"的定名法。前后观石录的面世，标志着文人从文字上对寿山石文化艺术的真正介入，被后世誉为"双璧"。确切地说，这两篇观石录都只是带有品玩性质的文化随笔而已。

晚清藏石家郭柏苍在《葭苻草堂集》和《闽产录异》两书中系统地介绍了寿山石石种，确立了"以坑洞为总目"、"以产地定石名"的比较科学的分类法。以上著述观点对寿山石的分类和品评影响甚远。清朝时期描述寿山石及其雕品的还有王士禛的《香祖笔记》、徐祚永的《闽游诗话》、郑杰的《闽中录》、卞二济的《寿山石记》等。

民国期间，龚纶著《寿山石谱》，全文1万余字，对寿山石的名品、产地和雕刻作了系统的评价和描述。较之前的研究，此书较为完整、全面且理论性较强。其后，还有张幼珊的《寿山石考》、陈子奋的《寿山石印石小志》、潘主兰的《寿山石刻史话》等。

中华人民共和国成立后，

寿山石谱
民国 龚纶

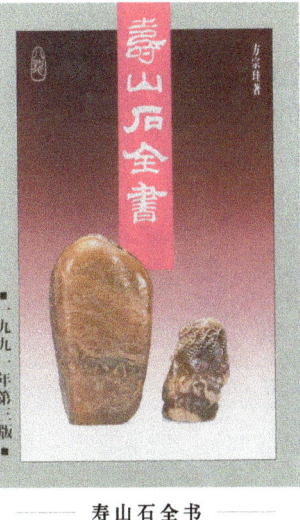

寿山石全书
方宗珪

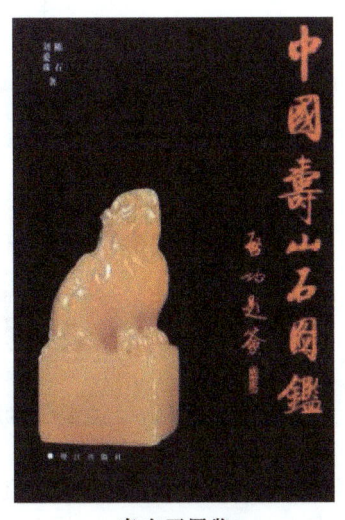

寿山石图鉴
陈石 刘爱珠

寿山石的理论研究和学术交流得到进一步发展。社会上先后组织了福州寿山石研究会、福建省寿山石文化艺术研究会、海峡寿山石文化研究院和寿山石之乡研究会等群众性研究寿山石文化的社会团体，并出版了许多论文集。特别是20世纪80年代以来，许多寿山石文化专家致力于寿山石文化和理论研究，留下了不少专著。如方宗珪的《寿山石志》、《寿山石全书》、《寿山石史料评注》、《寿山石鉴赏》等，陈石的《中国寿山石图鉴》、《寿山石雕艺术》、《寿山石文化》（与王植伦合著）、林文举《薄意艺术》等。越来越多的人投入到寿山石研究中，新的作品层出不穷，极大地推动了寿山石文化的发展。

6. 寿山石为什么会有五彩斑斓的颜色？

寿山石色彩丰富，"人间诸色它俱有，人间所无它也有"，"或妍如萱草，或倩如春柑；白者皆濯濯冰雪，澄澈人心腑；望之如郊原春色，桃李葱茏……"。寿山石色彩的艳丽和丰

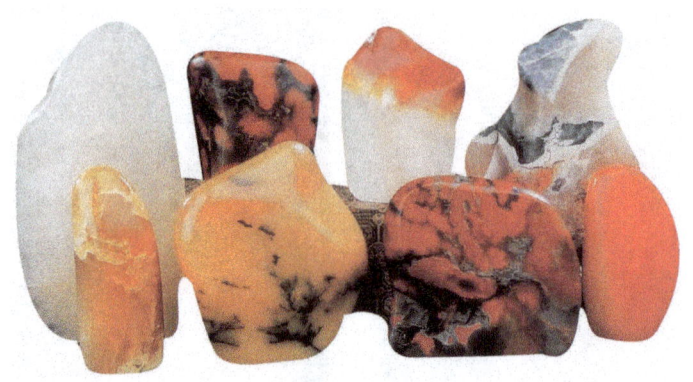

————五彩斑斓的寿山石品种石

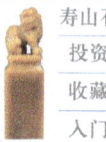

富是其他石种无可比拟的。正是由于它的鲜艳夺目，五彩斑斓，吸引了世人的注意力。

寿山石颜色十分丰富，五彩缤纷。有的同一块石头内，就有各种不同的颜色。寿山石之所以呈现出灿若云霞的缤纷异彩，是由于在形成及埋藏过程中其他矿物的掺入，使大自然的神奇力量变幻出神奇莫测的万紫千红。

根据矿物学家的分析，寿山石之所以有这么瑰丽的颜色，主要是由于所含化学成分不同所致。具体说来，是与氧化铁、镁、钾及一些化学元素等的含量有关。三氧化二铁的含量越高，石色就越浓郁。所含的微量元素不同，颜色也不同。如含铁多的呈红色，含铜多的呈绿色。各颜色混杂时，就会形成美丽的斑纹。寿山石中有许多品种都是以色彩来命名的，如桃花红、晚霞红、红高山、白高山、黄高山等等。

有时一块石头内呈现不同的颜色，这是经过多次地质运动形成的。因为形成的方式和环境等的差异，导致每一块寿山石构成质地、纹理、颜色的千差万别。如田黄表面往往会有一层厚薄不一且不透明的石皮，呈牙黄、白、灰或黑色。这是田黄长期经不同环境的土壤沁渍，引起外部皮层的化学变化所致，并与其掩埋的砂土层的矿物成分密切相关。如乌鸦皮田黄，其肌理为黄色，外表则呈微透明的黑皮，其黑色石皮即为铁锰氧化物沁养所致。

7. 寿山石对人体健康有哪些益处？

寿山石作品的艺术价值和经济价值已经为人们普遍接受和推崇。但是人们在藏石养石之余，不禁要问，我们人体与寿山石如此亲密地接触，会不会对我们的身体健康造成影响？如果有的话，是好的影响还是不好的影响？这些都需要我们从科学角度来了解寿山石，去寻找答案。

探讨寿山石对人体健康的影响，首先要了解寿山石对人体是否有害。对于矿物而言，大家最关心的莫过于是否有放射性。放射性是指不稳定原子核自发放出射线现象，并非所有有放射性的石头都对人体有害。科学研究表明，当放射性伽马值大于40时，才需要进一步检查是否对人体有害。科

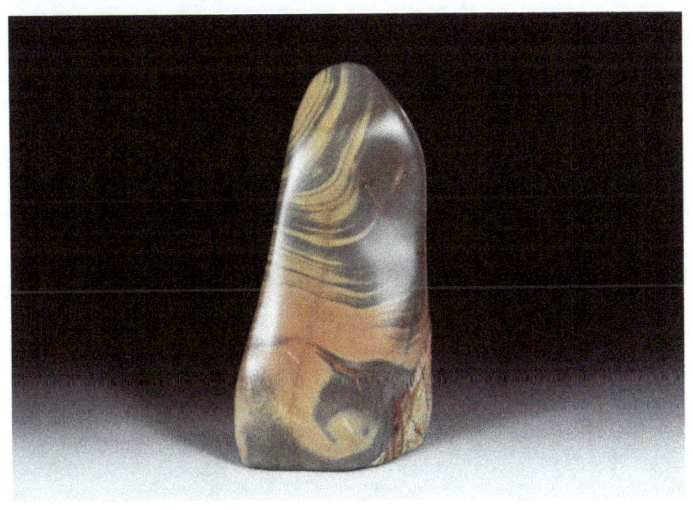

—— 山 秀 园 石 ——

学工作者经 70 多个钻孔和大量槽探内系统放射性伽马值检测后发现，寿山叶蜡石矿放射性值仅为 25～30；峨嵋叶蜡石矿为 20～30。放射性伽马值均低于 30。所以，寿山叶蜡石的放射性不会对人体健康造成损害。

事实上，寿山石非但对人体无害，反而有利于我们的身体健康。关于寿山石，我们经常听到这样的传说，朱元璋曾依赖寿山石治好了皮肤病，后来民间流传称"寿山石"可以医治百病。民间还有藏田石者能益寿延年等许多关于寿山石有利于人体健康的传说。《本草经疏》也有相关记载："花乳石，其功专于止血。能使血化为水。"这里的花乳石便是现代所说的"青田石"和"寿山石"之类。寿山石粉的中医药名为"滑石粉"，可用于清热、去烦、解毒。民间通常利用寿山石粉治疗痱子，效果显著。还有人用寿山石或寿山石粉来清热、去烦、解毒。

近年来，一些科学工作者分析寿山石化学成分，得出了寿山石含有对人体有益微量元素的初步研究成果。测试分析结果

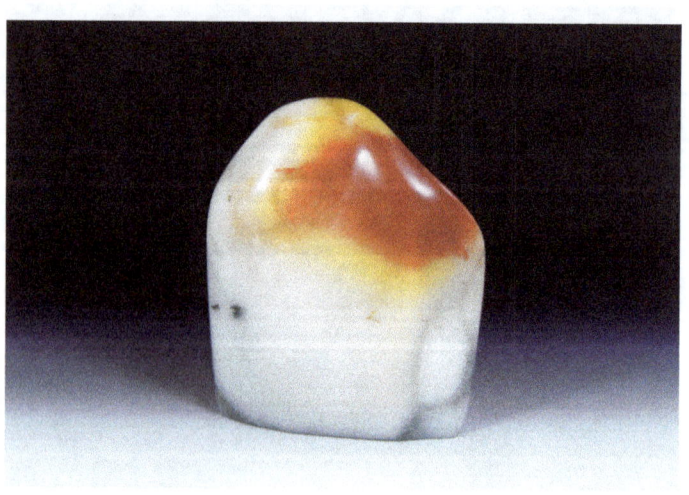

———— 水洞高山石 ————

表明，寿山石所含的主要微量元素有：锡、钼、钯、锌、铜、铬、镍、钴、钒、钡、镓、钪、铌、钇、铍等。其中至少有7种（钼、锌、铜、铬、镍、钴、钒）为人体必需的微量元素。这些元素对人体有医疗和保健的作用。寿山石因富含对人体有益的各种元素，已经在食品、化妆品、医药等领域上得到应用。寿山石原料经过深加工，在糖果工业上可作为撒粉材料和磨亮糖果用，还可制作茶壶、化妆品填料、陶瓷器原料及医药掺合剂等。

另外，寿山石的文化内涵和艺术价值，不仅使人们从中得到美的享受，还可以陶冶情操，融入大自然中，在美的艺术氛围中净化心灵。养石即养心，经常把玩寿山石可以益寿延年的说法也并非毫无依据。

8. 寿山石常见瑕疵有哪些？

寿山石以质色闻名天下，色正质纯常常是佳石的检验标准。但寿山石是天然形成的，其形成过程又十分漫长复杂，有些瑕疵也在所难免。寿山石常见瑕疵有砂隔、石格、筋络及膏状物等。

砂质是指夹杂在石中的坚硬砂岩，有绵砂、砂丁、砂块等三种类型。

绵砂指石料中存在着一团或多团未完全蜡化的砂状物，一般硬度较低，粒度细，多夹杂在石色之中，形成零散或在大块面上聚成条状或絮状，以黄、白色砂质居多。其中多且散者一般难以完全清除。

砂丁多为石英质细砂粒或铁、铜质金属矿粒，一般颗粒细小，分布稀疏，往往混杂在矿石中。大多硬度高，雕刻时难于下刀。

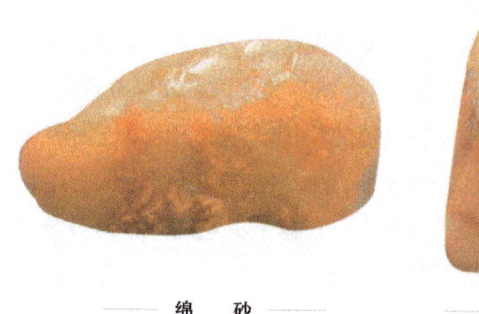
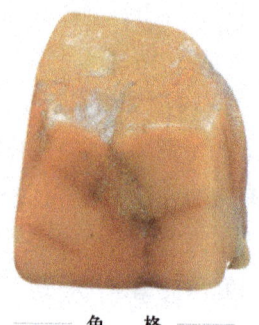

———— 绵　砂 ————　　　　———— 色　格 ————

砂块指成团块状的石英砂质或花岗石质，大都是穿透于矿石中的围岩之残体，质坚硬且色杂，常见有灰、黄、黑、白色等，雕刻时几乎难以下刀。

石格又称为"毕格"、"裂纹"、"裂格"。常见的有粉格、色格、震格三种类型。

粉格俗称"黄土格"，是矿石因地壳活动而受震产生的裂痕，长年累月被黄泥、红土等杂质泥油沁透充填而成，多沿石表往内部灌注。因此粉格黏性较差，用力敲击即会断裂。

色格通常是矿体在凝固形成后，矿床再度受到地壳变动的挤压或错位而产生的裂纹，其中大部分会再受到周围矿物质的填补，日积月累而形成有色的隔层。填充物为氧化铁即成红筋，填充物为其他物则可能成为黑色格或粉土格等。一般而言，色格不易开裂，不影响石质。若雕刻时加以利用，可以增添情趣，别有一番韵味。

震格通常指在同一种质色、透度的矿块，受到外力强烈撞击后，所产生的断裂纹。多因开采爆破或搬运震动等人为原因造成。细小的裂纹一般不易发现。用灯光侧射，可发现裂纹的横断面不透光；也可用油脂擦拭石体，然后擦净石表，之后侧看是否有细微线痕，或在两侧用力挤压，能挤出油水的即为震格。

另外还有其他的一些瑕疵，如膏状物、蛀洞、锈空、黑针等。膏状物，即石质不纯，或各色膏状物混杂其中。蛀洞，即石块表面破碎过大或破成各种大小不一的空洞。锈空，即石表有小细洞，肌理内部有小破洞而在石表留下摸不到的锈斑点。黑针，即石质肌理黑点白点散布，石农形象地称之为"蚕卵"。

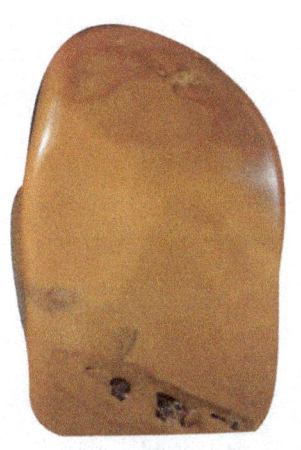

寿山石中的瑕疵——蛀洞

寿山石的石质是决定其价值的主要因素。虽说色杂、纹乱难登大雅之堂，但瑕不掩瑜，砂格微瑕难损其高贵的身价，且经过寿山石雕艺人们的巧思精雕，也可成为妙品。

9. 寿山石究竟有多少个品种?

寿山石在宝石和彩石学中，属彩石大类的岩石亚类，它的品种、名称相当繁杂。

一般传统公认寿山石可以分为田坑类、水坑类、山坑类等三大类。但寿山石究竟有多少个品种，却见仁见智。

1999年，福建省技术监督局公布了《寿山石三坑主要品种表》，共列出了102个品种。该表所列的只是主要的品种，次要的石种还不包含在内。后福州市地方志编纂委员会编的《福州寿山石志》补充为165个品种。若按石质和石品细分，以其形象特征的文化体态命名，其品种更是难以计算。

寿山石为珍稀石材，更是不可再生的矿产资源。长期大

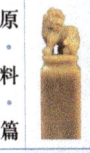

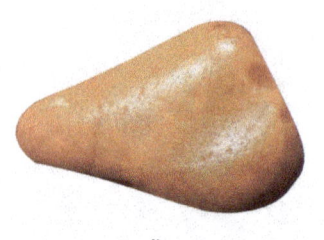

田 黄 石

规模开采,已经使寿山石资源日益减少,不少矿石濒临绝产,甚至已经不再出产。

另一方面,随着寿山石开采范围的扩大和开采技术的提高,勘探新矿的工作也取得了突破性进展,一些优质新矿、新品种仍不断涌现。其中最为著名的当数20世纪80年代出产的荔枝洞石以及新芙蓉石等,还有近年新出现的花坑石、二号矿石、山秀园石、汶洋石、松柏岭石等。这些新品种也构成了寿山石资源的重要组成部分,为寿山石资源注入了新鲜血液(寿山石品种见附录《寿山石三坑主要品种表》)。

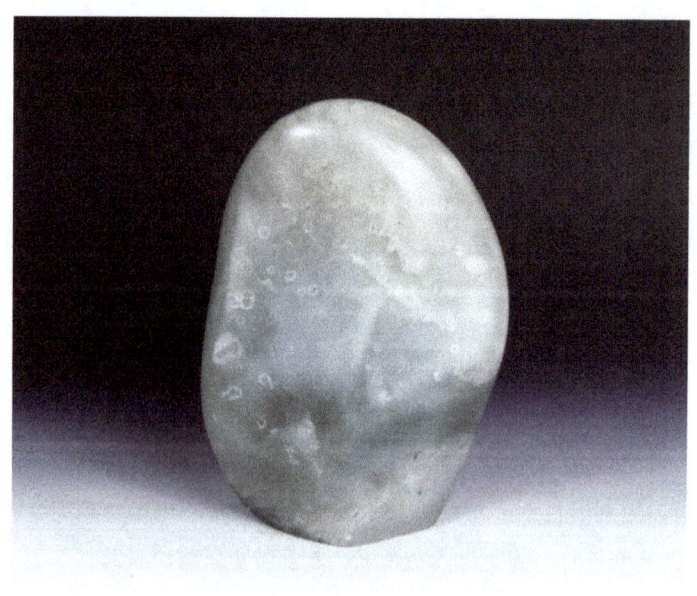

坑 头 石

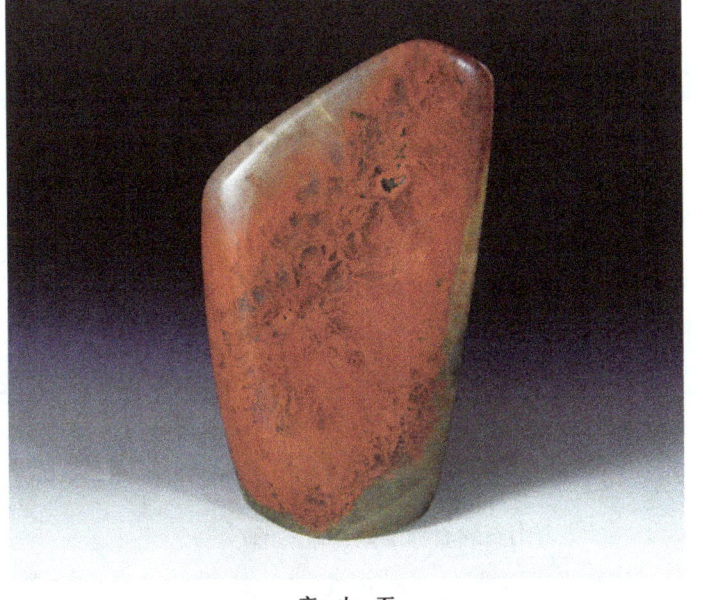

———— 高　山　石 ————

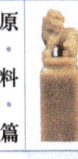

10. 寿山石是如何分类的？

寿山石的形、质、色、相如此多样，种类如此繁多，如何能将其分门别类，进行科学合理的归纳，以便辨识研究，是许多寿山石研究专家致力追求的一个目标。在这方面贡献较大的有清朝的高兆和毛奇龄，有当今寿山石研究专家陈石和高天钧，他们都各自提出了寿山石的分类法。

三坑分类法。针对寿山石的划分，清高兆《观石录》将寿山石分为山坑和水坑，毛奇龄《后观石录》分为田坑、水坑及山坑。《后观石录》还提到"以田坑为第一，水坑次之，山坑又次之。"三坑说法后来也常被研究寿山石的专家及许多书籍拿来引用，影响深远。1999年，福建省技术监督局公布的《寿山石三坑主要品种表》，基本上也是按寿山石生成的地貌特征而分的，共分为田坑石类、水坑石类和山坑石类。

三系五类分类法。此法是福建省寿山石文化研究会会长陈石于20世纪90年代在《寿山石图鉴》一书中提出的。这种分法根据寿山石矿的区域分布走势,分为三大系:高山石系、旗山石系、月洋石系;又结合传统的三坑分类,列为五大类:高山石系田石类、高山石系水坑类、高山石系山坑类、月洋石系山坑类、旗山石系山坑类五类。

矿物自然组合分类法。福建省地矿局高级工程师高天钧提出的矿物自然组合分类法,将寿山石分为地开石型寿山石、叶蜡石地开石型寿山石、叶蜡石型寿山石。这种分法是以寿山石的矿物组合来分类的,较为专业化,平时较少使用。

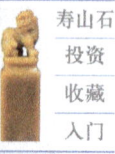

11. 寿山石的石种是如何命名的?

谈到寿山石品种名称的缘起,大多是由社会上层人士、达官显贵和文人在鉴赏把玩中随性俗成的,是文化游戏,更是民间文化积累的结果。这是文化形态之命名,而不是地矿学形态的命名,但却影响深远,一直沿用至今。

1999年,福建省技术监督局发布的《寿山石雕石种名称标识规定》中规定寿山石石种名称应直接使用《寿山石三坑主要品种表》中规定的石种名称。对寿山石的石种名称作了统一的规范,但是这些石种的命名并没有对传统的寿山石品种名称做太大改动,基本沿用了寿山石种的传统名称。

寿山石的石种命名特点主要表现为,一般以民间的人文形态加以命名,如山地名、人物名、职衔名、民俗名、物象名、色相名等,且普遍运用,长期流传。这正是寿山石品种丰富的文化想像力和民俗文化亲和力所在。

按地点特征命名的有上洞芙蓉石、高山石、旗降石、都成坑石、鸡母窝石、老岭石、寺坪石等;按人名命名的有善

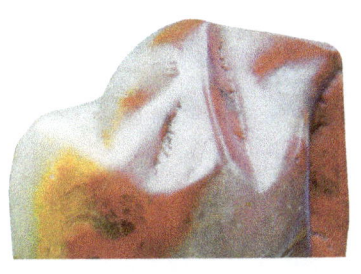
大健洞高山石

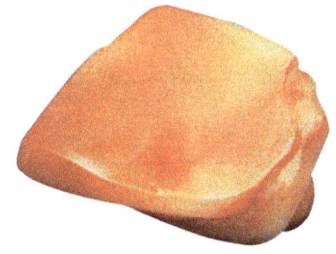
桃花冻高山石

伯洞石、琪源洞石、元和洞石、嫩嫩洞石、世元洞石、大健洞石、坤银洞石等；按颜色命名的有天蓝冻石、桃花冻石、艾叶绿石、月尾紫石、白高山石、红高山石、黄高山石等；按质地和形态命名的如水坑石中的水晶冻石、鱼脑冻石、牛角冻石、玛瑙冻石、环冻石等。

还有按其他方法命名的，如煨乌石、二号矿石、民国二高山石、四股四高山石等。

原·料·篇

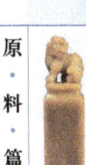

12. 什么是田坑石？有哪些特点？

田坑石又称"田石"，在寿山村一带内外洋隔界山麓有一条长约8千米蜿蜒如玉带的小溪流——"寿山溪"，田石就零星隐埋于溪流两旁水田底下的沙砾层及溪底，产量少，石质佳。田坑石以黄色为代表，称为"田黄"。古有"田黄上两，价比黄金"和"一两田黄三两金"之说，是寿山石中的极品。

田石因受地壳变动、山洪及雨水冲刷，从高山坑头占、都成坑、马背山等的母矿中分离出来，历经了千百万年的游历，潜埋于寿山溪的古砂层中。同样源于高山等矿，但是因为其特殊的形成历程，在特殊环境和特殊条件下，田黄石逐渐改变了它原有的形态、色彩和质地，出现了独特的外观和

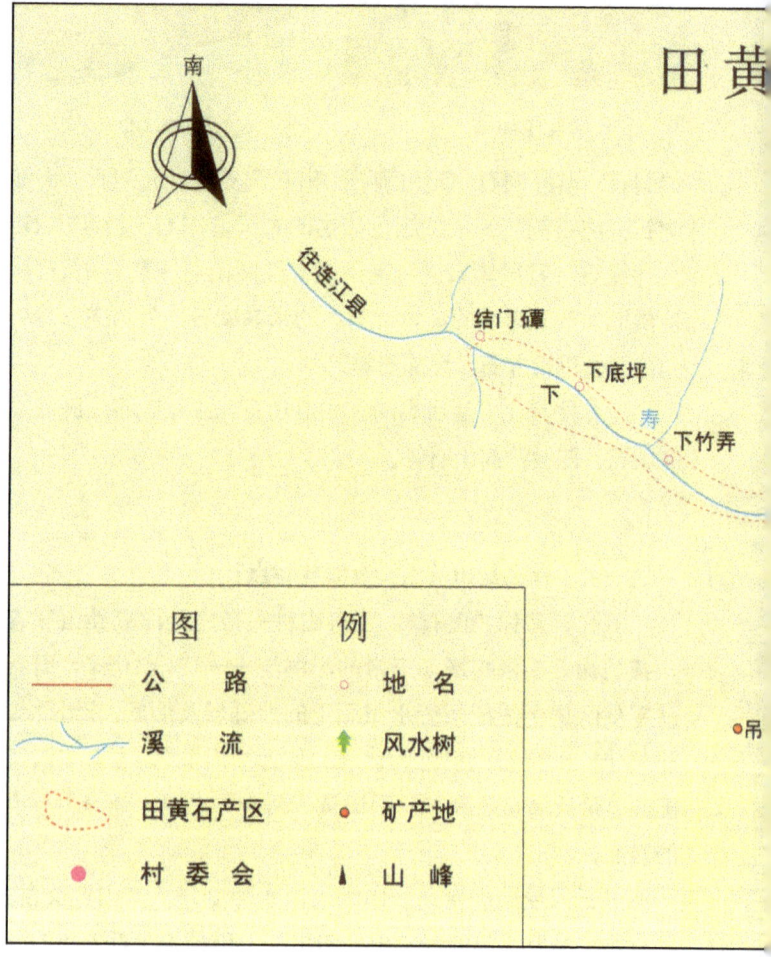

布略图

高山
小高山　荔枝洞
　　　　太极头　高山主峰
玛瑙　　　　　　▲983
　　　　　　金母屋
都成坑　　　坑头占
回龙　碓下　鹿目　　　　　大段
　　　　　　　　　坑头溪
坂　九友　　　　上　　　大段
　　龙井　　　　坂
　　　　　　　　路　　福州往寿山
　　　　　　　　　　　入村公路
　　　　虎岗　　　　　　寺坪

寿山村

旗降　　无头佛坑

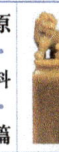

原・料・篇

23

肌理特征，使其与高山原矿洞所开采的高山石存在着极大的差异，自成一类。这些无脉可寻，无根而璞的田石，呈自然块状，无明显棱角，多有外皮、红筋或格，肌理有萝卜丝纹，质地脂润，温柔可爱。因其绝大部分都含有黄色肌理石质，故又称为"田黄石"。

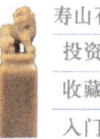

田坑石按产地分，有上坂、中坂、下坂和碓下坂。但是田坑石不仅仅包括田黄石。在1999年福建省技术监督局颁布的《寿山石雕石种名称标识规定》中，已经将牛蛋黄石归入田坑石的范围中。

牛蛋黄石，又称牛蛋黄、鹅卵黄石，同样产于寿山溪流域。其形状多呈卵蛋型，材质有大有小，小的可以以克计，大的则以千克论。牛蛋黄石虽然也长期埋于溪水流域的田土之中，但其与田黄的矿物成分却完全不同。其中少量质地特别细腻者，貌似田黄石，有人称其为"牛蛋田"。但是由于质地与田黄石根本不同，永远也成不了田黄石。

13. 田坑石中有哪些珍贵石种？

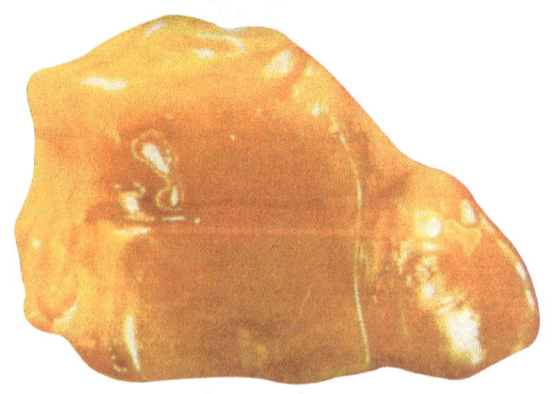

田 黄 冻 石

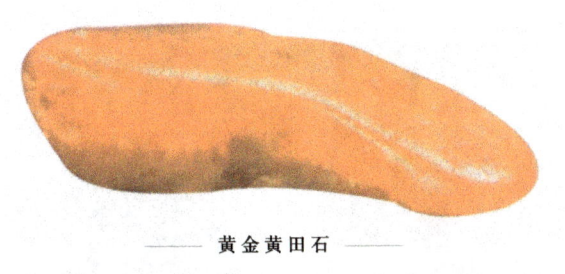

—— 黄金黄田石 ——

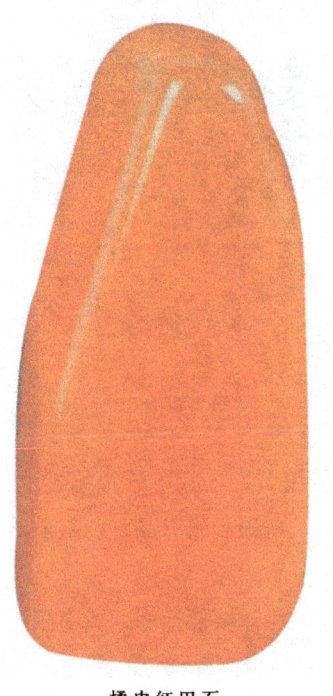

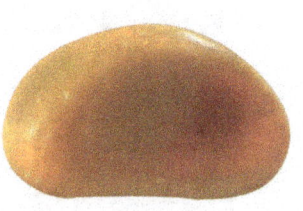

—— 橘皮黄田石 ——

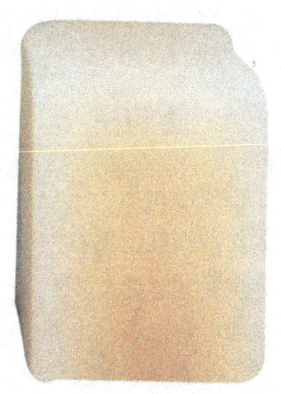

—— 橘皮红田石 ——　　　　—— 白 田 石 ——

田黄冻石。田黄石中有称"田黄冻"者，色如蛋黄，又似凝固的蜂蜜，全石通灵澄澈而少丝纹，润泽无比，乃田黄石中最上品，产于中坂，十分稀罕，历史上列为贡品。

黄金黄田黄石。田黄石以黄金黄为贵，黄中带赤，色明快，明亮如黄金，质地极为优纯。

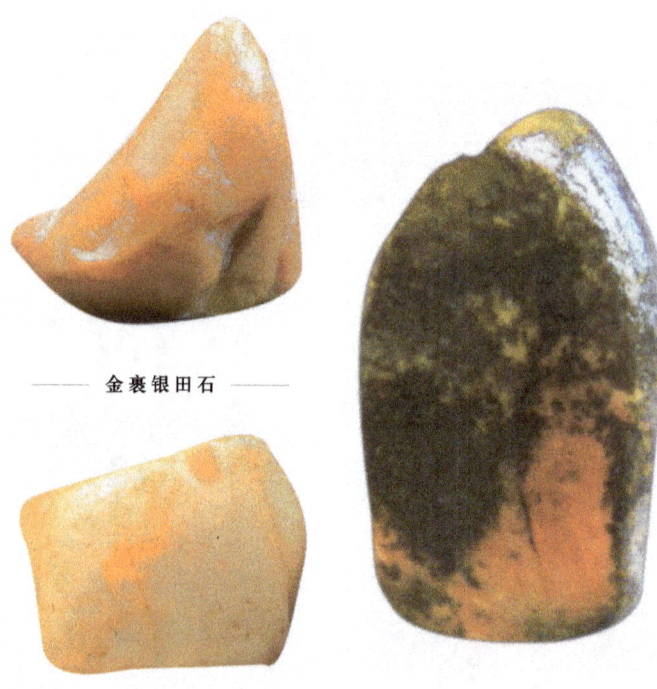

金裹银田石

银裹金田石　　　　乌鸦皮田石

　　橘皮红田石。其色红中略带橙黄，如熟透的福橘之皮，是天然的橙红色田石，罕有难见，属田石稀有品种。其质洁色纯者尤其罕见。

　　橘皮黄田石。出产于中坂区，色泽浓郁艳丽，黄中微泛橙红，接近橘皮色泽，但红的成分略少，质地纯正。

　　白田石。出产于上、中坂区，白田石较稀有，在田黄石中百而罕见其一。其色泽绝少纯白，略带微黄或如蛋壳青，以通灵、纹细、少格者为佳，质地不逊于优质田黄石。

　　金裹银田黄石。为石中上品，外表包裹纯黄色皮而里层则为纯白色，似羊脂油块。皮与肉形成鲜明的色彩反差，色层分明，黄白相映，饶有情趣。

银裹金田黄石。产于中坂,与金裹银刚好相反,其肌理为纯黄色,外表生着一层浅色白皮,光泽明亮,色层分明,如同鲜蛋,更为稀贵。

黑皮田石。就是指挂有稀疏黑色石皮的田石,其皮色如乌鸦背颈之羽毛,或如癞蛤蟆的肌肤,因此又有了"乌鸦皮田石"和"蛤蟆皮田石"的别称。利用此石雕刻作品,一般都会将石皮保留雕刻成蝙蝠、云纹或作其他巧色创作处理。外表的黑皮和肌理的黄色,反差尤为强烈,别有韵味。

14. 田黄石有哪些特征?

田黄石是十分珍贵的石种,遇到田黄石实乃不易。但是当你面对田黄石时,如何不错失珍品,又不被蛊惑受骗,自身具备鉴别能力是很重要的。了解寿山石知识的石友都知道,萝卜丝纹、石皮、红筋格是田黄石的三大特征,也是鉴别田黄石的重要依据。但是鉴别田黄石除了以上三个要件外,还要从质地、色泽、形状、手感等方面来判定。

萝卜丝纹。肌理隐现萝卜丝纹,是田黄石的一大基本特征。凡是透明度较高的田黄石,在强烈的光线下观察,往往

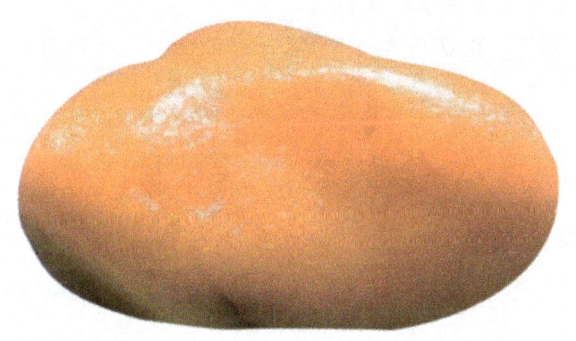

萝卜丝纹

隐约可见其内部密布一条条细而密的纹理，其形状犹如萝卜的横断面纹，经络明朗且疏密有致、纹理不乱，故有"萝卜丝纹"之称。萝卜丝纹以明显、细腻、均匀为佳。古有"无纹不成田"说的就是田黄石含有萝卜丝纹这一重要特征。但总有少数例外，例如溪管田长期在水中滚动，石皮极薄，也少有萝卜丝纹；还有少数透明度高的田黄冻石，没有萝卜丝纹，但其质地十分温润，绝对是石中佳品。

格纹。田黄石外部常见红筋格纹。格纹是高山石在滚入田中时与其他石头碰撞出现的裂痕。裂纹又受土壤中氧化铁渗透，使裂痕显现出血丝状的色纹，形成了"红筋"。因为大部分田黄石或多或少都带有裂格，因此格纹也被看成田黄石的一大特征。但是并非所有田黄石都有格。筋格也不是田黄石独有，只是田黄石的裂格其颜色和形状与众不同。寿山石的筋格有多种颜色，田黄石的筋格是红色的，称之为"红筋"。

石皮。除少数田黄石外，一般田黄石表面都有一层甚至多层厚薄不一且不甚透明的石皮，颜色有黑、灰、黄、白。田黄石从矿体剥离、滚落，又经水流搬运在河溪的某些地段沉积，长期经不同颜色土壤的沁渍，引起外部皮层的化学变化，就形成了形态各异的皮。

质地。田黄石为微透明或半透明体，一般的田黄石，在

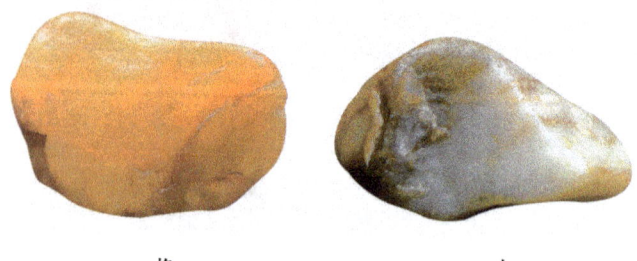

——格——　　　　——皮——

灯光下都有良好的透光性，可以洞察其内在的肌理色质。在光线透照下，石心泛黄红之光，焕发出一种迷人光彩，这是其他石材品种所不具备的。田黄石由于石性稳定，即使常年不上油，也不燥不变。只要求经常摩挲把玩，或按在自己脸上轻轻摩擦，让脸上油脂浸润入石头，一经摩挲便光彩依旧。

色泽。田黄石的色泽，以沉着而纯净的黄中微红为基本色调，天生有帝王之气，也是富贵的象征。所谓的白田、红田、黑田以及银裹金、金裹银等品种，都带有黄味，只是不同的田黄石所含的主要色素及色彩纯度、浓度和肌质的通灵度不尽相同，产生了偏白、偏红或偏黑的效果，但仍是以黄色作为它的基调。另外，田黄石最大的特点是温润、细腻、凝结，毫无"火气"。

形状。田黄石是原生矿风化侵蚀后形成的坡石，矿块在迁移滚动过程中，受到溪水不断冲刷研磨，又经水流搬运，在河溪的某些地段沉积。水流的搬运磨蚀，使田黄石的外形多呈卵石状，光嫩圆滑，没有明显的棱角。但不是所有的田黄石都呈卵形。如在上坂坑头附近出产的田黄石，由于接近溪流的源头，田黄石在溪水中滚动的距离较短，自然还留有棱角。此外，有些田黄石在埋藏地下的过程中，因地壳运动而裂开，分成几小块。虽然之后也经过泥土的长期滋养，但因时间关系，有很多断面的棱角并未被完全磨平，因此，也可能存在棱角。这些断裂开来的田黄石受地动的影响又造成了移位，经过时间的推移，逐渐移动到了周围其他地方。因此，有经验的石农掘到这种田黄石，一般都可以凭经验判断在附近找到原石的断块，十是就有了"田黄石是活的，会跑。"的形象说法。

手感。温润、细腻、凝结，是人们形容田黄石的常用词语。《观石录》有云："洁则梁园之雪，雁荡之云；温柔则

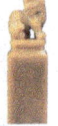

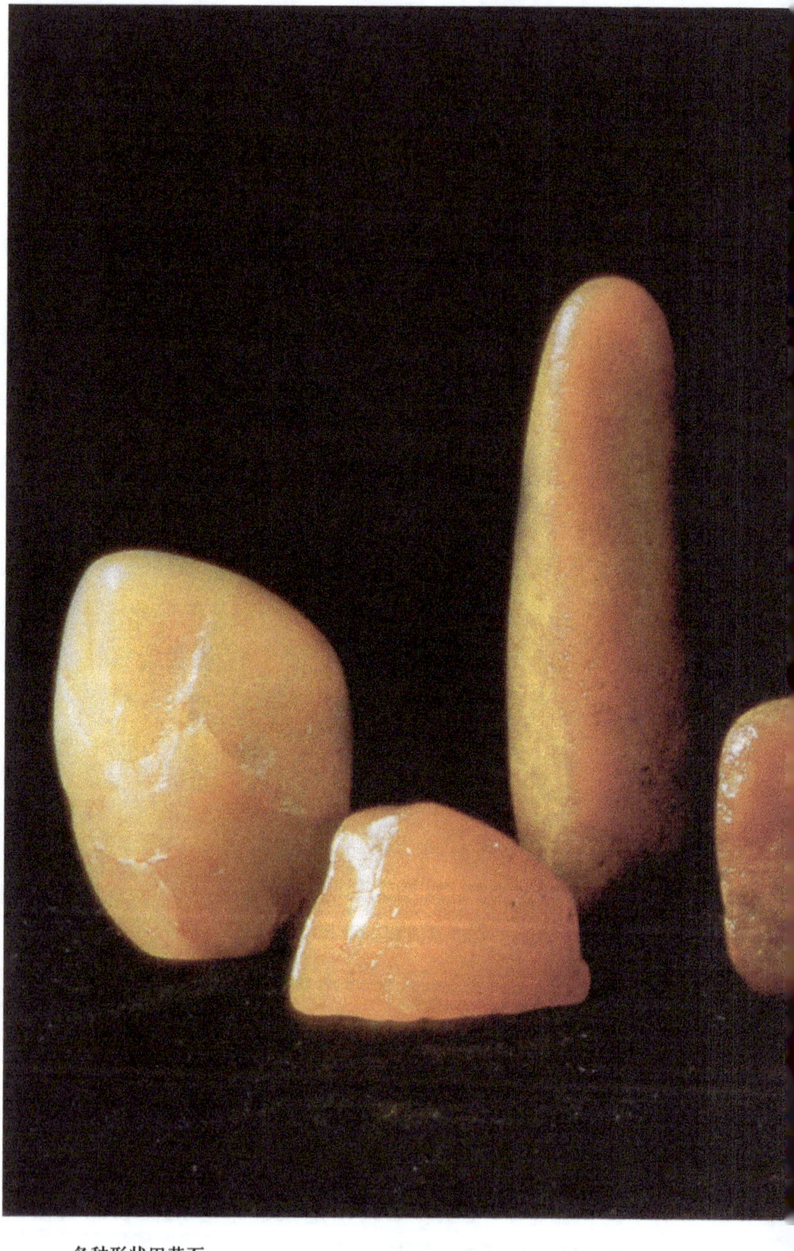

各种形状田黄石

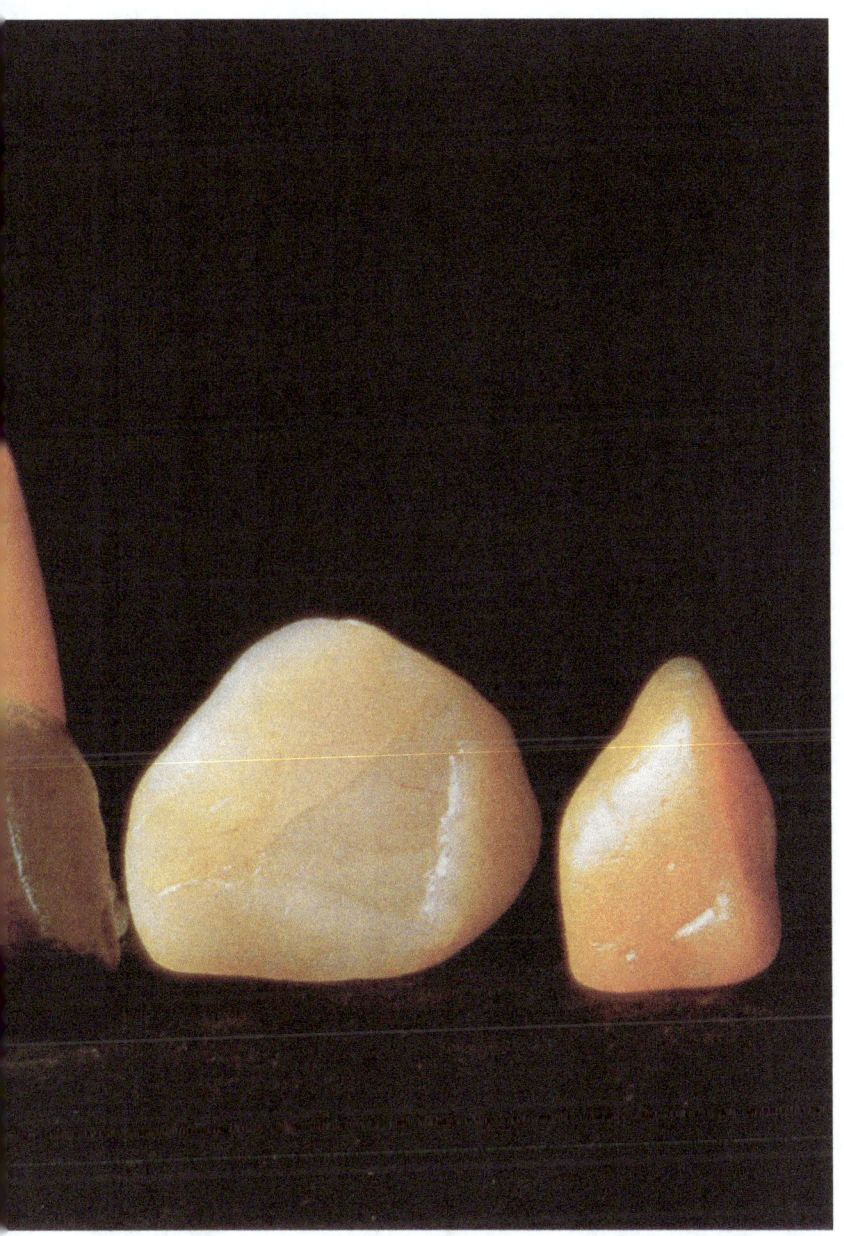

原・料・篇

飞燕之肤,玉环之体;入手使人心荡。"田黄石有特别的温润感,是其他石种难以企及的一种感觉。质美者细嫩通灵,兼具温、润、细、结、凝、腻六德。鉴定田黄石时常见的做法是先用手抚摸,在脸上摩擦。田黄石大多为卵状,故用手抚摸时会有圆顺温润之感,不滑不冰,手石相融。其温润滑腻的程度,可以使人心情愉悦激荡。久握田黄石手心会有微汗,仿佛一股细细的暖流从手心扩散开来,令人无比的舒畅。即使在寒冬腊月,田黄石仍然是手感温存,入手可亲,堪称"石中之王"。

15. 田黄石有哪几种分类方法?

第一种,按产地划分。田黄石的品种根据产地不同,分上坂、中坂、下坂、碓下坂及搁溜田等。各坂的田黄色质微有区别,其中中坂所产田石尤佳。这种分类并不是绝对的,各坂都可能出现质差与质佳的田石,因此通常不以何坂所产

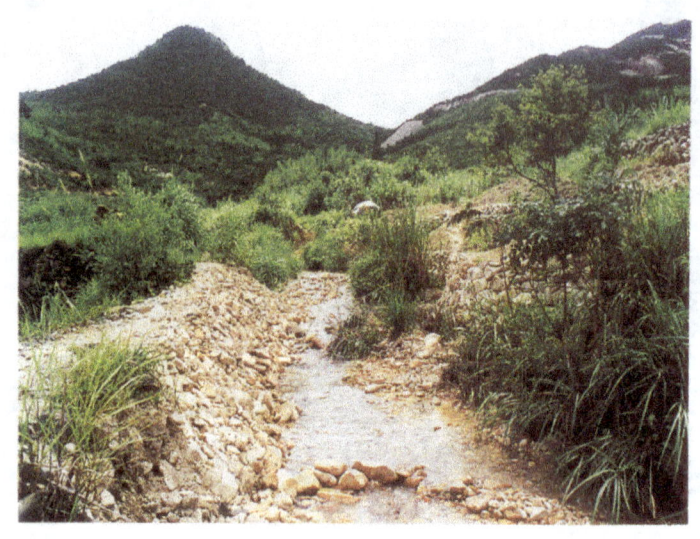

———— 上坂景色 ————

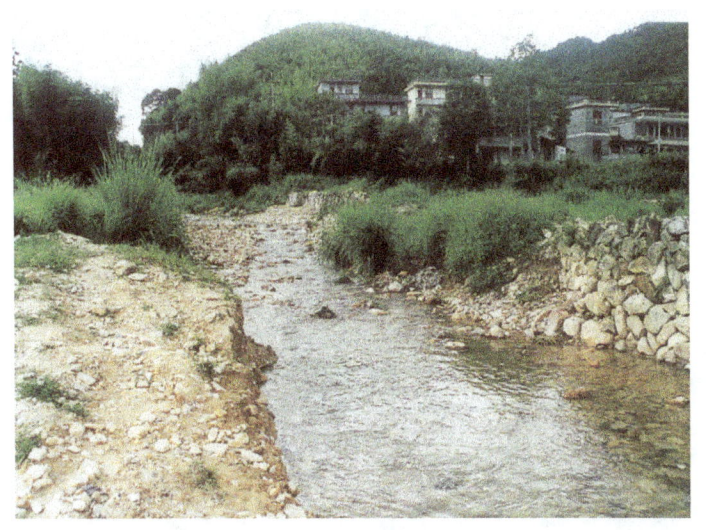

中坂景色

田石来划分田石的优劣。现将各坂田黄石介绍如下。

上坂靠近溪水上游地区，由于与坑头占距离较近，所出产的田黄多棱角。但也由于上游的水源好，这里出产的田黄石较透明通灵，颜色多偏嫩而清淡，色淡莹澈如水坑石。田黄石中的上品"银裹金"和"田白石"正是出自上坂区。

中坂位于溪河的中段部分，出产的田黄石质洁净温润，色泽稳重，石中的萝卜丝纹理清晰。比较而言，中坂的色质为最佳。许多田黄石中的极品就产于此，如田黄冻石、金裹银田石、橘皮红田石、黄金黄田石、枇杷黄田石、熟栗黄田石等。

下坂因地质变化，土质黝黑，高山和坑头石较少埋于此，多为狮头山等石质。故卜坂田石石质透明度较差，纹理较粗，出产质滞色浓的桐油地田石或黑田石。

碓下出产的田石多质硬色黝，如碓下坂田、硬田，为田黄中的下品。

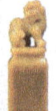

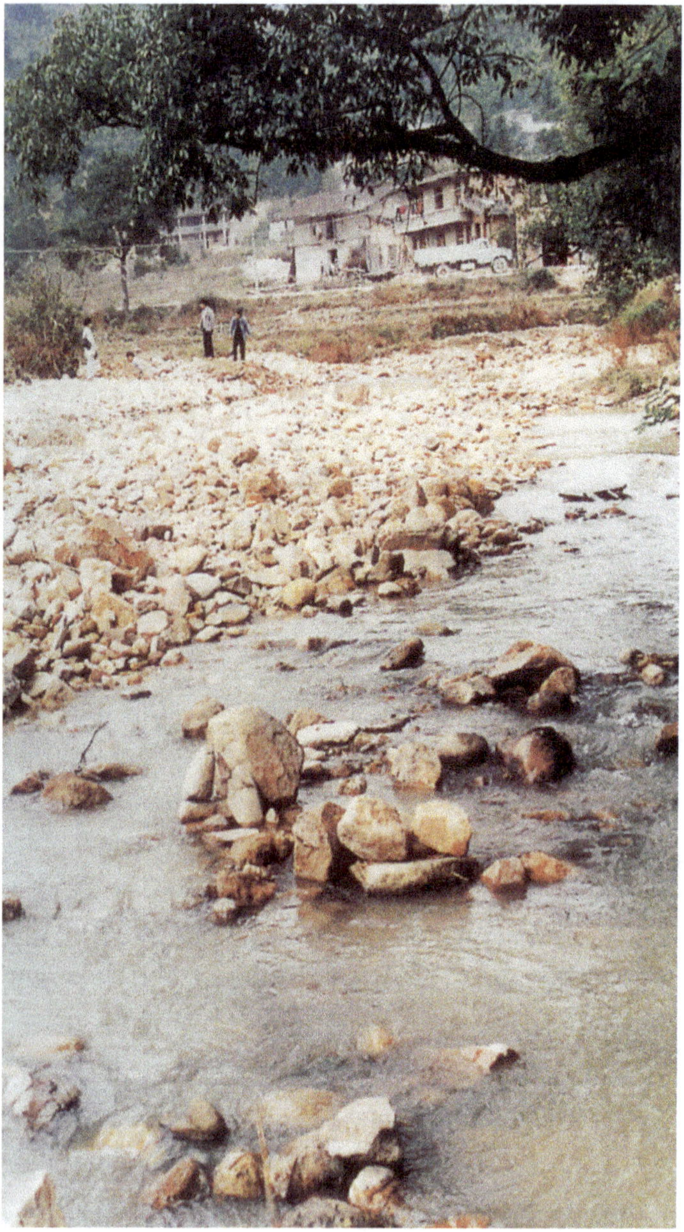

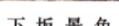

下坂景色

第二种，按颜色划分。田石若以色泽来分，有黄、白、红、黑四种，因此就有了黄田、白田、红田、黑田之分。其中，黄色最常见，而且无论哪种颜色的田石，都以黄色为主要基调，只是大自然赋予色调变化不一而言。另有硬田，因其石质偏硬结，故谓之"硬田"。搁溜田，为在溪流中发现的田石（福州话"搁溜"是滚动的意思）。溪管田，在溪管地区发现而谓之。芦荫田，在芦苇之下谓之"芦荫田"。这些田石命名是石农即兴发挥，文人墨客见之有趣味，也乐为之，将田黄之名记于石谱之中，流传于世。

黄色田石是田石中最常见的，也是最具代表性的石种。颜色为黄者，都可称为"黄田石"或"田黄石"。其石皮多呈微透明，肌理玲珑剔透，且有细密清晰的萝卜丝纹。

白田石是指田石中白色者，主要产于上、中坂田。其质地细腻如凝脂，比一般的田黄石凝灵透明。因其较通灵，色纯淡，如冰似玉，石中红筋格外醒目，萝卜丝纹也格外明显。白田石较稀有，于田黄中百而无一，以通灵、纹细、少格者

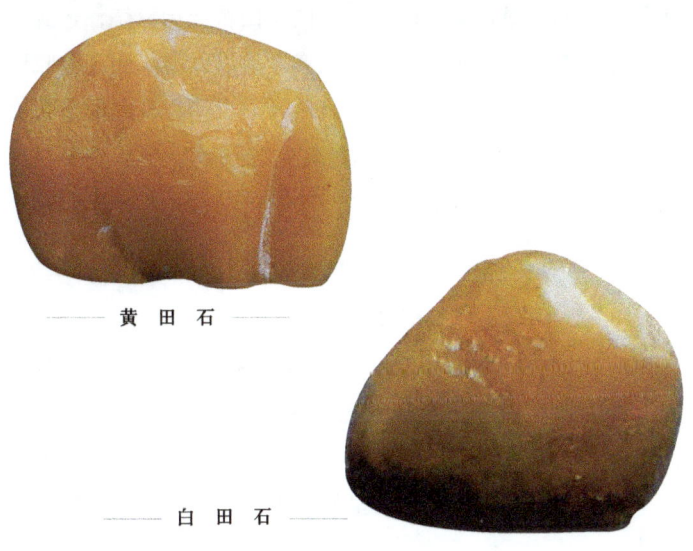

—— 黄 田 石 ——

—— 白 田 石 ——

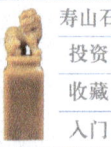

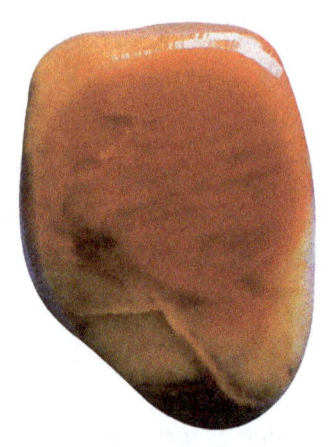

红 田 石

为佳,质地不逊于优质田黄石。但有些高山冻、掘性独石、鲎箕田的特征与白田颇为相似,难以辨识,因此识者不多,故价格仅及中级田黄。

田石中色红者称为"红田石"。由于成因不同,又有橘皮红田和煨红田之分。

橘皮红田石因其色如橘皮红而带赭黄,故称"橘皮红石"。其质细嫩凝润,微透明,肌理蕴极细致之萝卜丝纹。其红色为天然生成,产量极少,材质也小,是稀有石种。材、形好的橘皮红更是被列为田石的极品。

煨红田石多产于上、中坂田中,灵度逊于橘皮红田石,显微透明状,质亦比田黄稍坚硬、干涩、常无明显的萝卜丝纹。相传乃因石农垦地烧草时,土里的小田黄经火熏烧,达到一定温度而变色。虽也属稀品,但多因质燥、材小而不为收藏者所珍爱。其一般外红内黄,是后天形成的红,因此又被称为"后天红"。因为经过高温煨烧失去油水,石质亦变燥易裂,故不为一般收藏家所珍。

16. 田黄石有哪些文化内涵?

施鸿宝《闽杂记》载:"明末时有担谷入城者,以黄石压一边,曹节愍公见而奇赏之,遂著于时"。这段文字记载了田黄石首次被发现。田黄石温润细腻、瑰丽无比,天生有皇家专用的橘黄色,被明清皇族宠爱并视为珍宝。清代,田黄常被当作贡品献入皇宫,被雕刻成御用的玺印及艺术摆件。风气所至,民间也推崇起收藏田黄的风尚,许多达官显贵,文人雅士竞相收集田黄石。当时著名文人毛奇龄在《后观石录》中说:"每得一田坑,辄相传玩,顾视珍惜,虽盛世强力不能夺",可谓"黄金易得,田黄难求"。

由于它集合了"福"(福建)、"寿"(寿山)、"田"(财富)、"黄"(帝王之色)等吉祥寓意,具备细、腻、温、润、凝、结之六德,故称之为"石帝"。相传清初时期皇帝祭天,神案上都少不了一方上品田黄石;清乾隆皇帝御用的田黄石三链章工精艺巧,堪称国之瑰宝,乾隆皇帝奉之为至宝,清室代代相传,历经战火,至今仍完好无损地保存在北京故宫博物院;咸丰皇帝临终前赐给慈禧一枚"同道堂"印章,这枚

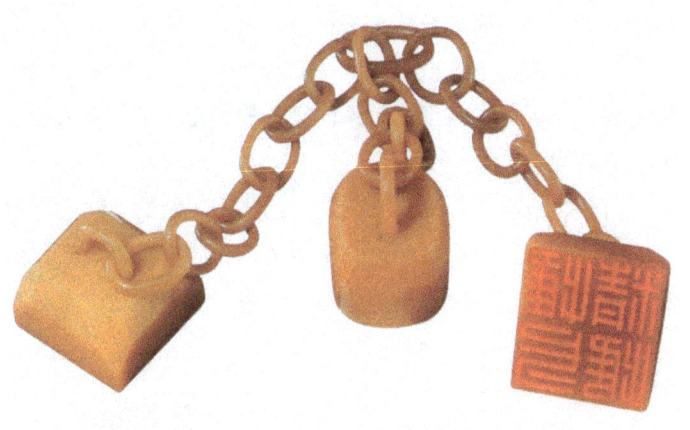

——— 田 黄 三 链 章 ———
清乾隆

非同一般的"同道堂"印章正是田黄石刻制而成；末代皇帝溥仪在出境逃亡的整个过程中始终保存着田黄石三链章玺，足见其对田黄石的重视。

17. 如何理解"无皮不成田"？

在寿山石界有一句著名的鉴别田坑石的格言，叫做"无皮不成田"。皮，就是指田石在自然界中生成的包裹于石材表层的另一种颜色的石质。除了少数田黄石外表无石皮，一般情况下，田黄石外表都有皮层包裹，因此有无石皮是鉴别田黄石的一个重要依据。

田黄石的石皮，颜色有黄、白、黑、灰等，有浓有淡，或薄或厚；有的石皮将整个矿体包裹住，也有的只是稀疏点缀着些许色块；有的整体统一一色，而有的则两面不同，或者呈块状分布，形态变幻无常；更奇特的是，有的同一块石材上竟分布着两种甚至三种不同颜色的层皮，不禁令人感叹大自然的神奇力量。

田石之所以表面形成石皮是由其成因决定的。熟悉寿山石的人都知道，田石是经过两次生成的。原生矿形成后，由于地质的变化，导致部分矿块脱离，滚入溪中。地下水对其

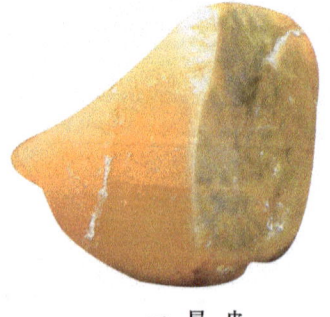

——— 一 层 皮 ———

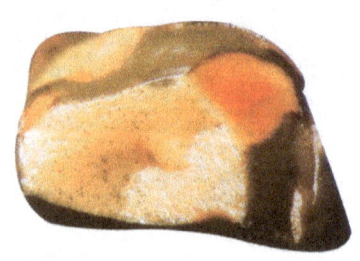

——— 双 层 皮 ———

长期浸润，逐渐使石表沁染色素形成石皮。同时，田黄石中所含的氧化铁也对自身浸润，促其形成特有的色泽变化，再加上田土砂层酸碱度的变化，所以，有时还可见到多层皮田黄石。可以说田黄石的成长经历了完全不同的两种环境，而每一块田黄石的成长又是处于各自不同的环境。正是由于这些矿石块滚落后沉积的地域、年代以及地质小环境的差异，再加上不同外部物质及色素的侵入，因此生成了不同颜色的皮。

"无皮不成田"作为鉴别田黄石的民间俗语流传下来是有其实用性的，可以较为简便地识别绝大部分田黄石。工艺师在对其进行加工雕刻时，也都会尽量保留一些石皮，以供辨识。

但是"无皮不成田"的说法并非绝对。田黄石是从高山上滚落到田里的，它们经过的路径不同，各自生成的小环境不同，表现形式也不可能完全相同。有的田黄有皮，有的田黄就不一定有皮；也有一些田黄石因为石皮极薄，一经雕刻打磨就消失了。相反，有皮的也不一定就是田黄。事实上，除了田坑石，其他掘性石，只要达到了一定沉积时间和适宜的地理条件，它们或多或少也会有一些"皮"，如鹿目石。

18. 如何理解"无格不成田"？

"无格不成田"这句口头语在业内流传已久。所谓格就是裂格。田黄石格的产生与田黄石本身的成因有关。众所周知，田坑石同其他寿山石一样，原本都是矿脉的组成部分。不同的是由于几百万年以前地壳变化等原因，一些矿石从母矿中分离出来，散落于山坳间。这些矿石无数次沿沟溪滚落，受暴雨、洪水和溪水长年的冲击搬运作用，最后流至溪床

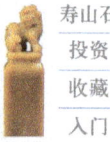

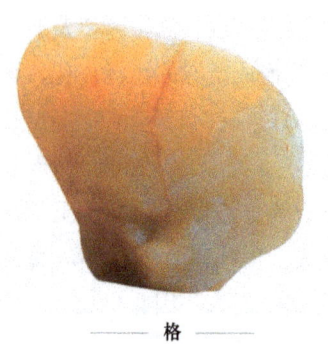

格

中,并最终被泥沙土掩埋,沉于水田底。在这段漫长岁月的迁移过程中,矿石外表难免会受到损伤,出现一些裂纹。当这些矿块被掩埋在土壤里后,裂纹又受氧化铁渗透填充,使裂痕显现出血丝状的色纹,也就形成了田黄石表层出现的红色筋络,红如血,细如丝,俗称"红筋",又叫"血丝"。

一般而言,田坑原石在挖掘出土之时,外表或多或少会见到纤细的格纹。因此格纹被看成田黄石的一大特征。"无格不成田"这句话通常被作为鉴别田黄石真伪的一个重要标准,也常常被商家用来解释田黄石有裂痕的理由。但是并非所有田黄石都有格,反之,也并非所有有格的石头都是田黄石。假如将格纹看成田黄石所必备,并以是否有格作为鉴别真假田黄的依据,那就大错特错了。

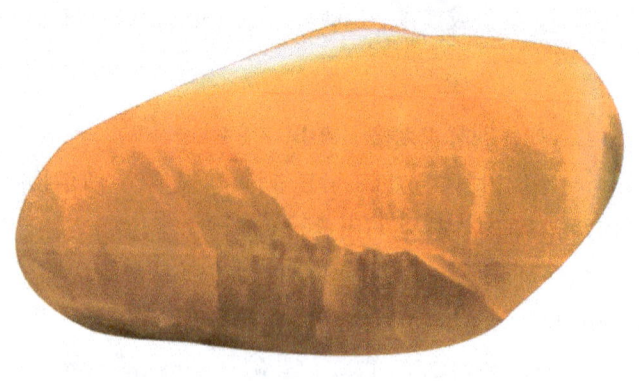

格

从格纹的成因我们可以知道，既然格纹是高山石在滚入田中时与其他石头碰撞出现的裂痕，那么就不排除有未被碰裂而保持完好无裂纹的矿块。如果没有被碰撞，就不可能出现裂痕。没有裂痕当然更好，毕竟裂痕是一种瑕疵，格多终非好石，不是非要有裂痕才行。更何况像田黄这样珍贵的宝石，雕刻艺术家们都慎之又慎，在创作时都充分运用自己的智慧和各种手法将裂纹掩盖，避免因格纹损害田黄的品质价值。经过雕刻加工之后的田黄艺术品基本上很难找到十分明显的格纹。所以在鉴别田黄石时不必死抱着"无格不成田"不放，这样的误解不仅可能和真正的田黄石失之交臂，更重要的是很容易被误导而花了大价钱买到假田黄石。

19. 田黄石价格为何节节攀升？

自古便有"一两田黄一两金"的说法，但这已经远远不能说明田黄石的昂贵了。随着社会的发展，田黄石日渐稀少，价格一路扶摇直上，涨势迅猛。近年来，各大拍卖市场上的田黄石交易更是异常火暴，以至于"易金三倍"、"易金十倍"，甚至几百倍。田黄石数百年来一直受文人雅士的喜好收藏，除了田黄石本身蕴含高贵温雅的文化气质外，还有以下诸多原因。

自古以来就有"物以稀为贵"的说法。田黄石之所以如此珍贵，其中很重要的一个原因是因为全世界只有福建寿山村一条小溪两旁数千米狭长的水田底下砂层里才有，比起黄金、钻石更为稀少。田黄石的开采量极少，在市场上流通的更是少之又少，资源显然极度稀缺，而人们的需求有增无减，供需缺口日益加大。

田黄石至今已有数百年的开采历史，这块方圆不到1平

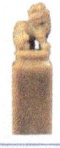

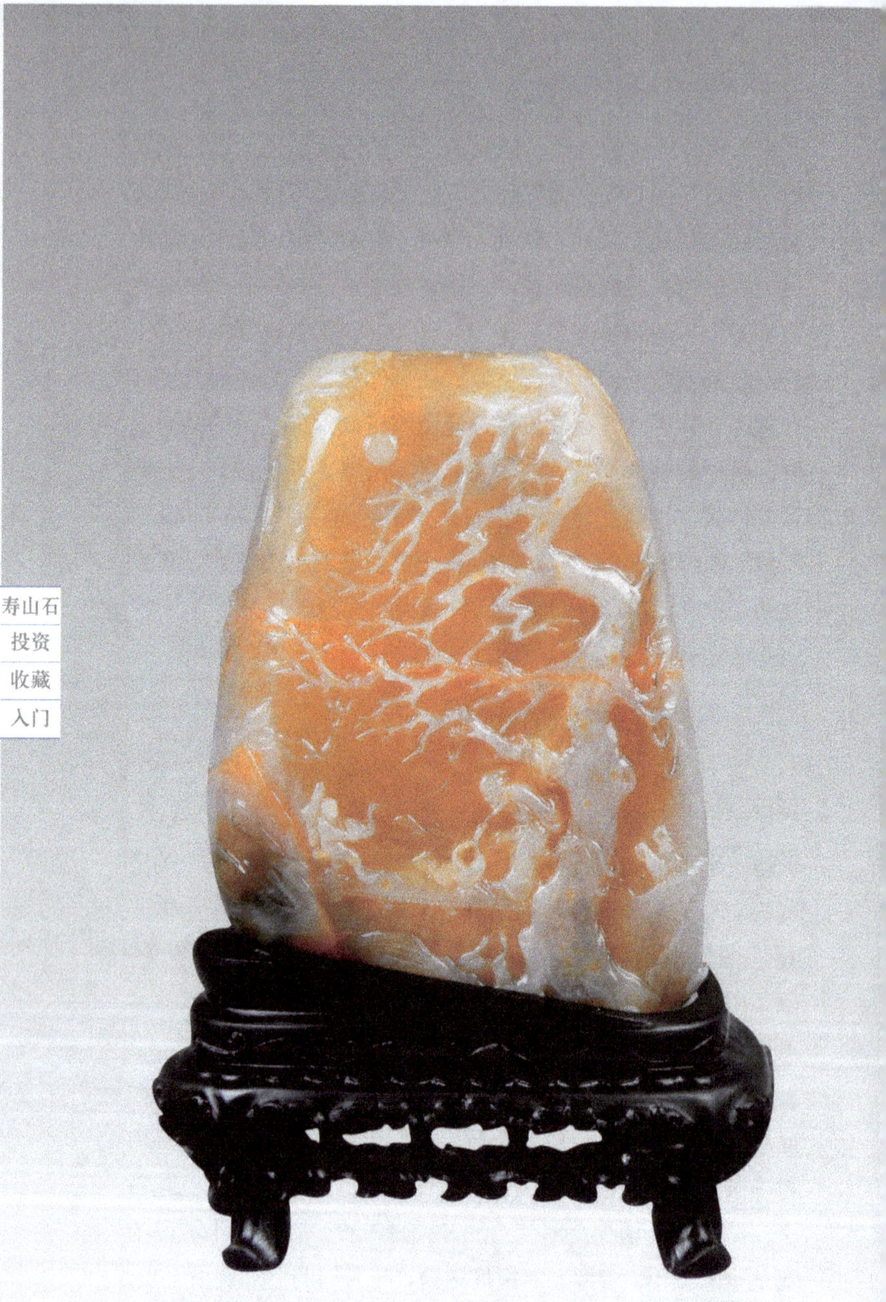

———— 羲之赏鹅 银裹金田黄石 ————
郭懋介

方千米的水田，经过数百年来的连续掘采，已被翻掘了无数次，早已挖掘殆尽，几近绝产。现在从田中挖出一块好的田黄石绝对是一个偶然中的偶然，而更多的仅能发现一些残存的碎块。田黄石因竭产日见稀罕，其身价自然节节攀升。

对石农来说田黄石可遇不可求，而市面上更是真品难觅。上乘的田黄石早已是无价之宝。现在市面上流通的田黄石要么是石农十几年前的家藏，要么就是有眼光的商家、收藏家的收藏品，或港台回流的藏品，且数量并不太多。质美的田黄石一旦落入收藏家之手，绝少舍得再出让。因此，可以说"黄金易得，田黄难求"。石料之争不仅在商家间愈演愈烈，在雕刻名家间也是如火如荼，在藏家手里也流进不流出了。

最重要的是人们对田黄石并不了解，因为不了解，所以盲目追高。加上各地的拍卖会还在热火朝天地进行，有关田黄石的炒作更是变本加厉，田黄石的价格每年都在成倍增长。如此迅猛的价格发展趋势更加大了购石者的疯狂程度，导致了田黄石市场的需求迅速膨胀。

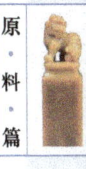

原·料·篇

20. 田黄石造假手段有哪些？

田黄石素有"易金三倍"之说，因其已趋枯竭，珍稀难觅，故好的田黄石极其少见。流通于市场上的田黄石真假难辨、鱼目混珠的现象日趋严重。其中一些唯利是图者利用人们渴求之心理，欺诈频频，赝品众多，购买者极易上当。现将田黄石的一些造假手段列举如下。

染色。一般的假田黄石是将色泽接近田黄石、肌理似有萝卜丝纹的石材磨成自然形状，然后经过染色处理，使其颜色外形与田黄石相似。虽有艳丽的色彩，但终不是出于自然，只要仔细观察表面色彩和肌理纹路即可辨别。

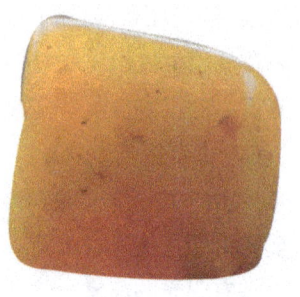
人工打凿并染色的假田黄石

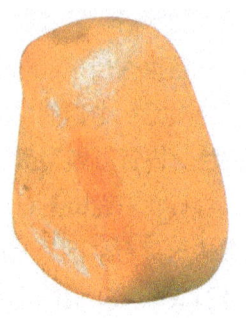
人工假造黄皮石

假造石皮。石皮是田黄石的主要辨别特征之一，因此，也成为造假者的造假方法之一。假造石皮手段多样，如用黄色石粉与环氧树脂等化学材料涂抹石面，制成假石皮，冒充带皮的田黄石；或用黑色的树脂涂在石质相近的黄色的寿山石表层上，冒充乌鸦皮田黄石。还有用颜料涂染，或药水蒸煮等手法。有些造假者还故意稍露出部分质好、色佳，又好像有丝纹的肌理，让人误以为真。

拼合。拼合就是用许多小块的真田黄石，拼接成一块看上去较为完整的田黄石。若经雕刻，掩盖了表面的粘合痕迹，一般粗心的人在外表上是看不出来的。但是，只要仔细研究其表面颜色是否自然协调，内在纹理是否完整有序，是否有深浅不一的块面出现，就会发现拼接而成的田黄石，其丝、格、纹理的排列较乱，而完整成块的田黄石表面颜色浓淡变化自然，且内部纹路是自然延续的。

利用相似石种冒充。石市上一些不法分子常常利用某些与田黄石相似的寿山石或外省石，或以次充好，或以假乱真，欺骗经验不足的消费者。因此，田黄石收藏者必须加以防备。有些石头在外观上与田黄石十分相似，一般人很难辨别。这就要求鉴别者必须尽量熟悉与田黄相似的石种，掌握和区别其与田黄石的特性的细微差异，以便进行比较和鉴别。具体

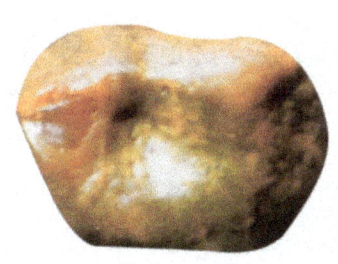

人工假造乌鸦皮石

有哪些与田黄石相似,易作冒充之用的石种,将在下文专题介绍。

随着科技的进步,制假手段也层出不穷,特别是一些运用高科技手段改造、制造的假田黄石、人工田黄石,识别起来难度更大,防不胜防。望收藏者须多加小心。

田黄的鉴别一要多见,所谓见多识广,积累经验才能识破真伪;二要细心,要深入研究田石的石质构成、石皮的种类及其成因、纹理特征等,方能心中有数;三是若自己经验不足,如要购买价格昂贵的寿山石工艺品,建议请专家鉴定或者邀请有多年经验的寿山石收藏家同往选购。

21. 如何辨别假冒田黄的石种?

关于田黄石的假冒与辨别,李元茂先生对此素有研究,归纳十分详尽,特摘引如下,以供石友参考,在此也向作者表示感谢。

用掘性坑头石冒充。掘性坑头石性佳者俗称"坑头田",因属独石,又产于坑头溪口附近的砂土中,略有蕴藏在泥土中的温润,细度也接近田黄,润度与亮度与田石无异。外形棱角突出、多无皮、酸化层薄,色外黄而内淡,灯照之泛白色。若解石为方印材,如同水坑石然。无萝卜纹或似棉花团状纹,山石气重且含沙砾。因无地热养之,缺少氧化作用,温润度自然也差,不能以田石价购之。

用掘性高山石(鲎箕田)冒充。该石为掘于砂土中的高

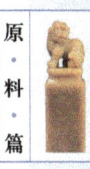

原·料·篇

山石，分两种，一为淡枇杷黄，一为熟栗黄，前者光泽似田，后者色相似田。外有淡黄色的薄皮层，因山地干燥表皮的铁质酸化程度无法与田石相比，质地大多腻而通明，但松软温润度远不及田黄，亮丽度亦差，无宝气溢出感，萝卜纹呈棕粒状，但田黄的棕粒状比较溶化，掘高山的棕粒却呈未溶化状，且粗而显露，如桔囊纹。偶有绵砂或红点。色泽外表一层似田石，内则泛白，有红格，色鲜如血缕，且干燥，又时伴有原矿产的岩层色格，不若田石红格，多显褐黄或赭黄色，且较沉稳而湿润，虽有一定收藏价值但远不及田黄。

　　用鹿目格冒充。鹿目格俗称"鹿目田"，产于寿山都成坑附近的砂土中，距尼姑寮不远，为块状独石，相对密度大。多色暗如桐油黄，少数也有灰、黑、白者，肌理通常皆浑浊不透，质粗而干涩。常裹黄皮，多薄，亦有带乳白色皮者，不透明。皮下的带霜红粉状色晕，且多含砂钉。裂格多为纵横交错之大格，也有材大而无格的。唯质温、润可混田石。1930年代曾开采一批鹿目格间有萝卜纹，但为牛毛状纹，与田石各种萝卜纹都不似，不难辨。藏家购买鹿目保值者，多与雕工联系起来，如有林清卿、周宝庭等著名雕刻者，上等的鹿目将比值于中等田黄。

　　用碓下黄石冒充碓下坂田。当地石农为商业的需要，称碓下黄石为"碓下坂田"。它确实产于碓下地段，但是它是一种不甚透明、质硬而涩的石材，无皮，无萝卜纹，亦无裂格，质色如糖黄田，相对密度在2.9以上，在手

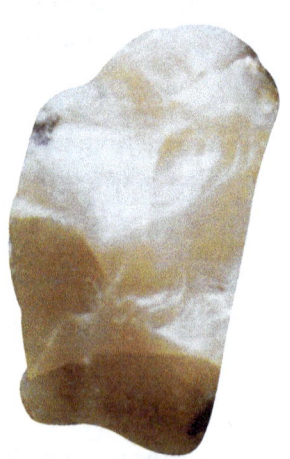

掘性坑头石

中有压手感，肌质中含有虱卵状白泡点。

用掘性都成坑冒充。掘性都成坑石长期埋于土中，亦有萝卜丝纹，石商常用其充下坂黄，有的黄金黄都成坑石偶有红格，

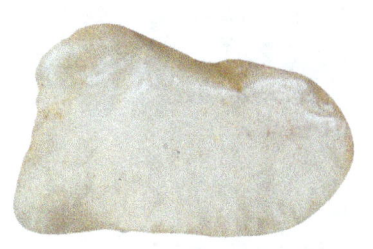
—— 掘性高山石 ——

质地细腻，也偶有如鹿目的石皮，近似田石。分辨这类石材时，一是看温润度，掘性都成坑石温润度差于田黄；二是看纹路，掘性都成坑石之纹为曲而细之水流状、棉絮状纹，与萝卜纹不同。掘性都成坑石皮黄心淡，有的泛灰色，不若田黄质里泛红。掘性都成坑石的特点是山石气重，质结而坚肌理多杂而不纯，时有细小的白杂点，不难分辨。

用贴岩都成坑石冒充。贴岩都成坑其贴岩石的一面极为凝灵润泽，但温润及凝腻度不够，局部有疏网状萝卜纹，由于其处贴岩仅一面凝灵似田石，向里色泽渐浑，不难辨认。但以都成坑论价，高于鹿目格，与中等田石相似。

用蛇匏石冒充。蛇匏为近似掘性都成的独石，一般肌理呈灰白色，似白田，但通灵度差，质地多不纯，含有杂色渣点，或白砂点，山石气重，相对密度大于白田，其里泛灰白。

用贴石黄高山石冒充。该石1940年代产者甚佳，亦如贴岩都成坑，贴石一面较凝灵，色栗黄而明朗，似田石，深入一二厘米则近米糠黄，无萝卜纹，背面反而有萝卜纹，但颜色不一，是其破绽。

用芦荫石冒充。芦荫为掘性独石，酷似田黄，但色泽灰暗，质地燥结而微坚。

用溪蛋石冒充。溪蛋产月洋溪中，外观略似田石，无皮，无红格，无萝卜丝纹，质地属芙蓉石性，其里泛白。与田石

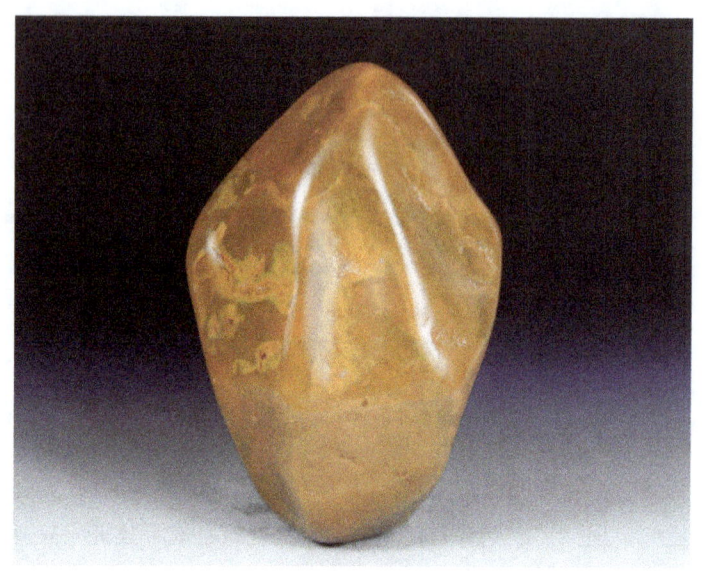

鹿 目 格

有明显区别。

用善伯洞石冒充。善伯洞本为矿洞名称,有部分结晶体,温润通灵,似田黄冻,故有将其加工雕刻后冒充田黄石者。该石无石皮,属山石。仔细观察,肌里多含金属细砂点及粉白色浑点,俗称"花生糕"。

用牛蛋黄石冒充。牛蛋黄俗称"牛蛋田",块状。主要产旗山南麓的溪底及田地土中,质地略明润,但粗糙,外裹黄色或黑色的石皮,这点略似田石。肌里无萝卜纹,不通灵,隐有细白点,相对密度大,易辨识。

用黄冻石冒充。黄冻本为水坑冻石,如枇杷黄,质地通灵,易与上坂田黄相混,鉴别的主要根据是黄冻无石皮,色泽表里一致。温润度逊之。

用老坑黄高山石冒充。在老坑高山有栗黄色者,亦有纹,但与萝卜丝纹不似,较松而宽。久经油浸,亦润。但质松而粗。

凝、润、腻不够。

用白水黄石冒充。白水黄为高山石，质硬不通透，有的白水黄有黑皮，肌里也有层纹，却不似萝卜丝纹，有碎裂纹，却不似格纹。当地石商骗外行人用之。

用白高山冻石冒充白田。白高山冻有的有萝卜丝纹，多作棕粒状，或水流纹状，质松、乏温、腻结。

用民国二年白高山石染色冒充。该石有萝卜丝纹者，极似田石之不规则网状纹。用黄连或藤黄水煮之，与桂花黄田相似，但常有不透明之硬块，质坚。同时缺温润、腻度。

用太极头石冒充。该石质晶莹透彻，有红、黄、白诸色。往往以黄、白色再染色，借其有萝卜丝纹状的纹路骗人。

用高山荔枝冻石冒充。荔枝有萝卜丝纹，将白荔枝染色，然坚脆，温、凝、腻度不够。

用高山牛角冻石冒充黑田。牛角冻本属水坑石，色黑中带赭，通明而有光泽，偶然肌里有格，也有水流状的萝卜丝纹，较密而直，黑田的萝卜丝纹弯曲而较松。质乏温、润、腻度，细审之也不难辨认。

用连江黄石冒充。连江黄产寿山东北部之金山顶，外地人称"干黄"，连江人及青田人称"山黄"，色黄质硬多裂，

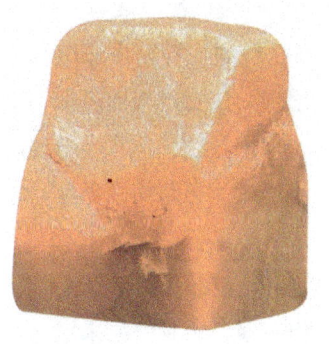

掘性碓下黄石

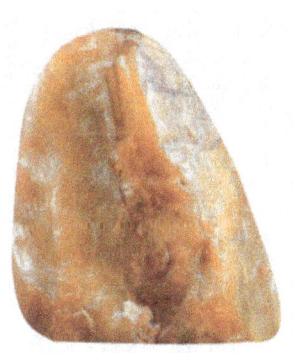

掘性都成坑石

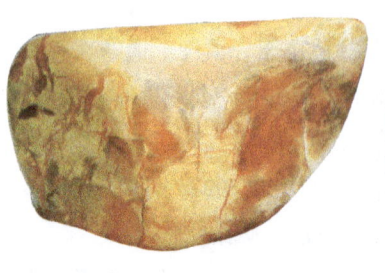

———— 贴岩都成坑石 ————

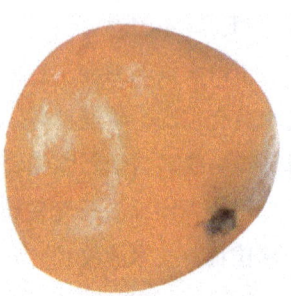

———— 溪 蛋 石 ————

肌里显现有直纹,不通透。清时便有北京商贾常用以假冒田黄石贩售。其属脉状矿石,无砂矿共有特征,石质存在根本差别。

用金狮峰独石冒充。该石产于金狮峰,有黑色裹皮,较之田石的乌鸦皮更加乌黑、厚密、无萝卜丝纹,不

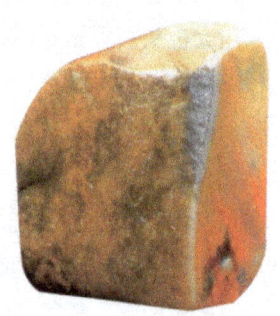

———— 牛蛋黄石 ————

通透,质地粗糙干涩,山石气重,石农称之为"金狮峰田"。

用房山石冒充。产于北京城西之房山,石商取之以色料泡煮后,冒充田黄石。质松,无纹,乏温、润、腻度。

用黄色朝鲜石冒充。近20年在台湾、香港市场以该石冒充者不少,近来在广州、北京出现。该石细嫩而凝润,半透明,色艳而迷人。朝鲜石有网状萝卜丝纹,也有牛毛纹者作平行状,即一方印章者两面有平行纹,另两面则无纹,也不似田石的萝卜丝纹。

用富矿石冒充。近年来多以青海富矿石冒充者不少,富矿石为黄色的软石,色艳迷人,但较薄,不到2厘米厚,两面为平面,夹有白石皮,一般雕高浮雕,摩氏硬度约为1.5,

用指甲能划动。

以上列举假冒田石者二十几种，尚未能囊括所有冒充伎俩，大抵以高山石类冒充者为多。半真半假不在其列。只要将石质弄清，即不难辨识。

引用上述评判田石方法，意为扩展读者眼界，以期抛砖引玉。

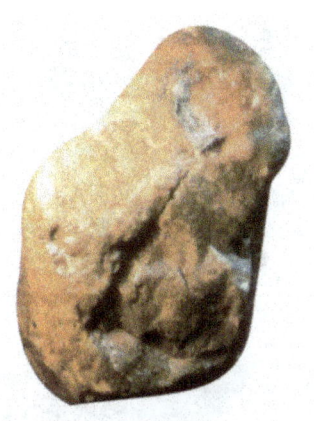
——金狮峰独石——

22. 什么是水坑石？有哪些特点？

离寿山村东南约2千米，有一座山峰名为"坑头占"，是寿山溪的发源地，沿溪流有坑头洞和水晶洞等，是出产水坑石的地方。坑头所产之石，因终年深藏于积水的坑洞之中，故统称为"水坑石"或"坑头石"。水坑石之所以自成一类，自然有其独特之处。现将水坑石特点归纳如下。

第一，产量少。水坑石的矿床位于坑头占山麓，矿脉呈东西走向，垂直倾斜，延伸至溪涧之中，线脉细小，矿层稀薄，产量偏低。且坑洞深入溪涧底，洞深莫测，坑底不断有地下水涌出，常年积水，开采极为困难。清代有诗云："唯有水洞在涧底，四时暗溜鸣嘈嘈；其间结窝不可觅，觅得一线群欢号。"可见水坑石采凿的困难及珍贵的程度。

水坑石的开发历史十分悠久。明代曾出产过一批优质冻石，但因开采困难，矿洞已塌陷而废。后虽有人多次试图开采，均因工程艰难，产量极少，而不得不放弃。有史以来，水晶洞开采次数寥寥可数，出产量极少，水晶冻石更是可望

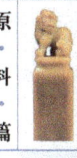

而不可即。现在见到的水晶冻石多为百年传世旧品,有"百年稀珍水晶冻"之说。近来新开的矿坑虽深入旧坑下方,有少许出石,但所采多数呈灰白或灰黑色,质量不佳。水坑石品种有限,数量稀少,且多数早已绝产,故十分珍稀名贵。

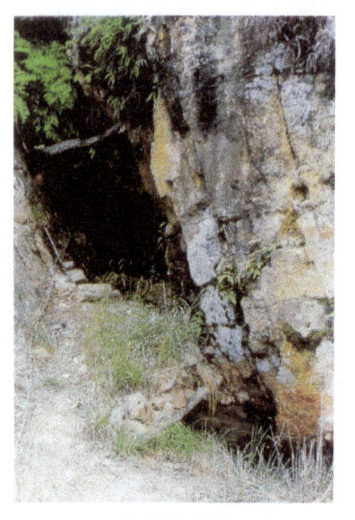

水坑洞外景

第二,石质优。水坑石品质优良,属地开石类矿石。多呈透明状结晶体,透明度极高。旧坑水晶洞所产石相当纯洁通灵。清代高兆在《观石录》一书中这样形容寿山水坑石的细腻娇嫩:"水坑上品,明泽如脂,衣缨拂之有痕"。清黄任的《寿山石》诗:"神骨每凝秋涧水,精华多射暮山虹。"便是指水坑石。

水坑石的生成环境与其他坑石完全不同。由于洞在溪旁,石浸水下,矿洞内石质受到山涧水不断渗透与浸渍,故石质凝腻,净洁如玉,莹澈通灵且有光泽。越是坑深的地方,所采石材越是晶莹剔透。寿山石中的各种晶、冻石,水坑石中最多,独具特色,其品质非他坑之石可比拟。上品晶冻价格不在田黄之下,是稀有而珍贵的印石品种,向来被收藏界视为珍宝。

第三,块度小。水坑矿层稀薄,线脉细小,厚度仅为一二十厘米,产量稀少,块度通常不大。常夹杂有金砂点或小砂团,矿体中纯洁部分难得。若将杂质剔除干净,所剩石料一般块度很小,大多不及方寸,形状方正者更为难得。多数难以成材,大件作品数量更是少之又少,所以愈大者愈佳。

23. 水坑石有哪些珍贵石种？

水坑石的品种，主要以色泽及晶体内肌理和纹理形态特征来区别，有水晶冻石、鱼脑冻石、黄冻石、鳝草冻石、牛角冻石、天蓝冻石、桃花冻石、玛瑙冻石、环冻石、冻油石等。可以说是寿山石中各种冻石之荟萃。

水坑石以透明度高、肌理莹洁者为上品，其中水晶冻石、鱼脑冻石、黄冻石、天蓝冻石、桃花冻石、鳝草冻石、牛角冻石、环冻石等都是水坑石中的佳品，列举如下。

水晶冻石。产于坑头水晶洞，因石质晶莹透明宛如水晶而得名，是水坑石的上品，颇为珍贵。《寿山石考》曰：仿佛凌波仙子，罗袜生尘。陈石《鉴识寿山石》赞道：其透明灵澈处可以"隔石观物"，"若玻璃无有障碍"。水晶冻因颜色不同又有白水晶、黄水晶、红水晶之别。其中白水晶冻略为多见，其余均罕见。

白水晶通体白色透明，大部分隐有淡灰或淡蓝色基调，质地细嫩微坚，澄澈通灵，石肌隐有棉花纹，偶有灰黑色铁砂、针点散布其间，俗称"虱姆卵"。白水晶以白如凝脂为贵，清高兆《观石录》称其"晶莹玉色，胜莫愁湖中新藕。"

黄水晶色淡，略有红筋，产量较少。以色如杏黄，通明纯正者佳。

红水晶更为罕见，色红艳，透明无瑕。其黄、红点分布若散沙，俗称"虱蛋"，偶含深红色筋络。以红烛般鲜艳者佳，为水坑最难得的珍品。

—— 水 晶 冻 石 ——

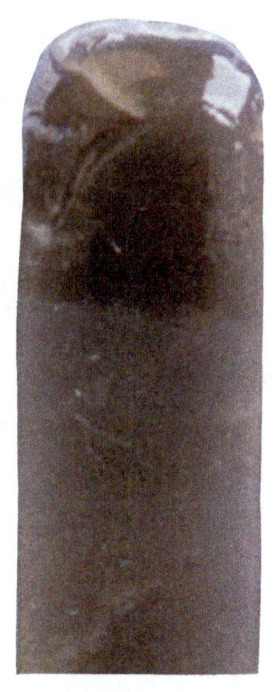

鱼脑冻石　　　　　　　天蓝冻石

　　鱼脑冻石。为乳水之白色，石质显得特别凝腻脂润，肌理间隐含云、水团状纹或波浪纹，半透半浑，酷似煮熟之鱼脑，故名"鱼脑冻"，又称"羊脂玉"，纹理愈细者为佳。清毛奇龄《后观石录》曰："玉质温润，莹洁无类，如抟酥割肪，膏方内凝，而腻已外达"。民初，陈亮伯在《说印》一书中，提及水坑中的鱼脑冻："余见其佳者，乃如乳白玻璃也，其价值不在白田下"。鱼脑冻产量极为稀少，难得一见，是水坑石中的珍品。

　　天蓝冻石。通透细腻，淡灰色中透出蓝色，因其明净如雨后青蓝天空而得名，又名"蔚蓝天"。石肌含疏离状灰蓝色点及棉花纹，以淡蓝欲滴为佳。《观石录》谓："对之有酒旗歌板之思。"毛奇龄在《后观石录》中称赞它是"初露蔚蓝三分许，渐如晚霞蒸郁，稍侵紫焰，而垂以黄云接日之气，真异观也"。《寿山石考》曰："微云淡河汉。"部分颜色相近者易与水晶冻、牛角冻相混。

桃花冻石。产于坑头洞，又名"桃花红"。石色为白或淡红，石中分布点点红色，疏密有致，浓淡深浅不一，状如飘落之桃花瓣浮于清水中，故而得名。清毛奇龄《后观石录》云："或曰：'如酿花天'，碧落濛濛，红光掩然，宜名'桃花天'。"《寿山石考》曰："并非醉杨妃娇无力，应是人面桃花笑春风。"陈子奋《寿山印石小志》载："绝类胭脂吹散石上，娇艳欲流。"

事实上，桃花并不限产于坑头，在高山石、芙蓉石、都成坑石、善伯洞石等许多石种中，也有部分疏离状朱砂红点分布其中，同样类似桃花落水，因此往往也被冠以"桃花"二字。

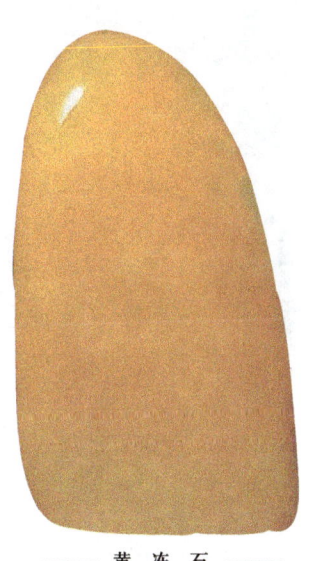

——— 黄 冻 石 ———

黄冻石。产于水晶洞，质凝腻如蜜蜡，又称"蜜蜡"。浓黄如枇杷，半透明，纯净无瑕，洁而凝腻。金石画家陈子奋称其"俨如宜都枇杷，令人食指欲动"。略有红筋及不明显的萝卜丝纹，易与田黄冻石相混，但较之田黄冻，其更加晶莹，没有石皮且色泽表里如一。

牛角冻石。黑中带赭色，质地微坚，通灵莹澈，富光泽，因色黑如同牛角而得名。

石纹及格纹稍多，偶有水流纹或类似白色冰纹，有些含黑色金属砂或微带金砂地。灵透者肌理隐含稀疏萝卜丝纹，常被人们用来冒充黑田石，但两者不难区别。牛角冻比黑田石更通灵，但欠温润。

鳝草冻石。产于坑头洞，又名"鳝鱼冻"。以色泽、纹理类似鳝鱼脊背而得名。又因石中含状如水底草叶的纹理，亦名"仙草冻"。石质通灵半透明，色灰中带黄，肌理隐含细黑点。

环冻石。产于坑头及水晶两洞，肌理含有白色或灰白色小圆圈，状如小水泡，颇为特殊，故名。有单环、双环及至多环状，或零星分布，或环环相连，蔚为奇观。环冻石十分名贵，其身价在水晶冻、牛角冻之上。

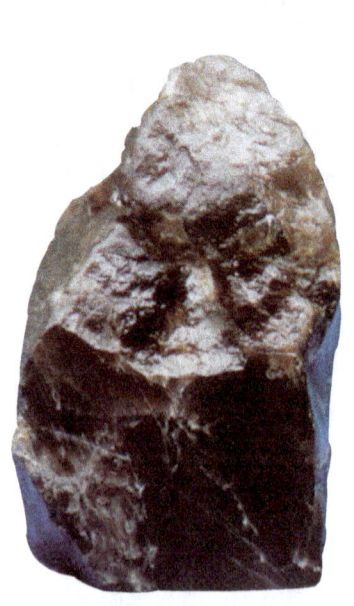

—— 牛角冻石 ——

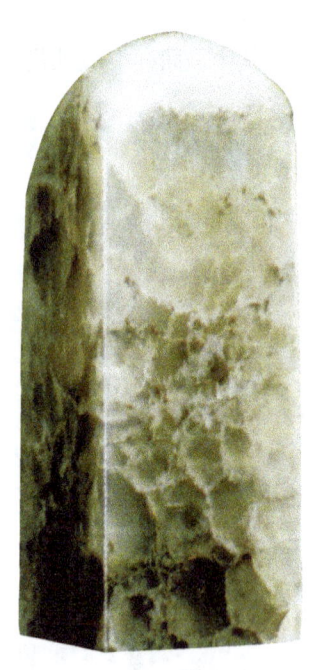

—— 鳝草冻石 ——

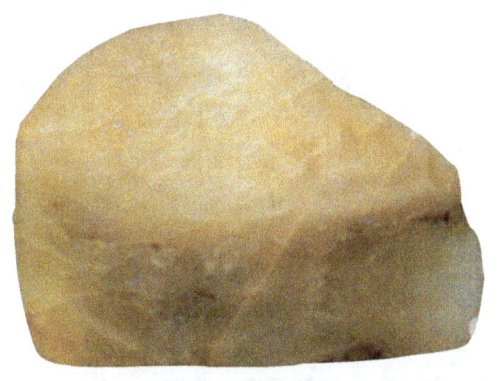

环 冻 石

24. 什么是山坑石？有哪些特点？

山坑石是指产于福州寿山矿区、月洋矿区和党洋矿区的寿山石。可以说，寿山石中除了田坑、水坑以外，其余各山系矿洞所产的石材都统称"山坑石"，山坑石是寿山石中产量最大、石种最丰富的品类。目前市场中出现的寿山石大多是山坑石。

山坑石的特征是：石质趋于多样性，有晶冻类，亦有一般石质，也有粗质、杂质石种，可谓丰富多彩。石性亦是如此，硬者如老岭石、焓红石、山秀园石，松者如高山石类，绵者如高山冻石，坚者如都成坑石，韧者如善伯洞石。山坑石色彩丰富，红、黄、白、黑、灰、紫、绿各色皆有，但山坑石表里如一。

山坑石是寿山石中的大宗，有高山矿脉、都成坑矿脉、善伯洞矿脉、虎岗矿脉、吊筧矿脉、金狮公山矿脉、柳坪矿脉、旗降矿脉、猴柴磹矿脉、老岭矿脉、旗山矿脉、黄巢山矿脉、加良山矿脉、山仔濑矿脉。

山坑石多以产地命名，或以色相纹理取品列种。如高山石、善伯洞石、荔枝洞石，以及都成坑石、旗降石、老岭石、柳坪石、月尾石、芙蓉石、峨嵋石等。山坑石产量及色彩极为丰富，品种多达100多种，各具特色。山坑石和水坑石一样分掘性与洞产两种。除了大量从矿洞中开采以外，偶有少量块状独石散落埋藏于山屿之中，靠挖掘偶然而得。此类石品名多在其母矿名前冠以"掘性"二字，以示区别。

高山系是山坑石的代表。高山位于寿山村南部偏东，山势较高且矿洞密布，是寿山石开发最早，石种最多，产量最大的一个产区。高山石石质通灵莹丽，色彩及纹理变化丰富、质细而艳丽，石品多达百种。

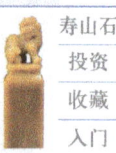

山坑石色彩瑰丽，石质、纹理、色泽变化无穷，各领风骚。金石名家陈子奋称赞："寿山之石，各有所长，杜陵坑之妩媚温柔，桃花玛瑙之沉醉，何尝遽逊于田黄。"现代诗人王贤镇也颂道："芙蓉不受污泥染，艾叶何曾翠袖遮。老岭青枝修竹院，月尾紫气贵人家。杜陵多彩描新画，太极浓妆醉晚霞。"人们对山坑石的赞叹之情溢于言表。

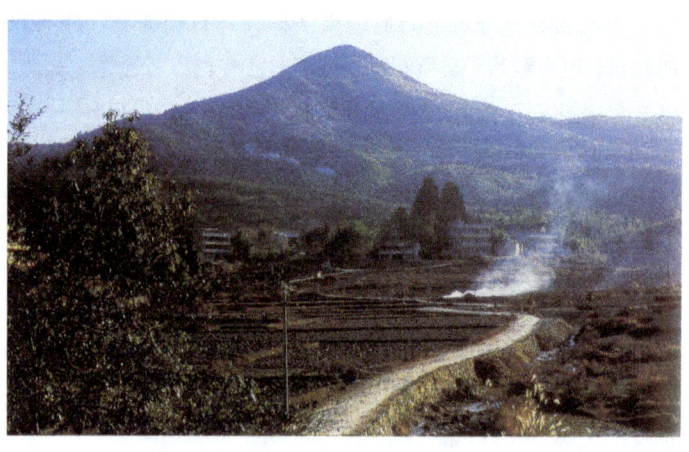

高 山 远 眺

25. 什么是芙蓉石？

在寿山村东南 8 千米的月洋村有座月洋山，其周围所产的寿山石统称"月洋系石"。芙蓉石矿洞位于月洋山顶峰，堪称月洋系石中的佳品。

芙蓉石的矿物成分为叶蜡石。相比于其他的叶蜡石，芙蓉石因含有较多的蜡质，质地显得更加滑腻而油润，色泽也温柔洁净而微透，因"类初晓之木芙蓉花"而得名。

芙蓉石石质极为温润，凝脂，细腻，虽不甚透明，然雍容雅致尽在其中。其细腻脂润的质感和华贵的气质不仅为它赢得了"石后"的美称，同时，芙蓉石的丽质与易于受刀的特征还使它与田黄石和鸡血石并称为中国的"印石三宝"。

芙蓉石是寿山石中一大石族，种类十分丰富。按矿洞的名称与位置分为：将军洞芙蓉石、天面洞芙蓉石、绿若通洞芙蓉石、竹篮洞芙蓉石、竹头窝洞芙蓉石、半山芙蓉石等，其中最出名的是将军洞芙蓉石。近年新采的芙蓉石按色泽与质地可分为：白芙蓉石、黄芙蓉石、五彩芙蓉石、红芙蓉石、红花芙蓉石、青芙蓉石、瓷白芙蓉与半粗芙蓉石等。

芙蓉石天生丽质，雍容华贵，微透明而似玉非玉，手感特别好。"如脂如膏如腴"，这是古人对芙蓉石的准确形容。芙蓉石本身质净润洁，特别是上好的白芙蓉，任何油脂或者汗酸都可能使石色变为暗黄，因此把玩前须洗手，讲究的玩家还会戴上手套。

芙蓉石开采于明朝，清初因洞塌断产。早年，芙蓉石只是依靠石农手工开凿，开采难度大且效率低，产量很少。后由于各种历史原因，白余年无人开采。近年来重新开采，山上陆续开发了几十个矿洞。加上开采设备好，挖掘的矿洞深，有不少色泽艳丽的芙蓉新石问世。

原·料·篇

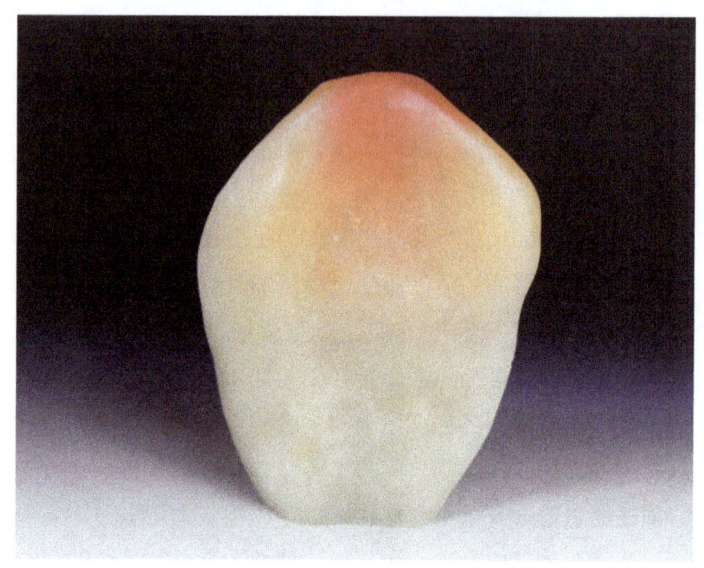

芙 蓉 石

　　自清以来，芙蓉石以其独有的特质，备受文人雅士宠爱，也得到了清朝皇族的青睐。康熙帝御宝"御赐朗吟阁宝"、雍正帝用的"壶中元"及"和硕怡亲王宝"、"膺天庆"等印玺皆为芙蓉石所制。文人雅士对芙蓉石的赞誉之辞同样不绝于耳。清郭柏苍说："似玉而纯粹，玉不受刀，逊于芙蓉矣。"陈亮伯道："马之似鹿者，贵也。真鹿则不贵。印石之似玉者，佳也。真玉则不佳矣。"足见人们对芙蓉石的喜爱和推崇。

26. 何谓芙蓉屎？

　　芙蓉石的一大特点是含砂多。芙蓉石肌理中往往隐含砂线砂格、砂块，统称"芙蓉屎"。芙蓉屎乃结晶质的硬细砂凝结而成，呈粉白色，或米黄色，或灰色的块状砂团，形状为坚硬而粗糙的砂络状，这种砂团或砂线的分布没有任何规律可循,纵横无度,深浅难测。通常认为含有黄沙的芙蓉石质地最好,含有青色砂的多为老性芙蓉石的结晶体。石农也称之为"卧虎屎"。这个称号还有一个有趣的传说。早年,芙蓉洞的开采曾经一度萧条,山上人迹罕至,十分荒凉,时有老虎出没。芙蓉矿洞冬暖夏凉,老虎在洞中居住,拉屎撒尿,渗入芙蓉石的矿脉,就变成了"卧虎屎"。

当然,这只是一个传说,而芙蓉屎也只是天然的石病,不仅影响石质,而且这种砂块在雕刻时难以下刀,也难以抛光,往往让艺人十分头疼。通常看起来很大块的芙蓉石在剔除砂质后,常常所剩无几,一大块矿体仅能撷取小部分较纯洁的精华,也属难能可贵。还有些表面石质很好的芙蓉石,艺人在雕刻过程中往往会发现内部隐有很多砂线或砂团,不得不打乱原先的设计。因此,块度大而纯洁的芙蓉雕品十分难得。由于芙蓉屎普遍存在于芙蓉石中,因此也成为鉴别芙蓉石的主要依据之一。

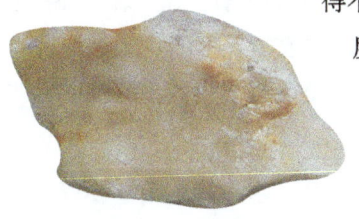
—— 黄芙蓉石(含芙蓉屎)——

27. 芙蓉石有哪些颜色?

芙蓉石颜色丰富,但很少通体一色,一般为多色混合。芙蓉石以白色居多,纯红者少,纯黄者难得,紫、灰、黑等色更是少见。

著名金石书画家陈子奋先生在《寿山石小志》中赞:"黄芙蓉则淡黄与朱黄,通灵明媚处,大有橘柚玲珑映夕阳之韵致。红芙蓉则红块片片,浓若牡丹,娇艳夺目。琉璃满地,玛瑙堆盘,不能过之。芙蓉石之质与色,真可与田黄冻石雄峙寿山。古人重其雅洁，拟以羊脂。"

白芙蓉石妍嫩细腻，纯净洁丽，是芙蓉石的主要品种。白芙蓉又有猪油白、白玉白和藕尖白之分。其中以藕尖白较为名贵。藕尖白细嫩微带青气、葱白带绿意，"如莫愁湖中新藕"；猪油白略微灰黄，似凝固之猪油；白玉白脂润如羊脂玉，都是芙蓉石中难得的佳品。

黄芙蓉石的颜色有浓有淡，如枇杷黄、桂花黄、牙黄、朱黄等；以色淡如桂花黄者占大多数，橘皮黄、蜜黄或枇杷黄者贵。

红芙蓉石以朱红最佳，红艳如烛，称之"蜡烛红"；朱砂红点清晰散布的为桃花红；而醉芙蓉则色白带浅色晕红状，如美人醉酒脸泛红晕一般。

另有芙蓉青石、芙蓉紫石、灰芙蓉石、黑芙蓉石等都是以色命名，足见芙蓉石色彩之丰富。芙蓉石中还有少数质地洁净通灵如冻者为芙蓉冻，是芙蓉石中的水晶冻，相当珍贵。

白芙蓉石

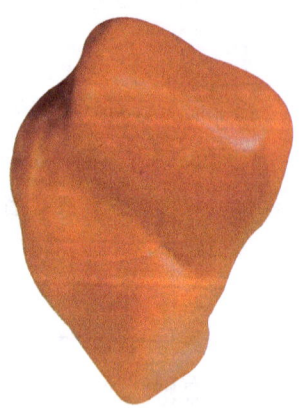

红芙蓉石

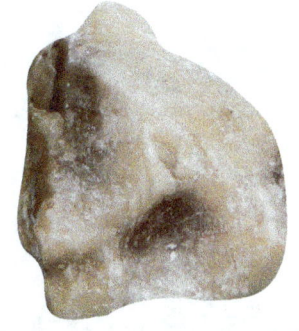

| 黄芙蓉石 | 芙蓉青石 |

28. 何谓高山石？

高山石属于山坑石的一个大品类，因产自高山峰而得名。高山位于寿山村南面约2千米的地方，海拔983米，山势较高，山中所产寿山石统称"高山石"。高山石的主要特征有以下几点。

开采早。高山峰是寿山石开发最早的一个产区。元明两代，寿山寺院的僧侣已在高山峰凿洞采石。至今尚存的"和尚洞"、"大洞"的遗迹据传就是当年的僧人开凿的。明朝崇祯年间，寿山广应院被火烧毁，后人在寺院的遗址挖掘出了各种寿山石，其中就有高山石，可见高山石在明代之前已开发。此后，高山石的开采几乎没有间断，至今已有上千年的开采历史。

产量高。高山峰矿脉纵横交错，矿洞密布，数量众多，可以说是寿山石的"主心骨"矿区的轴心。高山石石种最多、藏量最大、矿脉延伸广阔、新石种层出不穷，不但出产量大，色泽丰富瑰丽，而且有很多巨型石材，对寿山石雕艺术的繁荣和发展起了很大的推动作用。

品种多。高山石是山坑石中最大的家庭，品种多达百种，

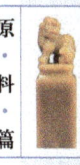

原·料·篇

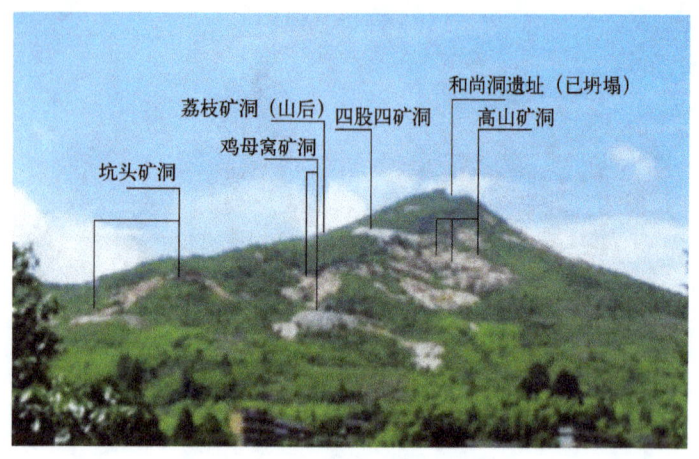

高山矿区分布图

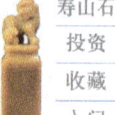

名目特别丰富,石质优劣各异,各具特色。命名多不规范,以色、以相、以产地、以始掘者命名现象都有。

色彩艳。高山石最大的特征是色彩及纹理变化丰富、质细而艳丽,红、黄、白、紫、黑、灰、赭各色俱备。或浓或淡,或纯色或数色相间,色泽丰富而艳丽。《寿山石考》曰:白而晶,红而艳。"崇桃兮,炫昼,积李兮,缟夜",说的就是高山石的五彩斑斓。

石质差异大。高山石质地细而稍软,透明度较高,质地通彻透明,纹理比较明显,且千变万化,韵味无穷。有些含稍粗的萝卜丝纹、杂纹或水流纹,有些则无明显丝纹。高山石石质优劣有别。其中石质较松者,含水分较多,天气过热或过于干燥易产生裂纹及渣点,须用油保养,故又被称为"财主石"。

29. 高山石有哪些石种?

高山石品种繁多,划分石种的标准也很复杂,一部分直接以矿洞为名,大部分则根据色泽、纹理和质地的不同特征而取名。

以洞主名字命名的有:和尚洞高山石、大健洞高山石、世元洞高山石、嫩嫩洞高山石、四股四高山石等;以矿洞的特征命名的有:大洞高山石、荔枝洞高山石、太极头高山石、鸡母窝高山石;以色命名的有:玛瑙洞高山石、油白洞高山石;以色相命名的有:红高山石、白高山石、黄高山石、巧色高山石、白高山石,再以颜色之深浅浓淡细分之;以石质命名的有:高山晶、高山冻;以年份命名的有:民国二年高山石。

下面简要介绍一下高山石的主要石种。

红高山石。高山石中纯红色者统称"红高山石"。红艳如烛,偶带条纹或砂点。颜色依浓淡深浅,按色调、色相、纹理又分桃花红高山石、荔枝红高山石、美人红高山石、朱砂红高山石、晚霞红高山石、瓜瓤红高山石、玛瑙红高山石、酒糟红高山石等。

白高山石。高山石中通体纯白者统称"白高山石"。其往往纯白如蜡或通透如冻,偶带砂絮或疏粗纹。又分为藕尖白高山石、猪油白高山石、象牙白高山石、磁白高山石等。其中以藕尖白高山石、猪油白高山石最佳。

黄高山石。高山石中纯黄色者为黄高山石,色黄偶含色块及纱纹。有橘皮黄、枇杷黄、桂花黄、蜜黄、杏黄、土黄、

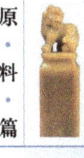

红 高 山 石

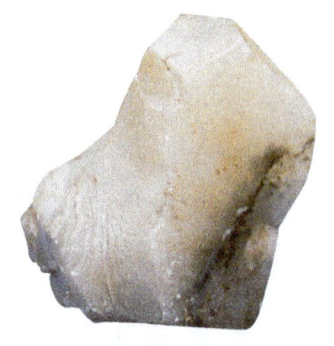

白高山石

棕黄、赭黄等。质地洁净的纯黄、纯红高山石非常稀罕。石凝腻纯洁如蜜蜡、蜜果,可与田石、都成坑石相媲美。《后观石录》称其为"秋葵蜜蜡"、"蜜杨梅"、"炼蜜丹枣"。

虾背青石。高山石中色灰蓝如淡墨者,称为"虾背青石"。肌理偶含浓淡灰黑水流纹理,又称"黑高山"。《后观石录》称其"通体浅墨如虾背,而空明映彻,时有浓淡,如米家山水。"

巧色高山石。高山石中有二色、三色以及多色相间者,统称为"巧色高山石"。巧色高山石往往多色混杂交错形成各种纹理,色泽明丽,色层由浓化淡,是寿山石多色艺术品的最佳原料,最宜用于花果篮、海鲜盆等雕品。石头上的各

黄高山石

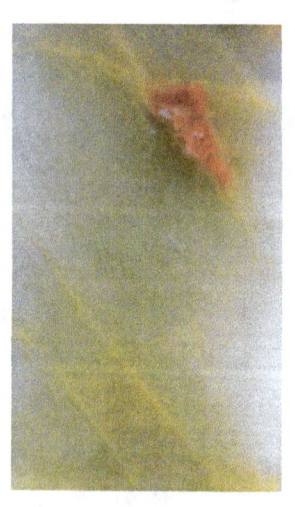

虾背青石

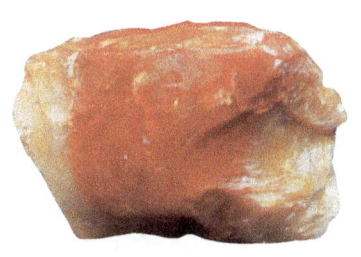
——— 巧色高山石 ———

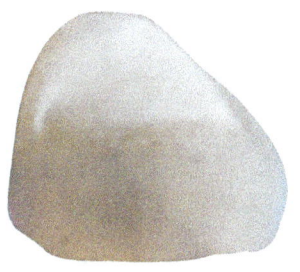
——— 高山冻石 ———

种颜色,经石雕师傅巧施妙手,点石成金,可谓巧夺天工。

高山冻石。高山与坑头属同一矿脉,因此水坑所产各种色相纹理的冻石,高山几乎都有。为区别于水坑石,前均冠上"高山"二字。凡高山出的冻石,都称"高山冻石",如高山水晶冻、高山桃花冻及高山牛角冻等,质如凝脂,通灵细腻,微透明,肌理隐含棉花细纹,但通常不如水坑莹澈坚结。

高山晶石。高山石中也有质纯通体透明如水晶者,称为"高山晶"。其质地凝结、透明度高,不但表面光亮,而且肌理也十分莹澈。真正纯洁无瑕者少见,肌理时含细纹,或有墨斑点,或有团簇状砂。其中透明度极高而纯洁无瑕者为上品。

掘性高山石。高山石因地壳变动或受洪水冲刷而剥离原矿床,散落于各矿洞附近之山坳的砂土中,称为"掘性独石"。因属高山矿脉所出,故称"掘性高山石"。掘性高山石石质莹腻通澈,肌理含萝卜丝纹,粗而明显。因久埋山上砂土中,形成了黄色石皮及格纹。有少数质佳色黄油润者和田石类似。但因埋藏于干燥砂土层,石表酸化程度不足,黄色层稍薄,石质纹理稍嫌粗松,不及田黄石腻润坚结。但质优于矿洞所产,且因数量稀少而被视为珍品。

和尚洞高山石。和尚洞位于高山顶上,相传老洞由宋代

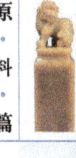

原·料·篇

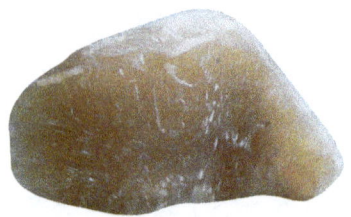
———— 高山晶石 ————

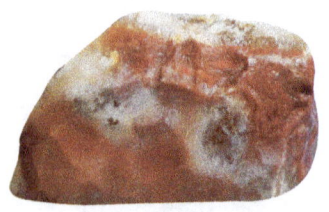
———— 掘性高山石 ————

寿山禅寺的僧侣开凿，已绝产多年。和尚洞高山石石质细腻，微透明，色多红中带灰或带土红。今日所见为新和尚洞石，若有传世者皆数百年旧物，极为稀罕。

大洞高山石。又称"古洞高山"，位于和尚洞尾部下方。矿洞较古老，传亦为明代僧侣所凿。因洞深且宽大，石脉宽阔，故称"大洞"。大洞高山石性坚质硬，有红、白、黄等色，以杂色为多。清初因洞陷停产，清代诗人朱彝尊《寿山石歌》云："精华已竭采未竭，惜也大洞成空嵌"。

玛瑙洞高山石。位于大洞下方，相传为明代僧侣所开凿。色多红、黄，偶有黑中透红者，可分为玛瑙红、玛瑙黄、玛瑙白、巧色玛瑙冻等数种。其中色红、黄质纯者近似玛瑙，故名。玛瑙洞高山石石质凝结通灵，多两色交织，色泽明艳。稍多裂纹，石中常隐现红、黄、黑、白各色条纹和圈点。该石早已停产，后人将各山各洞采到色质与玛

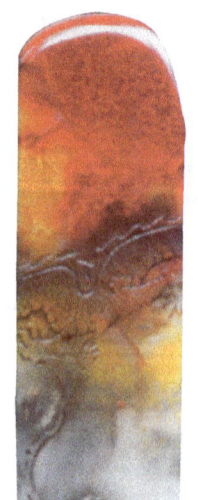
———— 和尚洞高山石 ————

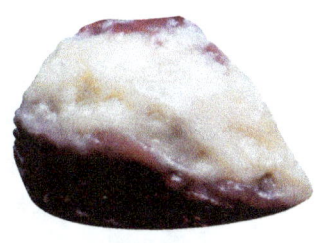

大洞高山石

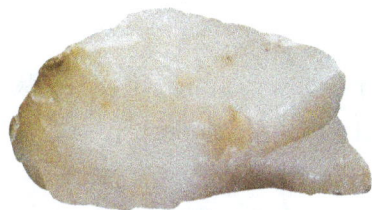

油白性高山石

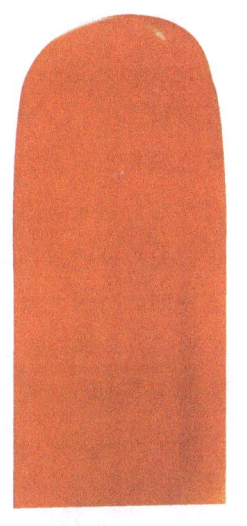

玛瑙洞高山石

瑙相似的石材也称为"玛瑙洞高山石"。

油白洞高山石。位于和尚洞旁,系民国初年陈元和开凿的大洞支洞,出石不同。色多乳白或白中泛黄,石质凝腻如油脂,故名。肌理含色块如花生糕。此种石嗜油,需长期浸于油中,故也称"油性高山石"。

水洞高山石。在和尚洞后侧下方,有矿洞深入水下,故名,所产石即为水洞高山石。水洞高山石质通灵,微松,偶含粗萝卜丝纹、黑细砂点或脉状结晶纹,色多白、红、黄或白中带红、带黄。《观石录》、《后观石录》称其为"笋玉"或"象玉",形容其为"象牙笋初脱衣时"或"若象牙不辨"。其中质佳者浸油后通透莹澈,可与水坑冻石媲美,只是质地不如水坑石坚凝。

新洞高山石。是指20世纪70年代寿山成立"北峰寿山石矿"以后,高山顶峰新开矿洞所出的石种。产量十分丰富,矿脉产石蕴含各洞石材的特色。其石质细嫩,时有结晶体和萝卜丝纹出现,石色尤为丰富,各色俱备,材体巨大,巨者可达数百千克,为寿山石雕中的巧色雕刻提供了良好石材。

荔枝洞高山石。矿洞位于高山北面中部,因洞口曾有株野荔枝树,石材又具白色,极似新鲜的荔枝肉,故名。荔枝洞高山石石质细通灵,晶莹通透,肌理多隐现萝卜丝纹,色泽丰富艳丽。有白、黄、红诸色,以白色结晶体为典型,纯黄者最珍贵,是难得的佳石。

太极头高山石。矿洞位于高山峰北,因地形似太极,故名。其石性晶莹透彻,色有红、黄、白或多色相间,各色交融者常常出现斑斓纹路,是高山石中的优质石种。太极头高山石始采于20世纪30年代,当时所出品质最佳,曾出现一批晶、冻石,质洁晶莹,其通灵可与水坑冻媲美,为高山难得的佳品。但其洞小,产量甚微,不久石竭洞废。旧藏之石

荔枝洞高山石

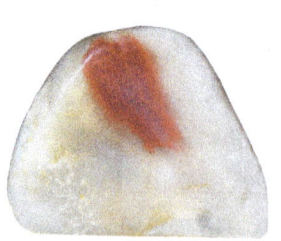

水洞高山石

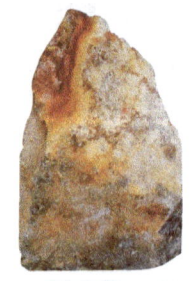

新洞高山石

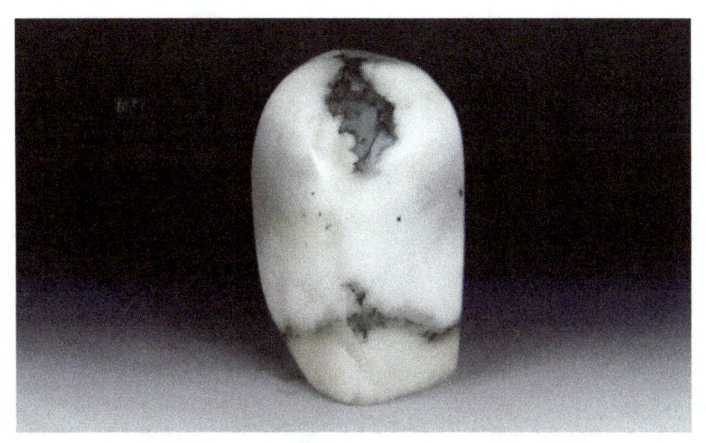

——— 太极头高山石 ———

称作"老性太极",甚为珍贵。近年陆续恢复开采之新性太极,则石质略逊。

鸡母窝高山石。矿洞位于高山北麓,太极头洞的正下方,因山形如母鸡抱窝得名。鸡母窝高山石色彩斑斓,有红、黄、白、灰、黑等色,质状多样,肌理含纤细针芒状细纹,有些石偶有色皮、红格,亦有色层分明之银裹金或金裹银。石质通灵,润洁有光泽。其质佳者,晶莹通透,不亚于坑头石。

小高山石。产于高山峰东侧,色多黄、红、白,或各色相杂。石质粗松,多裂纹。因石中多含杂质,状如啼哭之泪痕,又名"啼嘛洞"(福州方言)。

世元洞高山石。又称"仙源洞高山",矿洞在大健洞后方,洞以开凿者清代张世元命名。石质稍坚,色彩艳丽,以红、白二色最常见。现洞已塌陷,不再产石。

嫩嫩洞高山石。矿洞位于水洞左上方,以初凿人嫩嫩而名。民国二年(1913年),曾出一批珍石,故又名"民国二年高山石",惜已绝产。色多洁白或黄、红,质纯净通灵,肌理隐现萝卜丝纹,与水坑晶冻石相比毫不逊色。

原·料·篇

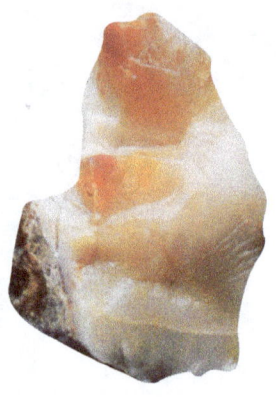
—— 鸡母窝高山石 ——

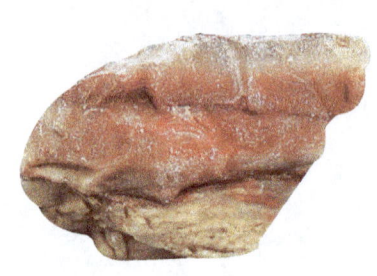
—— 小 高 山 石 ——

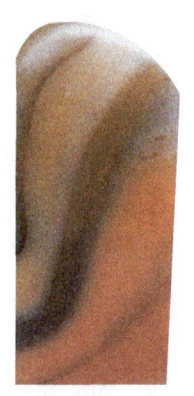
—— 嫩嫩洞高山石 ——

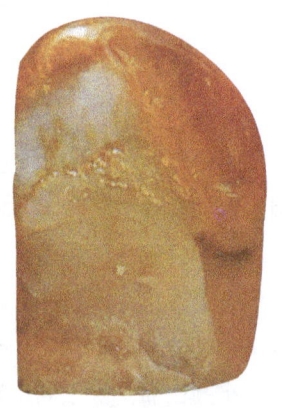
—— 四股四高山石 ——

　　四股四高山石。矿洞位于嫩嫩洞侧，由四户石农合股开采，故取名"四股四"。产于1980年初，目前已竭产。石质较其他各洞所产之石略为坚结，透明度佳，多呈微透明或半透明状。色泽丰富，有红、黄、灰、白各色，常见多色交错。纹理类似都成坑石，石质与色泽也与都成坑石极相类似，但稍逊。

　　高山石品种众多，在此仅简要介绍部分石种，以期为石友了解高山石有所帮助。

30. 何谓荔枝洞石？

荔枝洞石属于山坑的高山矿脉，全称为"荔枝洞高山石"。矿区位于高山峰的东北边，太极峰的半山腰。

该石矿与荔枝有着很深的渊源。矿脉是老石农张家祥(小名红妹)靠在一棵荔枝树下休息吸烟时偶然发现的。于是这棵荔枝树就成为荔枝洞的重要标志。加之其所出产之石的色泽与荔枝肉又十分相似，所以人们称之为"荔枝洞石"。

荔枝洞石按矿洞分为红妹洞荔枝、依亮洞荔枝等；按色泽和石质的特征又可分为红荔枝、黄荔枝、红黄荔枝、纯白荔枝等；对于透明度高而十分通灵的则称之"荔枝冻石"。荔枝洞石的最上品是荔枝萃，极品是三色荔枝萃，一般为白、黄、红。传说中还有五色荔枝，皆非常稀有，其稀有程度不逊于田黄石。

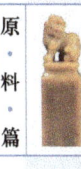

荔枝洞石石质晶莹通灵，性坚凝结，透明度高，肌理多隐现萝卜丝纹。色泽瑰丽，红、黄、白、黑各色俱有，艳丽无比，以白色居多，也有黄、红、灰色及五彩相间者。红色石犹如新鲜的荔枝果皮，白色石恰似晶莹洁白的荔枝肉。荔枝洞石中也有品质较次的，或肌里有"黑针"点、萝卜丝纹太粗，或透明度不强、颜色不够鲜亮甚至幽暗，或肌里有绵砂、砂块甚至有大面积的黑砂体，这些皆为下品。

荔枝洞是20世纪80年代初由老石农张家祥发现的，因其小名"红妹"，所以人称"红妹洞"。为最早开采，出石也最多的荔枝洞。从1987年起，石农们在红妹洞附近发现石线，故先后又有老人洞．光在洞和木发洞、依亮洞先后出石。1987～1989年，荔枝洞出石的数量最多，质地也最好。此后，产量逐渐减少，品质也渐差。至1991年，这条矿脉就开采殆尽。荔枝洞绝世美石红极一时，使"寿山诸石无颜色"，

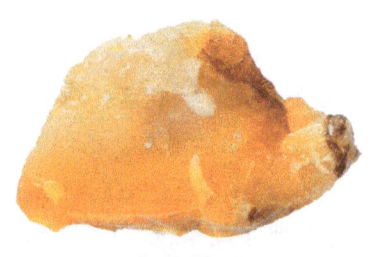

荔枝洞石

但昙花一现,仅短短数年即已绝产,令人惋惜不已。

1993年所出产的所谓新性荔枝洞石,其石性和色泽已接近于鸡母窝石,质地和色泽比起老荔枝洞石要逊色得多。石农称之为"新性荔枝洞石",以附荔枝洞之名,实际上应属于鸡母窝石。

荔枝洞石艳丽无比,加之产量稀少,一经面世,就受到收藏家们的热烈追捧。因其产石期短,出石后没几年就绝产了,因而荔枝洞石传世作品极少。对于收藏家来说,这种有限的精品,自然具有很大的吸引力。特别是近年来,海内外寿山石收藏家竞相寻求上品荔枝洞石作品,而且愈演愈烈。有人以"一骑红尘妃子笑,无人知是荔枝来"将荔枝洞石与杨贵妃联想在一起,感叹二者极为相似的命运。

31. 何谓旗降石?

旗降石产于寿山村北面旗降山,也叫"奇艮"、"奇岗"。

旗降石石质纯洁、质坚细而温润,微透明而富有光泽。无格纹和萝卜丝纹,肌理常含细碎白块或杨梅红色点,偶含透明晶点及疏网状白纹,或某些部位带有紫色及白色泡点。以坚结油腻、纯洁、少杂点及透度佳者为

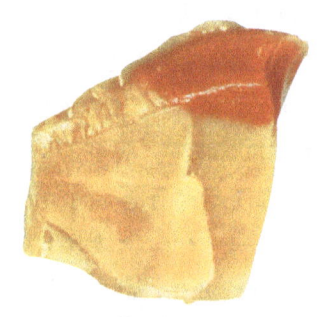

旗降石

上品。

旗降石色彩十分丰富，或单色，或二三色相间，其中以黄、红、白三色居多。佳者"黄如秋葵，红似珊瑚，白若芙蓉"。一般单色旗降较少，多黄白或黄红白三色相间，色泽深浅变化，或浓或淡，相互辉映。

旗降石色层分明，色调明快，是雕刻俏色作品的极佳材料，材大者极适合镂雕层次分明的大型雕件。加之其质细富光泽，韧性强又易受刀，是良好的印材及雕刻材料，且磨光处理后就细腻光亮，光彩焕发，深受寿山石雕刻者喜爱。石雕界也常有旗降石佳作问世。

旗降石以石性和色相区别品种。按石性可分老性旗降石和新性旗降石两种；按色相则分为黄旗降石、红旗降石、李红旗降石、白旗降石、紫旗降石、彩虹旗降石和银裹金旗降石等。

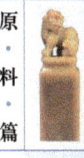

32. 何谓善伯洞石？

善伯洞是以开采者来命名的，其名字的起源还有一个传说。相传清代咸丰、同治年间，寿山村一位叫"依善"的村民，早年因多行不善而被赶出村庄。后来决心重新做人。回到寿山，却不敢回村，在深山中居住，不仅学到了开采技术，还发现了一处矿脉，开采出了许多质地上乘的佳石。勤劳的依善得到了村民的认可，大家都亲切地称他为"善伯"。但后不幸因矿洞塌陷而葬身洞中。人们为了纪念他，于是将其开采的矿洞命名为"善伯洞"。其所产之石即"善伯洞石"。也有传说善伯在洞中成仙，于是善伯洞石也有"仙伯洞石"的美名。

善伯洞石矿在寿山村东南面，与都成坑山隔溪相望，同

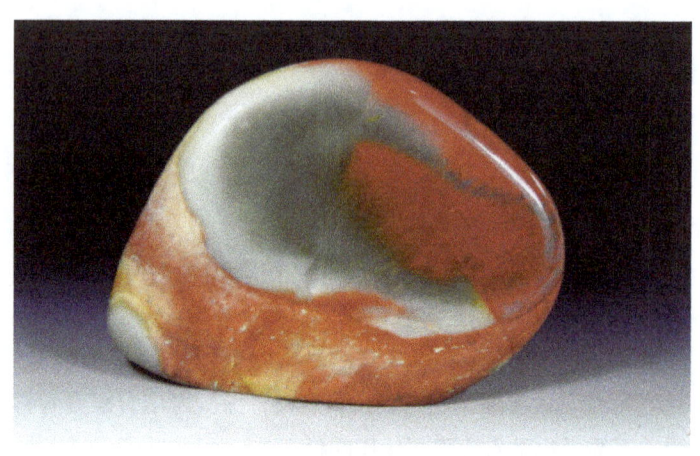

善伯洞石

月尾山相邻。相传清咸丰、同治年间始开采,后坍塌,停产80年,于1938年重新开采,屡出佳石,在寿山石中颇为著名,其上品也为众多收藏者所追捧。

善伯洞石性微坚而又带有韧性,半透明,质地温腻脂润,蜡性较强。无萝卜丝纹,肌理多含金砂点,偶有层纹、树枝状纹络。肌理还常有白色点和块状白色膏团,石农见之像捣碎之花生,故称为"花生糕"。善伯洞所产石材色彩丰富,金石书画家陈子奋喻其"红如桃花,黄如蜜蜡,灰如秋梨,白如水晶,赤如鸡冠,紫如茄皮,种种俱备"。善伯洞石也不乏质地通灵纯洁者,呈近透明或半透明,称为"善伯晶"或"善伯冻"。色多红、白、黄,纯净无瑕者为上品。其中红、黄善伯晶通灵色温,肌理含金砂地,闪闪发光,最为惹人喜爱。

善伯洞石品种也十分丰富,按质地分为老性善伯石、脱蛋善伯石(掘性)、新性善伯石、善伯(月)尾石、善伯旗(降)石等;按色相又可分为红善伯石、白善伯石、黄善伯石、红花善伯石、灰善伯石等。

33. 何谓都成坑石？

都成坑石，又名"杜陵石"，产于高山东北面约 2 千米都成坑山。都成坑山位于高山之东，南望加良山，与善伯洞、月尾峰对峙。这个矿脉还出产马背石、鹿目格石、蛇匏石、尼姑楼石、迷翠寮石等。都成坑石于明末清初时发现，清道光年间开始大量开采。

都成坑石质坚通灵，温润幽雅，透明度高，有玻璃硬光，两石相击，声如金属铿锵。色彩丰富，有红、黄、白、灰、紫等色。肌理常有弯曲流水纹，常有灰色的瓦灰质石皮或岩砂。清光绪年间，著名文人郑杰所著《闽中录》中形容都成坑石："都灵坑，五色斑斓，温纯深润。"

都成坑石还有一个重要的特点是含砂多。都成坑石的矿脉夹在坚硬的围岩之中，矿层较薄，厚度一般在十几厘米以内，故开采出来的石料常有砂粒掺杂肌理之中，且难得大块石材。石农形容都成坑石："都成坑，砂成山。"寿山石界还流传着"无砂不成杜"，说的就是都成坑石中往往夹杂着砂。当然并非所有的都成坑石都含砂。

都成坑石种类也很多，有些以矿洞主名之，如琪源洞都成坑石、坤银洞都成坑石、元和洞都成坑石等；也有以色相命名，如白都成坑石、黄都成坑石、红都成坑石、花都成坑石、五彩都成坑石、巧色都成坑石；其中质纯且特别晶莹通灵者，称

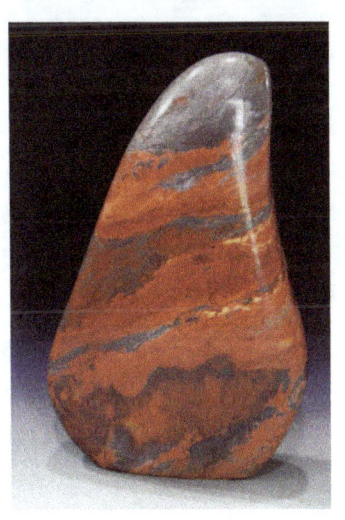

———— 都 成 坑 石 ————

"杜陵晶"。另有粘岩都成,为质地莹澈的结晶体,紧贴于砂岩面上,分解困难,故名。其石质特别晶莹灵洁,乃寿山石之上品。偶有埋藏于坑洞周围的砂土中,由掘取而得的独石,谓之"掘性都成坑石"。

34. 何谓鸡母窝石?

鸡母窝洞位于高山北麓,太极头洞的正下方,东临坑头,北对寺坪。矿洞开采于1990年,因矿洞所处的地形近似母鸡下蛋窝巢,故所产之石名之为"鸡母窝石"。另有一说为开采的矿洞本是一野鸡的筑窝处,故而得名。

鸡母窝石质地微坚,润洁通灵,呈半透明状,有光泽,肌理含纤细针芒状细纹。红、黄、白、黑、灰、蓝各色俱全,色彩斑斓,色泽艳丽,各色相间,掩映成辉,为高山系石中最丰富瑰丽,也是继荔枝洞资源枯竭后难得的佳品。

鸡母窝的矿脉也犹如母鸡抱窝,一窝一窝地夹在围岩之中,故一般块体不大,多为零星小块,且原矿石多呈圆形,极似鸡蛋。

鸡母窝极易与其他石种相混淆,应仔细辨别,其特点主要有以下三点。

第一,鸡母窝石石质细密而微坚,透明度较强,因此质地与某些水坑石接近。其质佳者晶莹通透,不亚于坑头石。鸡母窝石中黄色者类似水坑石中之黄水晶冻、玛瑙冻;灰蓝者颇似坑头天蓝冻;

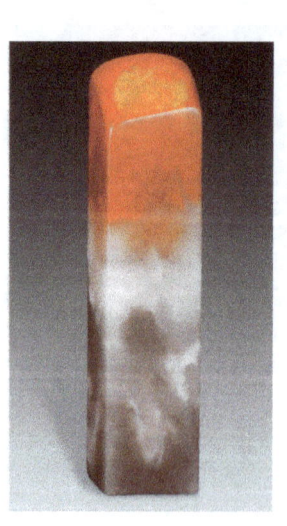

鸡母窝石

黑色石中，质佳者纯洁通灵，与坑头牛角冻也十分相似。但鸡母窝石毕竟是山坑石类，总不及水坑石来得晶莹通透，且石中往往多种色彩混杂交错，纯净度明显逊于水坑石。

第二，鸡母窝石的黄色石料，佳者质地亦特别脂润，既有极细且紧密的萝卜丝纹，也有色层分明之银裹金或金裹银，极似田黄石。但鸡母窝石中多有深黄色的点状结晶体，有的石中还含有"黑针"点。

第三，鸡母窝洞与荔枝洞相近，上品亦同样细润光洁。其中白者清灵似冰糖，含萝卜丝纹或棉花纹，颇似荔枝冻。但总体说来，鸡母窝石质地稍逊于荔枝洞石。鸡母窝石中还有不通灵者类似太极头、都成坑石。

总之，石种间虽外观或某些特征近似而易混淆，但只要仔细观察，不难辨别。

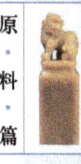
原·料·篇

35. 何谓汶洋石？

汶洋石属于柳岭矿脉，出产于寿山村北面的汶洋村柳岭，以村名称之"汶洋石"。

柳岭是一座很高的山峰，汶洋洞位于柳岭的背面，亦属柳岭矿脉。汶洋石有好几个矿洞，出产好石的坑洞都位于半山腰的陡坡上。

汶洋石质地细腻，纯洁而稍坚，微透明，红、黄、白、黑等各色俱有，且色泽鲜艳，色界分明，肌理中有细小的结晶性条纹。汶洋石以白色为主，有鸡骨白、嫩白、玉白、猪油白，也有红、黄二色相间。黄分嫩黄、明黄、土黄，红有深红、褐红、桃红、粉红。汶洋石的块度较大，石形多比较平整，是制作印章的理想材料，但含水分与小裂纹多，偶有白渣纹。因此，汶洋石尤其新产石大多数须经常油养，以防

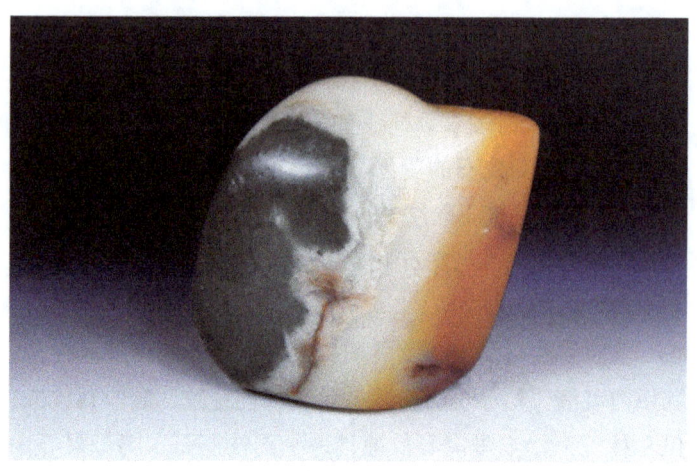

汶 洋 石

止干燥产生裂纹。

汶洋石虽产于柳岭矿脉西北,但质色和老岭石完全不同,与月洋的芙蓉及半山石近似。汶洋石硬度、透明度略高于芙蓉石,结晶性条纹多,含蜡度低于芙蓉石。无裂无格的汶洋石结晶体质地纯洁细嫩,可与芙蓉石媲美。

36. 何谓月尾石?

月尾石,系山坑石的一种,又名"牛尾石",产于都成坑北向隔溪相望的月尾山中,以产地名。20世纪初期出产量多且质佳。

月尾石石质细嫩,微透明或不透明,富有光泽,有紫、绿两色,或两色相间。色泽深浅变化不同,肌理隐白色点。

月尾石的品目按色相和石质分别命名,主要有以下三种。

第一种,月尾绿石。为月尾石中绿色者,质地细嫩而较松,偶有格纹,以色泽青翠通灵者为上品。但多裂痕,油浸则泯,长期上油保养石色会变暗。

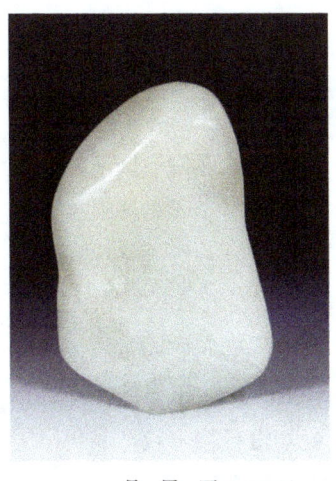

月 尾 石

第二种，月尾紫石。月尾石中色紫者名"月尾紫"，富有光彩，常有白色或绿色斑点，有的还含有细砂粒，难得纯洁。以色浓如新鲜猪肝者最佳，又称"猪肝紫"。紫色是富贵之色，有"紫气东来"之说，所以质地纯洁、色泽浓艳的月尾紫石历来备受珍爱。

第三种，月尾洞亦出晶石、冻石。质地纯净而晶莹的月尾石称"月尾晶石"；质地温润、凝腻的月尾石称"月尾冻石"，皆为珍品，罕见难得。

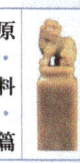

原·料·篇

37. 何谓老岭石？

老岭石又名"柳岭石"，出产于寿山村北面的柳岭山中，属于柳岭矿脉。

老岭石石质坚脆，多含砂，不透明，微透光泽。石色多青翠与赭黄二色，淡黄色、黄色、灰色、灰黑色等皆有。纹络较为显现，呈筋络状，肌里常带有白色不透明渣滓，黄者多黄地黄斑，红者间杂各色纹理，色较杂，多为粗制石料。

老岭石中也有质佳者纯洁通灵，如老岭通石质通灵无杂、老岭晶石质晶莹通透。还有质地较好者，如老岭青、老岭黄、虎嘴老岭石等。

老岭石矿藏相当丰富，开发较早，现今还是国家叶蜡石矿产区。据考证，福州地区南朝与宋朝的墓葬中出土的许多陪葬的石猪、石俑，大多为老岭石。这说明早在1 500多年

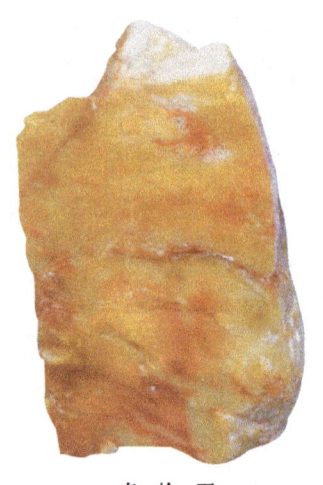

老 岭 石

前的南朝,老岭石即已开采,到宋代已大量开采。老岭石自开采迄今,未曾中断。开采出来的老岭石一般体积较大,多用作雕刻器皿或大件陈设品及一般规格化印材之用。据说老岭石曾用以制砚,新中国成立后还常用以仿制各类古物、玉器。至今,很多寿山石雕一般产品仍以老岭石为原料。

38. 何谓焓红石?

焓红石产于旗降山,是旗降石的外围矿脉,俗语说"焓红旗降边"。焓红和旗降其实是同一种石头。焓是福州方言,意为"火煨"。以前石工因其质粗不适雕刻,为改变其石质,将其埋于火炭堆中煨烧。煅烧过的石色与天然色泽的色感不同。原来的黄赭色部分变成鲜艳的红色,且石质会变得稍硬,裂纹增多。这种煨烧的方法在福州方言中谓之"焓"。因此,石农将这种用炭火煨烧成红色的旗降石称为"焓红"。现在用人工煨烧的焓红石很少了,但是人们为了区别质地好的与差的旗降石,将好的旗降石称为"旗

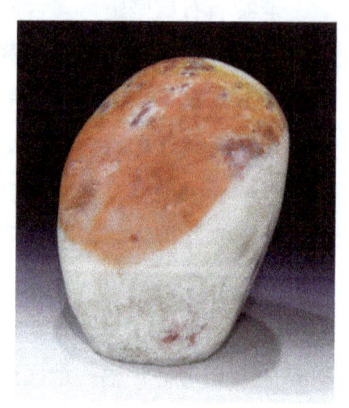

焓 红 石

降"，将较次粗质的旗降石亦称为"焓红"。如今，旗降石中，凡质粗顽，多含石英砂粒，色多灰白、黄赭，不堪雕刻者，虽未经煅烧，亦统称为"焓红石"。

焓红石一般材大质粗，常杂沙砾，质硬且脆，缺乏温润感，不透明，色多青白，也有赭黄、土红等色。常有红、黄色斑或小"蛀洞"和白色、淡黄色的砂粒混杂其中。20世纪80年代曾出产一批质细且材巨，多纯白色或红、白相间，用于雕刻，颇受欢迎。林亨云大师用焓红石雕刻而成的北极熊作品，以形态逼真传神而蜚声海内外。

39. 何谓艾叶绿?

艾叶绿，亦称"艾绿"。色泽嫩绿、青翠，因"色如艾叶青翠可爱"而得名。

艾叶绿是寿山石中十分罕见的名贵上品，故单列介绍。论色泽，浓艳鲜嫩，翠绿无比，明净灵秀，富有光泽；论石质，质细凝腻，温透精绝，石质通灵；论纯净，呈半透明，翠绿中带有黄赭色筋络，间或白色小块、点流水纹，纹理在强光之下呈半通透状；论灵性，不火不燥，端庄秀丽，沁人心脾，绝对是石中精灵。艾叶绿又因其石质温润易刻，成为印材之佳选，在明代被誉为"印石第一品"，尤为珍稀，价值连城，非一般印石可比。

关于艾叶绿的文字记录早已有之。明末清初，田黄石未被重视之前，文人雅士们始终将艾叶绿品为第一。宋梁克家《三山志》记载："距寿山十数里，有五花石坑，红者、绀者、紫者、髹者、惟艾绿者难得。"明末布政谢在杭也道："艾叶绿第一，丹砂次之，羊脂、瓜瓤红又次之。"此后，清代学者毛奇龄写《后观石录》，在其所列的上品之石13种中，艾

艾叶绿石

叶绿也居众石之首。书中形容艾叶绿,色泽"绿色通明,而底渐至深碧色,独其佳处稍白,则艾背叶矣","上半如碧玉,下半如红毛玻璃酒瓶,又如西洋玻璃瓶"。清代郑杰在《闽中录》中也称,"艾绿,色如艾叶初生,青翠可爱,不可多见,大者尤难得。"当年寿山石著名商号青芝田的老板陈显灿这样形容艾叶绿:"石头绿绿的,嫩嫩的,窈窈的,看了会让人心神动荡,魂不守舍。"可见人们对艾叶绿的推崇之情。

由于传世的艾叶绿难得一见,所以人们对艾叶绿的产地位置、特征等众说纷纭,至今难有定论。据梁克家《三山志》记载,艾叶绿原产距寿山数千米的"五花石坑"内。但其所指之"五花石坑"没有具体的位置,之后的有关文献也没有"五花石坑"的记述。据考证,艾叶绿为月尾石中艾绿者,为月尾石中的佳品,因色艾石冻而著名,而五花坑则泛指高山系诸多矿洞。

40. 何谓伪田黄?

古有"连江黄,伪田黄"之说,这里的伪田黄即为连江黄。连江黄之所以被称为"伪田黄"是有其历史成因的。

连江黄,系山坑石的一种。因矿洞接近连江县界,石色多藤黄色或土黄色，故名。

连江黄始采于清代，当时的文献多认为其产地为连江，清郭柏苍《闽产录异》载："连江黄，产连江。"连江黄虽名字带"连江"，但并非连江县所产。其矿洞位于寿山村北面的日溪乡东坪村一座名叫"金山顶"的东北坡金狮垱一带，并非连江境内。龚伦在《寿山石谱》说："连江黄——山距月尾山约20里，与连江县交界，地名山仔濑。"陈子奋《寿山印石小志》也认为："连江黄产寿山与连江县交界处。"

连江黄石性干燥，质硬结而微脆，微透明，多细裂纹，并常有褐色筋格纹。石块中偶有灰绿色的砂块或者深褐色连线小蛀洞。肌理隐现不规则网纹，或多条层纹，纹粗且直，层层叠叠，类似福州民间小吃九重粿，故称"九重粿纹"。连江黄经油浸，石色转为暗赭，裂纹会暂时消失。该地所产色白微透，略带微黄或淡绿色者，统称为"连江白"。另有埋于砂土层中的块状独石，称"掘性连江黄石"。

连江黄中质佳者通灵有纹，初视犹似田黄，所以历史上就有石商以连江黄冒充田黄石贩售。假冒手段各异，或以煨乌法冒充乌鸦皮，或涂染环氧树脂加上寿山石粉调剂，或以漂白粉擦磨成白色皮。但二者母矿不同，有着本质的区别，只要仔细观察，不难辨别。

连江黄纹路较粗糙，而田黄的萝卜丝纹细密清晰；连江黄色黝质硬，有直条纹，而田黄石则凝腻温润得多。此外，还可以参照出黄石的三大特征——石皮、萝卜丝纹、红筋格并结合质地、手感对照观察加以辨别。

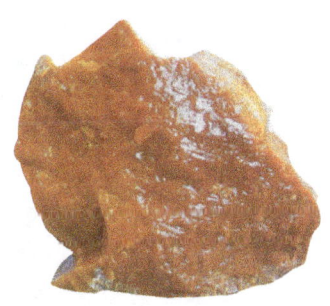

连江黄石

41. 何谓掘性寿山石？

凡是由原矿脉剥离，经过自然迁徙，再次被隐埋于其他地质环境，或散落于山坳、或散落于溪床、或散落于水田经过千百万年的大自然造化，后由人工挖掘出的寿山石，谓之"掘性寿山石"，以区别于洞产石。

掘性石往往是埋藏在寿山矿区一带砂土、山坳、田野以及溪涧中。因长期埋于地下，其质色也会因埋藏环境的不同而有所差异。一般而言，落入溪河的质多莹澈通透，埋藏田地的质较温润，而散在山坡砂土中则多土蚀痕迹。

掘性的石头形状一般是不规则的，块石棱角虽较明显，但略成浑圆，多成卵石状。其共同特征是有厚薄不一的石皮，常呈淡黄色，内有红格、土格。

掘性石既保留其母矿的特征，但又有明显之区别，绝大多数石质优于同类矿洞所产。掘性石依埋藏时间的长短、土质环境，内肌色泽的变化亦有所不同。埋藏的时间愈久，内肌愈温润。由于长年的水土滋养，其温润凝腻的程度绝不是洞产寿山石可比拟的。掘性石因偶然掘得，可遇不可求，数量稀少，故价格也高。田黄石就是掘性石的代表，虽基本保持母体原矿石的基本特点，但自身所独有的特点也很明显。

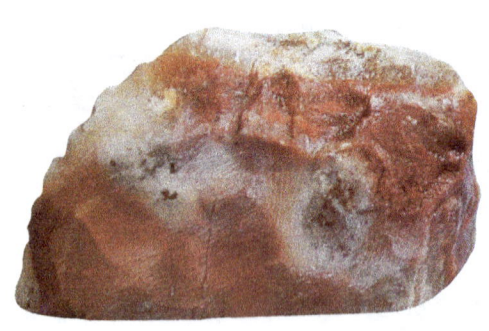

———— 掘性高山石 ————

田黄石因在土壤埋藏得最久，变化最强烈，温润程度最高，数量也十分稀少，因此成为掘性石中的最佳。田黄石肌理隐约可见萝卜丝纹，其他掘性石有无丝纹，则取决于母矿本身的特征。

掘性石并非田坑专有，许多其他石种甚至外省石都可能形成掘性石。如掘性坑头石、掘性高山石、掘性都成坑石、掘性善伯石、掘性鹿目石、掘性旗降石、掘性碓下黄石、掘性大山石、掘性芙蓉石等。外省的有掘性昌化石、掘性江西石、掘性巴林石等。不过这些掘性石种，大部分酸化程度不够，虽然质性比洞产石稍好，但其温润感始终无法与田黄石相比，其原因在于掘性石在水田与农地的生长环境不同。

42. 何谓寺坪石？

明朝寿山村广应院遭火灾后夷为平地，后人在废墟中挖掘发现的各种寿山石原石和雕品即为寺坪石，并非矿洞所产，属于人为迁移石。

清以后，各志各书都把寺坪石列为寿山石的一个品种。寺坪石并不是矿脉中出产的自然石种，而是寺僧收罗寿山各洞之石，藏于寺中，平时自用或作为赠送香客的礼品，寺废后掩埋于寿山村外洋广应院遗址土中，靠挖掘而得，相当稀罕。

广应院建于唐光启三年，古时寺僧得地利之便，采集大量寿山石，储藏于寺内，平日制作佛珠等宗教物品以赠香客。该寺于明洪武年间毁于火灾，万历初重建，崇祯间又毁。这些石头与广应寺的灰烬一起被掩埋在废址里，有些经流水冲刷，散落至附近的地方。明清以来，经后人陆续从废墟中挖掘出，流传于世，尤为贵重，成为一种十分珍贵和独特的寿

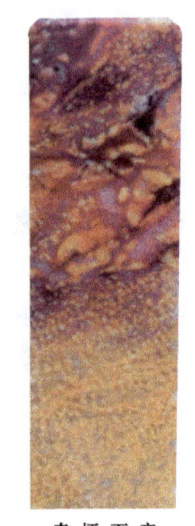

寺坪石章

山石品种，称"寺坪石"。明《游寿山石寺》诗中有："草侵故址抛残础，雨洗空山拾断珉。"就是指农民挖掘寺坪石的情景。

石经火灸后埋没土中，又经过地下土壤、水分的浸润，质地更淳朴，润泽倍增，表皮色转幽暗，有些石的边缘或整颗石多呈火煨之黑褐色。大有古色古香的韵味，显得格外通灵古雅，别具特色。

寺坪石的原石品种很多，可谓集寿山珍石之大全，其中以田黄石、坑头石、高山石、都成坑石等各种石品为多见。有已完工之成品，也有未加工之原石。不同品种寺坪石的命名，一般在原石种前冠以"寺坪"两字，如寺坪田黄石、寺坪坑头冻、寺坪黄都成坑石等。寺坪石材虽不大，但质皆精良。无论原石还是雕刻品，既保持原石种的各自特征，又较原石温润古朴，远胜新坑所产，甚为收藏家所喜爱，传世者已不多见。

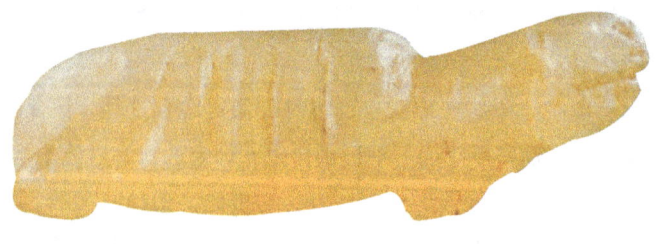

龟 寺坪石

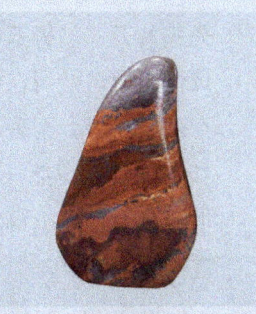

寿山石投资收藏入门 工艺篇

43. 何谓相石？为何要相石？

"相"者，审度也。寿山石雕艺人在创作动刀之前，必先相其石。剖析石中存在哪些不利于艺术创作的因素，只有读懂其中奥妙所在，才能根据石料的形状、色彩和纹理等特点进行构思，因势造型，因材施艺，因色取巧，使天然色相和人工巧雕浑然一体。寿山石雕十分注重依石造型，"相石取巧"是寿山石雕的一大特色。在创作过程中，相石是极重要的一个步骤。

俗语云"一相抵九工"指的就是相石的重要性。在石上雕刻有别于在纸上作画般不受限制，任意挥毫。如果创作构想不成熟，在一知半解的情况下，盲目动刀往往吃力不讨好，要走很多弯路。我们知道，雕刻者的所有构想最终只能在石上实现。而石头却是大自然造化的产物，特别是寿山石种类繁多，质地各异，色彩斑斓、色泽纹理各有千秋，又难免会掺杂一些砂团及裂纹，这些杂质、裂纹又毫无规律可循。可以说，每一块石头都有其独特之处，需要雕刻者仔细观察。只有充分了解石料本身，才能进入雕刻阶段。

"磨刀不误砍柴工"，解石先要得其理，造型设计的优劣，直接决定作品的成败。相石就是造型设计的过程，也是寿山石雕创作的必由之路。精妙的相石可起到事半功倍的效果。相反，如果拿到一块石头就不假思索地盲

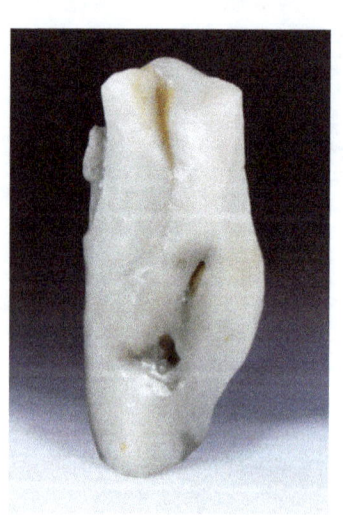

—— 坑头石 ——

目下刀，只能是粗制滥造，不但浪费石材，还枉费雕工，得不偿失。

相石主要从石形、石质、石色、石纹等几个方面来对雕刻的石料进行仔细揣摩。相石的具体方法将在下文分别论述。

44. 如何相石形？

相石，首先就要看石形。虽然石形的选择运用没有固定模式，有赖于雕刻者的造型设计和创意塑造，但是毕竟是在石上雕刻，还是要受石形的客观限制。

寿山石原石形状千差万别，单从外形看，就有椭圆形、长方形、扁平形、圆形、锥形等。一般来说，长方形

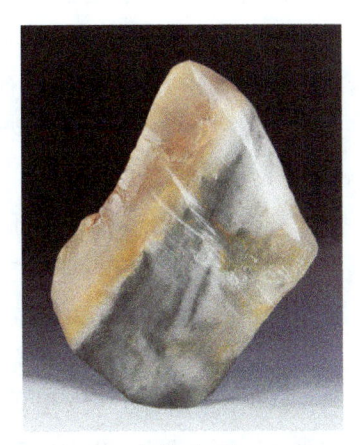

鸡母窝石

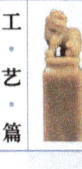

和扁圆形相对开阔，构图灵活性大，直竖或横放皆可，收放有度，各种技法均可施行，是最佳石形，一般雕刻者都喜欢选用。扁平形则宜选用薄意、浮雕、透雕等技法，不宜进行立雕。圆形石料宜于花果篮、器皿或盆等各类立体雕刻。锥形石头多用于把玩类雕件的制作。这些都是艺人们在长期的实践中总结出来的经验。

雕刻寿山石作品，艺人一般会根据石头原来的形状来进行设计构图。以石形而论，一般选择凸起不平的部分作正面，将平板凹陷的作背面。如雕刻卧放作品，则将平板的一面作为底面，将突起的一面向上方，以便对物象层次进行安排。若石块较大，取舍的余地比较大，可以用于雕刻大型的组雕。

但随着资源的耗竭,很多石料块度都不大。特别是有一些石质较好的寿山石,往往体积较小。但是只要相石得法,凭借雕刻者的经验和智慧,也可以雕制出精美的艺术品。

45. 如何相石质？

雕刻者相石往往会根据石质的优劣采取不同的造型设计和雕刻手法。普通石料可根据设计构图的要求加以取舍。但是对于田黄、水坑冻等名贵石料则不宜"伤筋动骨",应尽量减少损耗,保持其原态自然美,因此雕刻者往往选择对其施以薄意。

有些石料较松脆,处理不好容易断裂,这种石料就不宜进行链雕和镂雕。在设计构图时要特别注意,而且雕刻时也应加倍小心。有些石料中的杂质,如砂钉、裂纹等较多,或与岩石附着,是否剔除,也完全由雕刻者相石而定。无利用价值的杂质在雕刻时应尽量剔除干净,若分布范围广散,难以彻底清除,或者可以加以利用的,则可以将其巧妙地刻成适当的景物。优秀的雕刻者就是有这种"点石成金"的神奇魔力。

随着寿山石资源的减少和寿山石工艺的进步,艺人们已经逐渐改变了只选择质优价高的寿山石进行创作加工的旧观念。每块石头都有其可雕之处,都可能从中创作出好作品。这完全取决于雕刻者的智慧和艺术素养。

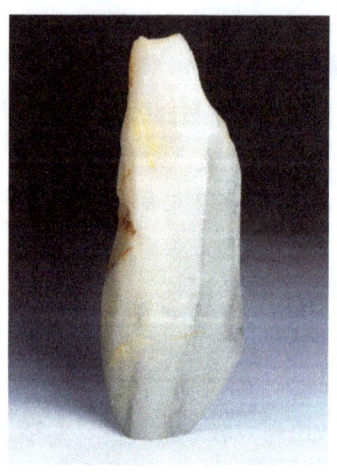

—— 鸡母窝石

如今，人们在欣赏名石佳品的同时，更愿意为那些巧妙利用瑕疵，充分发挥一石之长，甚至从一般人眼里不可取的石料中雕刻出的艺术精品而喝彩。在造型艺术中，创意往往才是最吸引人眼球的亮点。

46. 何谓巧色？

天遣瑰宝生闽中，寿山石是上天的恩赐。寿山石不仅有着温润的石质，更重要的是有着五彩斑斓的俏色。由于寿山石色彩丰富，往往一块石头上同时存在好几种不同的颜色，各个石块又各不相同。

寿山石雕刻艺人们很早就发现了寿山石这一得天独厚之处，并加以利用。如今，利用石料的天然色泽，雕刻出造型和色泽相适应的作品，已经成为寿山石雕的一大艺术特色，谓之"巧色"。

前面提到雕刻艺人在构思作品之前都要相石，巧色就是其中很重要的一个方面。雕刻艺人们在因材施艺的同时，依色赋形，从石头不同色彩以及色彩的变化中去把握其中蕴藏的创作规律，以充分利用寿山石的自然色泽。

巧色可以说是一件作品完成的过程中需要解决的一大难题。巧色利用的好坏，直接决定寿山石雕作品的成败。完全没有利用巧色的作品很难成为一件传世之佳品。而真正见功夫，并令人拍案称绝的神品，也往往是可遇不可求的。纵观寿山石雕的发展历史，凡是有较大影响的经典之作，大多是应用巧色的成功典范。如林寿煁的《稻香千里》、林亨云的《海底世界》、冯久和的《硕果累累》等，都是令人拍案叫绝的巧色佳品。一件成功的巧色作品会给人一种巧取天然、天人合一之感。许多优秀的寿山石雕作品其巧色利用之巧妙，令人叹为观止，有些

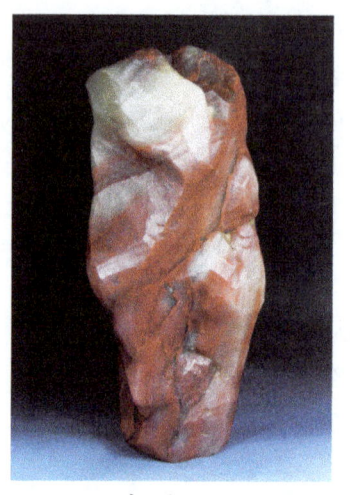
高山石

无法理解的人甚至将巧色技艺误认为是拼接或染色等特殊处理的效果,殊不知实乃巧夺天工之技艺。

巧色,即巧妙利用寿山石的天然色彩,兼有以色造形的艺术之技,融石雕艺人的智慧和巧手于一体,使寿山石雕艺术发展成为有别于一般雕刻形式并成为中国雕刻艺术百花园中一枝独秀的奇葩。

47. 寿山石雕刻有哪些艺术流派?如何划分?

寿山石雕刻因发祥地、师承关系不同,以及雕刻风格技法各异,经过世代相袭和发展,形成了两种不同的寿山石雕艺术流派——东门派和西门派。

东门派发源于福州东门外的后屿村以及毗邻的樟林、寿岭、横屿各村,以清同治年间的林谦培为鼻祖。东门派也称"圆雕流派",其所雕刻内容十分广泛,除制作印章外,更多的是利用石料的自然形态与色泽,雕刻各种人物、动物和花鸟等观赏性陈设品。其主要雕法是圆雕,修光善用尖刀。作品精巧玲珑,矫健华丽,雕镂结合,富于装饰效果。

西门派发源于福州西门外凤尾村,以潘玉茂为鼻祖。西门派善刻印钮、精于浮雕、薄意。石章钮雕依形就势,刀法圆浑,讲究手感。修光皆用弧刀,不留棱角。作品淳朴浓厚,潇洒超脱,布局清雅逸致,富有意境。林清卿又将中国传统绘画的构图之法运用于寿山石雕刻上,独辟蹊径,融雕、画于一体，以刀代笔，开创了薄意艺术的新境界，后人称其为"西门清"，故西门派又称"薄意派"。西门派的雕品以印章和小品为主，风格清新俊雅，书香气十足，专供收藏家、鉴赏家、书

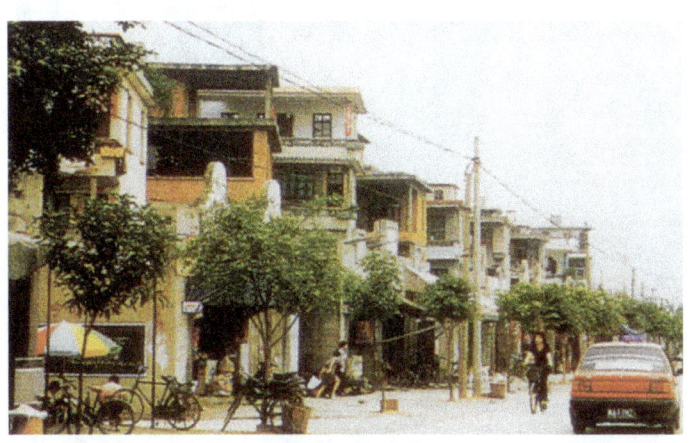

东门派发源地——福州鼓山后屿村

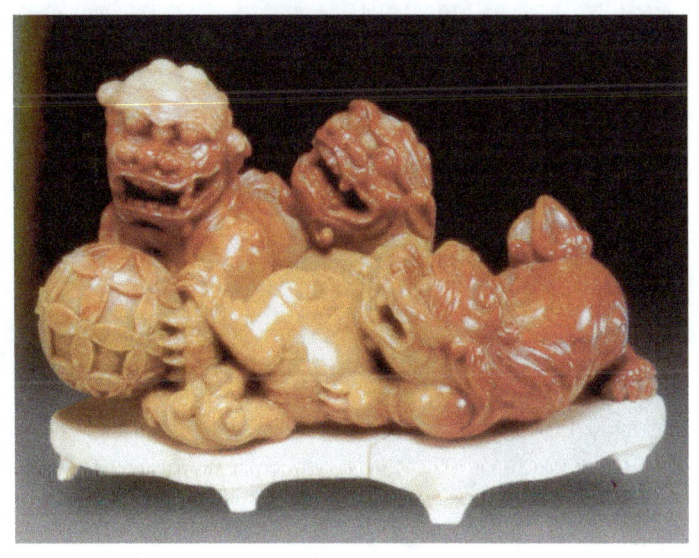

三狮戏球 虎岗石
周宝庭

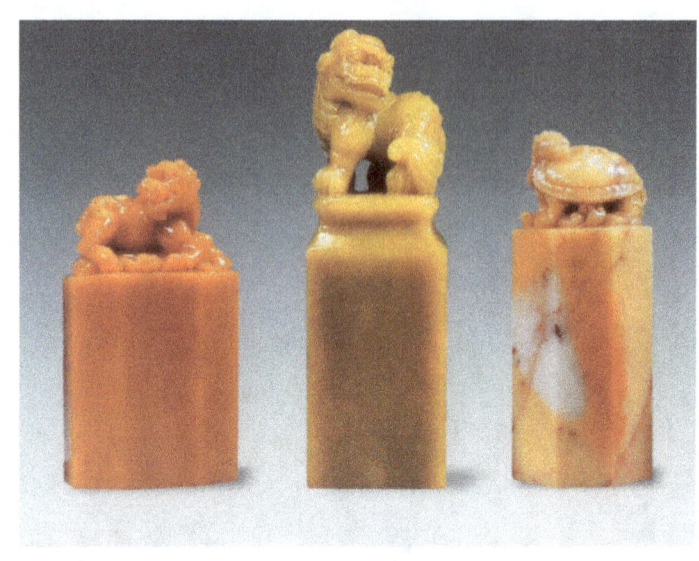

古 兽 章
周宝庭

画家收藏、玩赏和使用。特别是薄意雕刻,以清雅逸致,潇洒超脱而著称,备受文人雅士推崇。

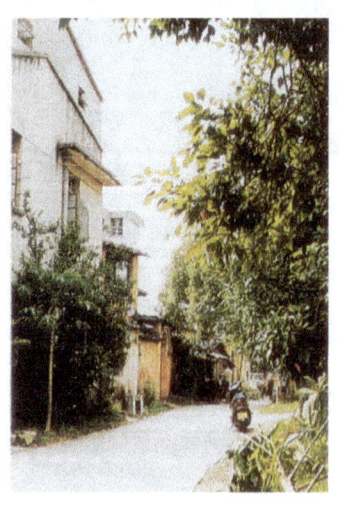

西门派发源地——福州西门凤尾村

两个流派以师承关系的形式代代相传,不断传承,加上流派之间的竞争和发展,形成了寿山石雕艺坛不同时期、不同流派在艺术上争奇斗艳的繁荣景象,促进了寿山石雕事业从清末至今的发展和繁荣。

但东西门派的划分只是针对传承关系和艺术风格的简单归类,或者甚至可以说只是后人凭借地域起源及传承关系的机械划分，而非真正意义上的艺术划分。随着时代的发展，这种划分已经被越来越多的寿山石雕刻工作者所逾越，流派间的区分在长期的发展中也逐渐淡化。

谈到东西门派的交融，首先不得不提的是东门派的林友清，他既秉承家法，又以自家技法雕刻薄意，别出风格。其薄意雕与西门派的薂意大师"西门清"林清卿齐名，被称为"东门清"，在石雕艺史上传为佳话。

另外一个融会东西两派艺术的典范是东门派的主要代表人物之一的周宝庭。他虽出道于东门派，却善于吸收西门派的薂意技巧，集各流派精华，兼收并蓄，自成一家。其所刻作品既有东门派尖刀法的深刻、剔透、灵巧，又融入西门派

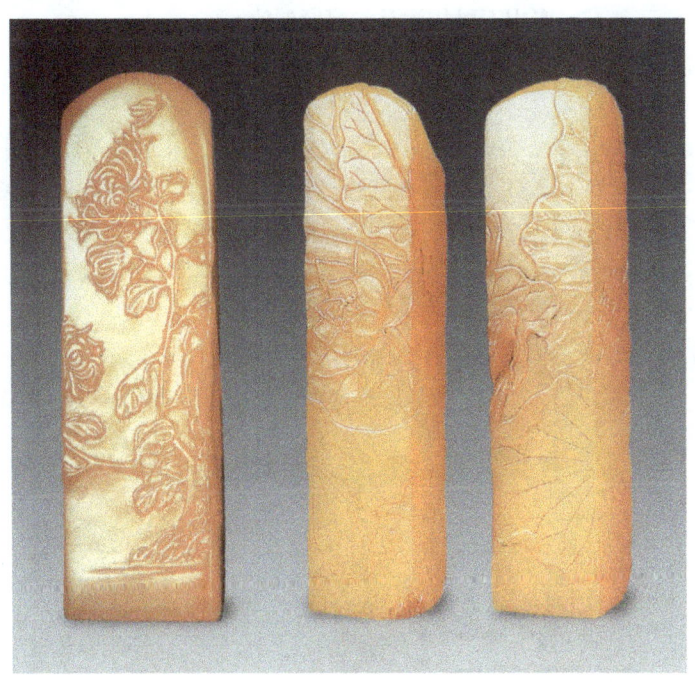

—— 秋韵（左）、荷塘清趣（右）都成坑石 ——
林清卿

圆刀法的薄雕、深厚、凝重、古朴,为推动寿山石雕艺术的发展做出了突出贡献。

随着社会的进步和寿山石雕艺术的发展,陆续有一些美术院校的毕业生加入寿山石雕的行业,为寿山石雕刻艺术注入了新鲜的血液。各流派之间的相互交流也日益密切和频繁,对艺术上兼收并蓄的要求也越来越高。寿山石雕艺术工作者们在发扬各自寿山石雕艺术风格的同时,也大胆探索,推陈出新,把各派的雕刻技法、艺术风格融合在一起,甚至将西方造型艺术和设计理念运用到传统的寿山石雕艺术中,并最终实现艺术上的东西合璧,这才是一种真正的进步。

48. 寿山石雕技法是如何发展的?

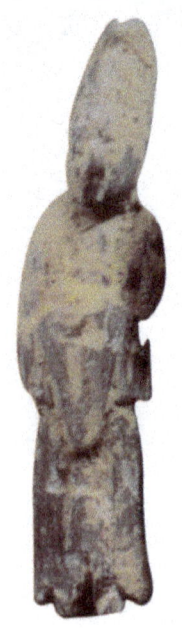
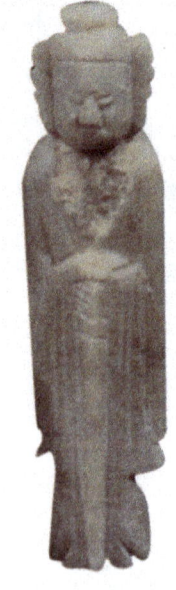
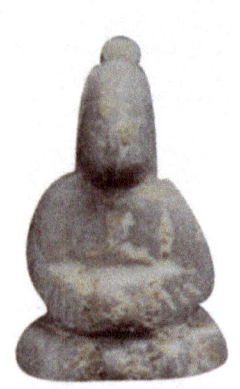

人物俑 老岭石
宋朝

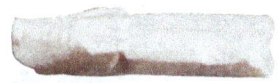

卧猪 老岭石
南朝

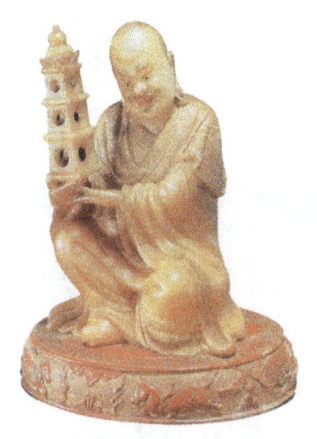

托塔罗汉 高山石
清同治 杨玉璇

远在1500多年前的南朝，就出现了在寿山石上刻画简单线条的殉葬雕刻品。现存福建省博物馆、出土于福州闽江南岸桃花山南朝墓葬的老岭石《卧猪》，虽然只是一件简陋的石雕作品，但足以证明远在1500多年前的南朝，就已经出现了圆雕这一雕刻技法，为寿山石雕日后的发展奠定了基础。

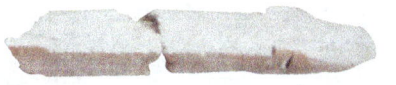

寿山石雕刻技艺历经数十代人的相传，雕刻题材不断扩展，技艺逐渐趋于成熟，艺人们根据石形、石质、色彩因材施艺地进行设计，形成了寿山石雕独特的艺术风格。

特别是清代以来，寿山石雕艺术及其技法又有了长足的发展，涌现出不少名师巨匠。如康熙、乾隆年间，杨玉璇、周尚均皆为闽中寿山石雕名手。清同治年间形成了以潘玉茂、林谦培为代表的寿山石雕西门派、东门派两个艺术流派，出现了浮雕、高浮雕、镂空雕、透雕等精细雕刻技法；品种也逐渐增多，已不仅仅局限于原来的殉葬品、佛教用品、印钮，而是发展到各种人物、山水、鸟兽、花卉、瓜果、器皿等。

新中国成立后，寿山石雕业开始复苏。特别是改革开放以来，东西两派融会交流，取长补短，同时吸收了古今中外艺术之长，寿山石雕刻技法又有了长足进步。寿山石雕的技

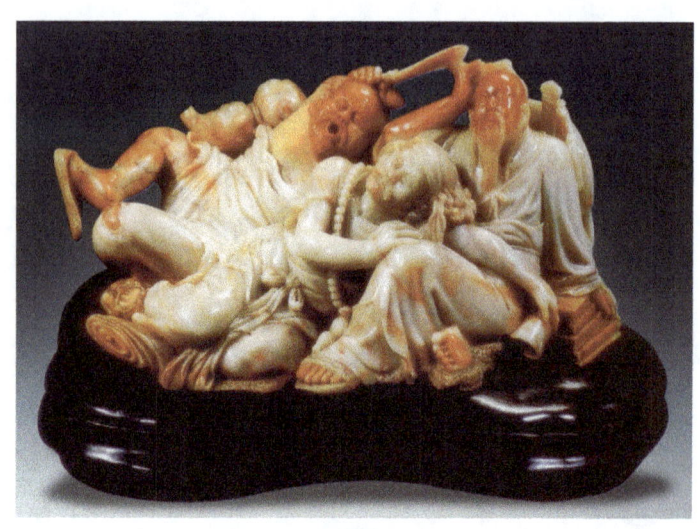

醉入童真 旗降石
林发述

法至今已发展成圆雕、浮雕、钮雕、镂雕、透雕、链雕、嵌雕、薄意、篆刻和微雕等 10 多种。特别是薄意、链雕和微雕，极具特色。寿山石雕作品凭借其自身的丽质天成和独特的雕刻技艺及艺术特征，已经成为国内外鉴赏家、收藏家眼中的中华瑰宝。

49. 什么是圆雕技法？有什么特点？

圆雕又称"立体雕"，是艺术在雕件上的整体表现，无论人物、鸟兽、山水、花卉都是立体的造型，不论任何一个视点，都十分讲究结构与透视。圆雕要求雕刻者从前、后、左、右、上、中、下全方位进行雕刻，特别注意作品的各个角度和方位的统一、和谐与融合，使观赏者可以从不同角度对物体的各个侧面进行全方位的"透视"。圆雕作品的主要特点是极富立体感，生动、逼真、传神。

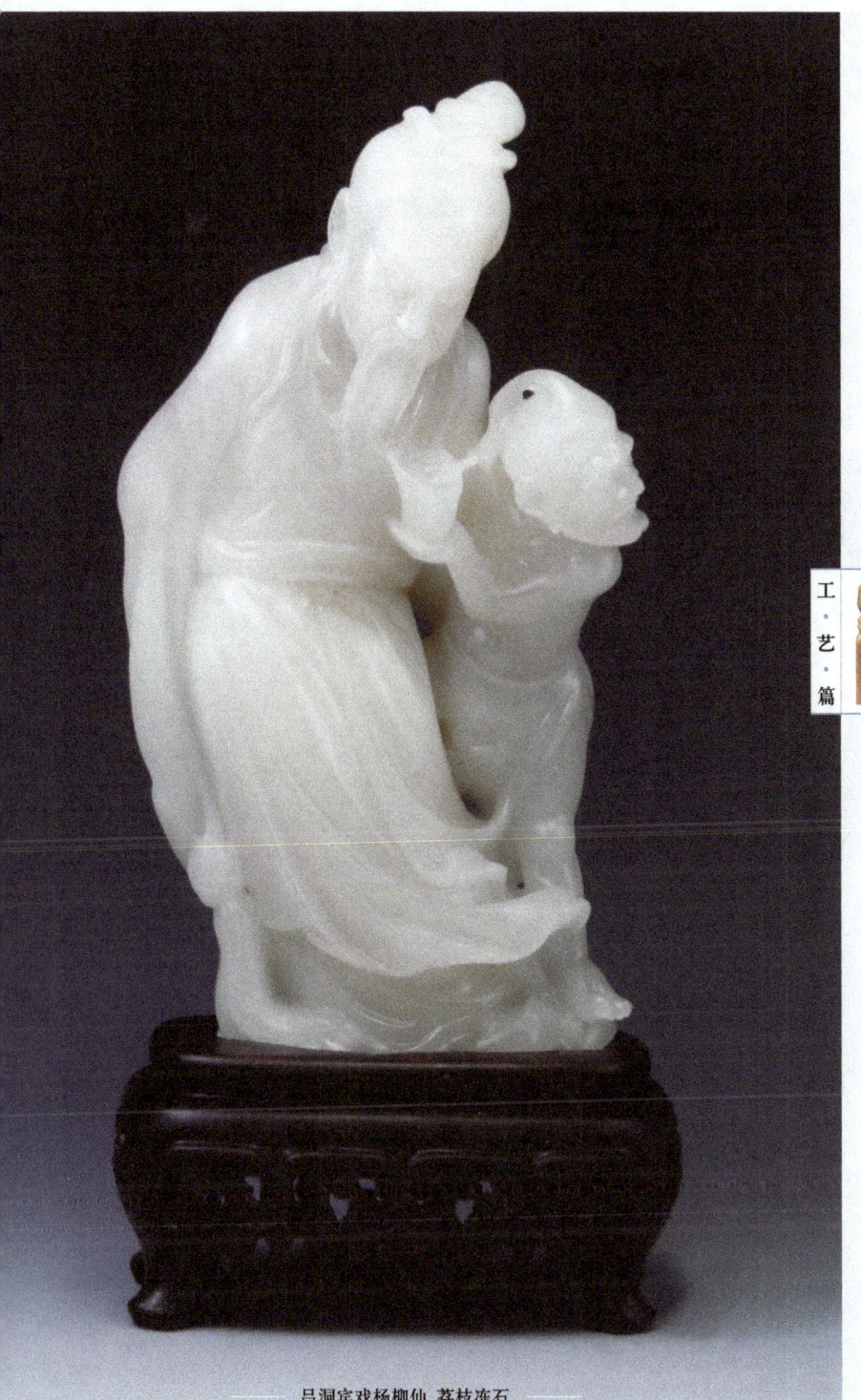

吕洞宾戏杨柳仙 荔枝冻石
俞世英

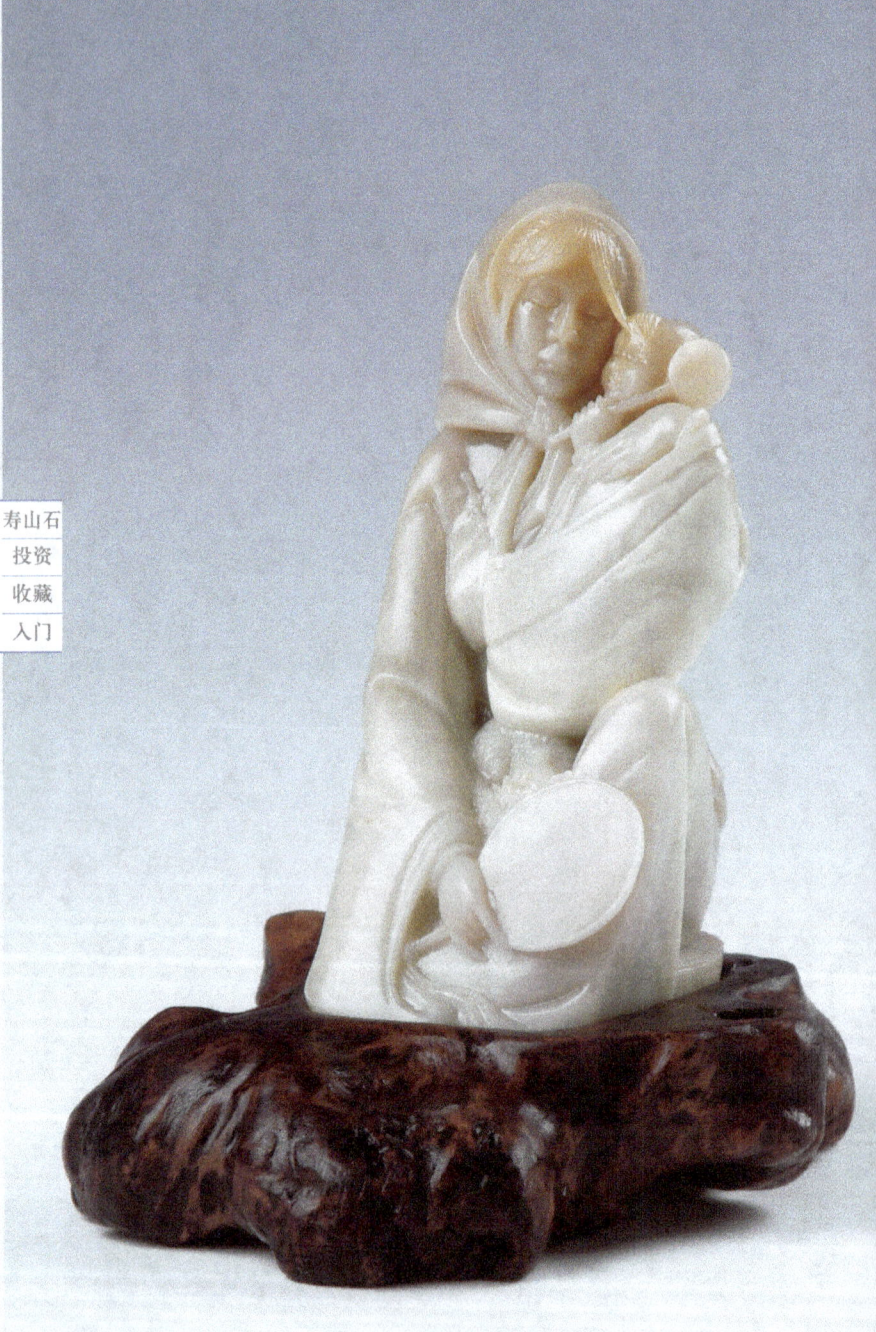

母爱 善伯洞石
陈文斌

圆雕是寿山石雕最古老、最基本的技法，始于南北朝。20世纪50年代以来，在福州地区发掘出的南北朝时期的殉葬品《人兽俑》等，就是迄今为止发现的最原始的寿山石圆雕作品。现存福建省博物馆、由福州闽江南岸桃花山南朝墓葬出土的老岭石《卧猪》，刻工简朴，形态逼真，也是远在1 500多年前的南朝的圆雕作品。

圆雕自南朝以来一直是寿山石雕的主要技法，即使到了清初寿山石雕昌盛时期，雕制人物、动物也仍然以圆雕技法为主。而清朝时期的圆雕技艺就已经达到了很高的技术水准。

同时，圆雕也是东门派的主要技法，久负盛名的杨玉璇、周尚均、魏汝奋、魏开通、东门派鼻祖林谦培及传人林元珠、郑仁蛟、林友竹等都是圆雕高手。他们都留下了不少传世之作，被国内外各大博物馆收藏。如杨玉璇的《僧人卧像》、周尚均的《弥勒》、魏开通的《伏虎罗汉》、魏汝奋的《数珠罗汉》等。

工·艺·篇

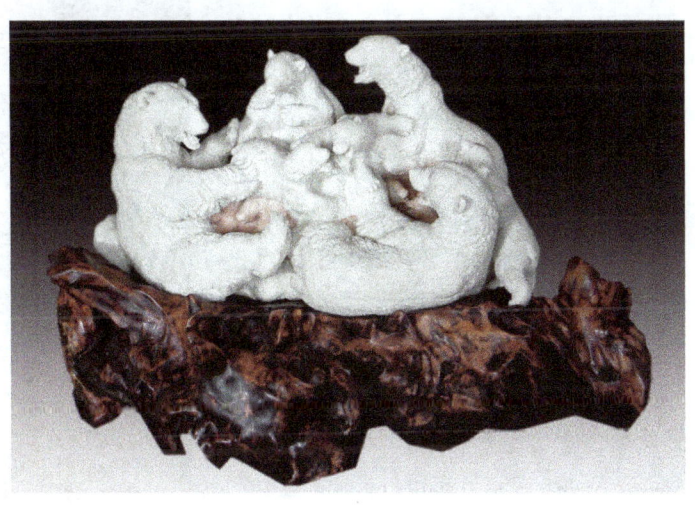

——— 瞧，这一家子 焓红石 ———
林亨云

随着时代的进步和寿山石雕刻者们的不懈努力和不断创新，寿山石雕题材涉及的范围不断扩大，各种石雕技法也不断丰富发展，镂雕、链雕等新的雕刻技法在圆雕技法的基础上不断出现，使得圆雕从技法到作品内容都更加丰富和完善。同一件圆雕作品，往往是寿山石雕刻者们在纯熟运用圆雕技法的基础上，将镂雕、链雕等多种技法融会贯通完成的。如东门派大师冯久和的《猪崽满圈》，陈敬祥的《求偶鸡》、郭功森的《武夷风光》、林亨云的《海底世界》、林发述的《醉入童真》都是寿山石雕的佳作。这些作品以作者精湛的技艺和勇于创新的精神，一次又一次地实现着寿山石雕从造型、题材、技法到巧色利用上的重大突破，推动着寿山石雕刻艺术的不断发展，为我们留下了宝贵的艺术文化财富。

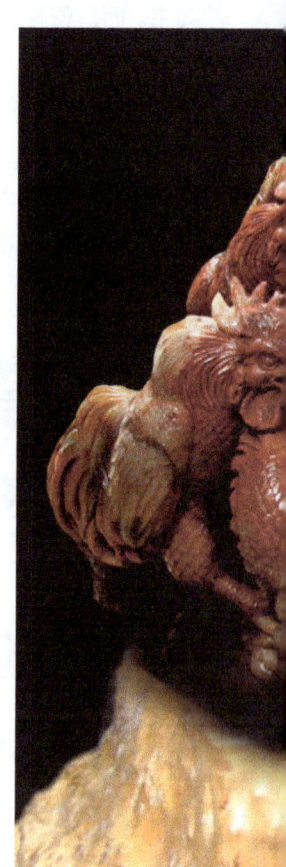

50. 什么是镂雕技法？有什么特点？

镂雕也称"镂空"，它的雕法是把石材中没有表现物像的部分掏去，在石材中保留原石材能表现物像的部分。如炉鼎、兔笼之类都属此类造型。镂空常与圆雕或其他技法相结合，成为作品的一个组成部分。

镂空雕刻的顺序必须遵循"先外后内"、"先圆雕、后镂雕"的原则。刻好器物外部之雏形后再雕镂其内部，在内部物像全部完工后，再进行外部的修光。

镂空使用的工具，除一般雕刻刀具

外,还需要特制长臂凿、扒剔刀、铲底刀、勾型刀,以及小锯刺等专用刀具。镂空法耗时极多,而且对石材要求极高。施行镂空雕刻的石料必须质细性纯,尤其是镂空的部分,更不应有裂纹和高密度的砂隔,不然容易造成断裂。因此,最好选用坚实的无裂痕的老坑石。

镂雕技法需要雕刻者在雕刻之前做好充分的审石工作,针对石头的特质作出判断。在雕刻过程中也不可避免遇到内部的裂纹和砂隔,稍不留意就可能前功尽弃。这就要求雕刻

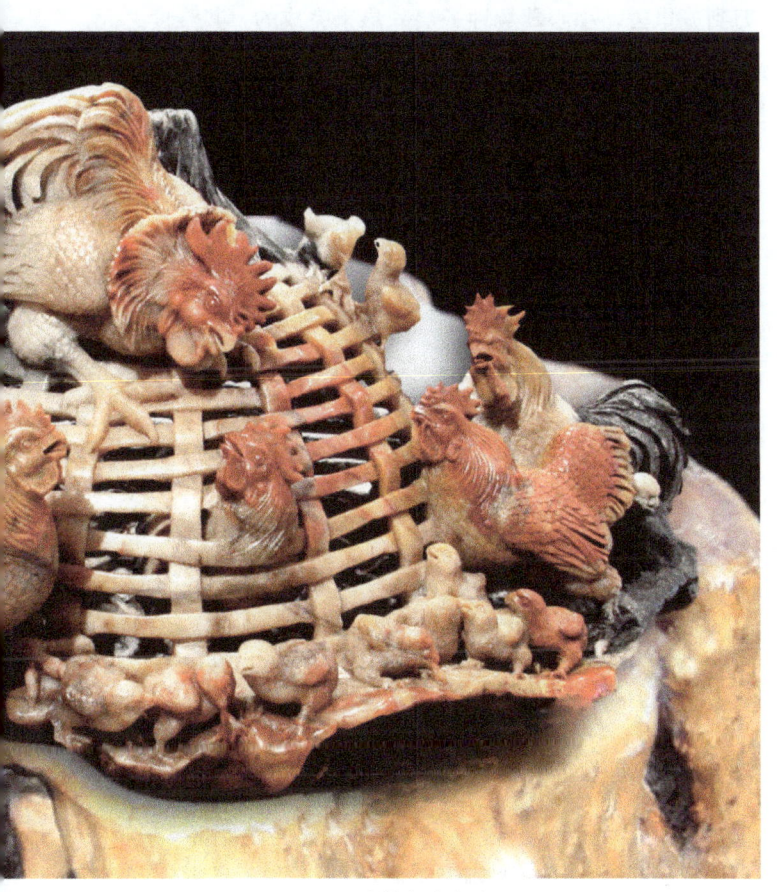

求偶鸡 高山石
陈敬祥

者有十分扎实的雕刻功力和慎之又慎的态度。这是对雕刻者造型艺术和雕刻技法，心理素质乃至身体素质的重大挑战。

　　陈敬祥成名作《求偶鸡》就是在寿山石上巧妙运用镂雕的佳作，开寿山石雕镂空法之先河，成为其后许多寿山石雕艺人争相学习的样板。整件作品是用一整块高山石精心雕刻而成，一只母鸡被罩在竹笼内，头正好从笼眼空隙中探出来，细腻地刻画出母鸡求偶的神情，栩栩如生。笼内鸡的每一根羽毛、每一个细节都是作者从鸡笼表面的竹编笼缝间隙，伸刀到笼里去，小心翼翼地一层一层来完成的。其难度之大，可想而知。

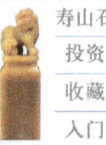

51. 链雕技法是什么？有什么特点？

　　链雕是用一块石材镂空雕刻出一整条活动石链的雕法。链条雕刻是玉雕经常采用的一种技法，在寿山石上的运用始于清代。清代是寿山石雕的昌盛时期，印章的钮饰更是精致多样，链雕技法应运而生，出现在印钮的雕刻上，后来发展到其他的作品上。

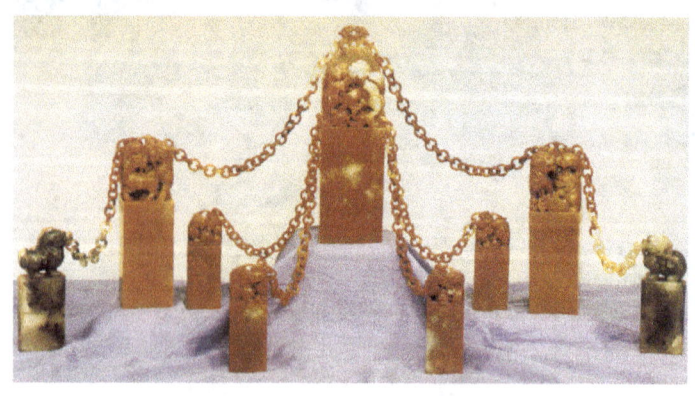

——九宝链环章 都成坑石
林廷良

因为石质不比玉质坚韧，因此在石上雕刻链条比玉雕更难，稍有不慎就会造成链断石破。链雕对石材的要求很高，制作链条的石料必须经过严格甄选。应以细腻而性坚，质纯而格少的石材为佳。

将原本硬邦邦的石头化作灵活自动的细小链条并非易事。在相石构思时，如何安排好链条的位置，使链条巧妙避过裂纹与砂格是关键。但这只是成功的第一步。链雕难度极大，不仅需要雕刻者熟练掌握雕刻技巧，还要全面了解石性，胆大心细，才有可能成功。

古今寿山石雕刻者创作了许多链雕的佳品。如清乾隆皇帝田黄石三链章，就是用一整块田黄刻制而成，三个章体由三条石链连在一起，石链上的小环大小相同，最后由一个较大的石环连在一起，成为不可拆分的整体。所有的石环都是完全闭合的，没有任何裂缝粘合的痕迹，其制作技艺之高超，做工之精致，令人赞叹。另一件佳品——林廷良大师的九宝链环章，作品全长64厘米，高37厘米，宽26厘米，由8条精美、细致的活链，连接9枚印章组成，链环多达数百个。每环仅比黄豆粒稍大一点，链长且环小，链条环环相扣、活动自如、巧夺天工，其技艺之绝，令人叹为观止。

52. 什么是浮雕技法？有什么特点？

浮雕是寿山石雕传统的表现技法之一，由圆雕技法演进而来，是在石面上雕刻凸起物像的一种技艺，按景物刻画的厚度分为高浮雕和浅浮雕两种。它与圆雕最大的区别是，浮雕只表现物像的"半立体感"，只刻画石料的前方位及左右可视部分，物象的背部则嵌在石料中，供观者去想像。

浮雕讲究石料的色界分明和石面的宽大平整，适合色层

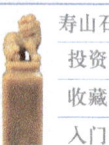

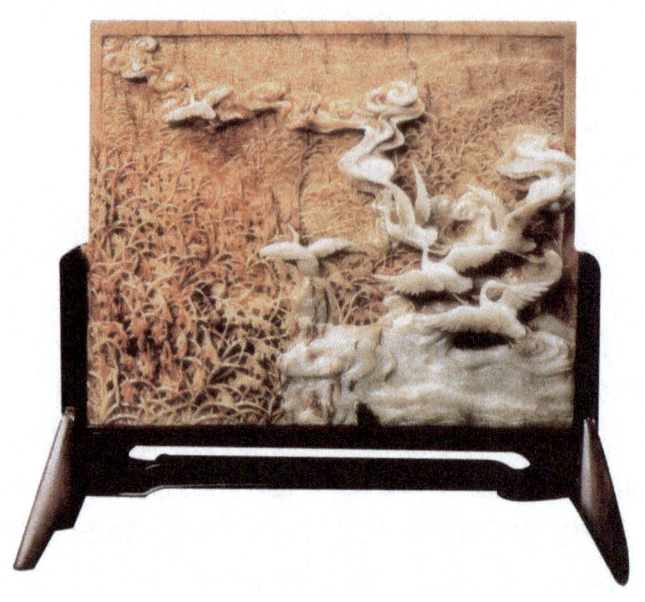

——— 稻香千里 旗降石 ———
林寿煁

分明及较扁薄的石材。通过浮雕的运用，可以使作品表现的物像在结构上具有更强烈的层次感及立体感。寿山石雕的许多山水作品，都是用浮雕技法来表现景物的远近、高低、层次，情景交融，意境幽深，有很强的视觉效果。

浮雕在我国有着悠久的历史，寿山石的浮雕始于明清时期的寿山石砚四周和印章的章体四面。不过寿山石雕刻毕竟是小型的雕刻艺术，在石料的大小上远不及中国传统的浮雕艺术。但也有其独特之处。清乾隆时期的名师周尚均，东门派传人林元珠、林寿煁，西门派薄意大师王雷庭，都在浮雕艺术上有非凡的造诣。福建省工艺美术珍品馆收藏的林寿煁《稻香千里》，就是在一块黄白相间，色界分明的寿山旗降石上运用浮雕与透雕结合的技法来表现主题，是难得的艺术佳品。

53. 什么是钮雕技法？有什么特点？

印钮俗称"印鼻子"。最初的印钮十分简单、淳朴，只在印章上方钻一小孔，用来穿绳系结以便携带。印钮开始时纯为实用，而后才加以雕饰。在封建社会里，不同材质规格的印材和不同兽钮代表着不同阶级的地位和权力。所以，钮饰在封建社会里也作为权力和地位的象征。

钮雕是专指印章上部钮饰的雕刻，属于圆雕的范畴，具有丰富的立体感。但限于印章的规格，钮头的物像较小，且只表现物像的上方。钮雕虽大都依附于印章而存在，但同时又是一门独立的艺术，方寸之间，气象万千。

元代，王冕首创以花乳石作为印章材料，到了明代，寿山石印钮开始盛行。寿山石印钮在继承历代钮饰传统的基础上，充分发挥自身的石质特性，形成了独特的艺术风格。清代是我国印钮艺术发展的高峰期，印章的钮饰更加精致多样，表现技法上出现了阴刻和链条技法，也涌现出不少雕钮高手。他们雕刻出许多精美绝伦的钮饰远超之前历代作品，流传至今。

由于寿山石五彩斑斓，纹理各异。因此，钮雕的相石选题特别强调巧掩瑕疵、取色用巧、以形就势、以势造形。同时，要在方寸之间表现气象万千的题材，就需要作者具有丰富的创作经

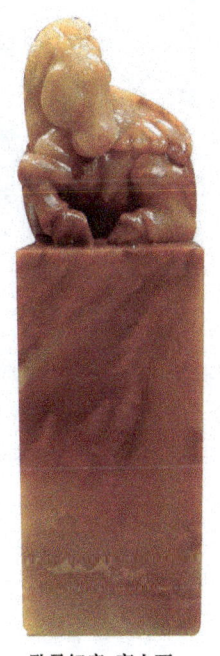

卧马钮章 高山石
俞世英

验、缜密的构思和精巧的技艺，力求做到材尽其用，艺尽其施，使美石与题材相得益彰。

54. 寿山石雕刻有哪些工序？

寿山石质地脂润，色彩斑斓，温润如玉，晶莹剔透，为历代藏石家所珍爱，是进行石雕创作的上等原料。利用它来雕刻创作的艺术品，历来被寿山石雕爱好者竞相追捧。

中国石雕艺术历史悠久，工艺精湛。俗话说："三分天成七分雕工"。这句话用在寿山石雕身上再合适不过了。从原石到一件精美的石雕艺术品，需要进行一系列的加工与雕刻，在长期的实践中也形成了一套相对固定和比较完善的工艺流程。

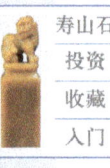

寿山石雕艺术品的雕刻过程包含相石、打坯、凿坯、修光、磨光等几道工序。制作时先相石，再凿打出粗坯，剥出大体轮廓，然后用手凿深入刻画，最后经修光、磨光、上蜡，成为一件艺术品。正所谓"相石打坯定大局，凿坯结构见分明；修光刀法求气韵，精细磨光更传神。"每个阶段环环相扣、缺一不可。制作一件作品，少则费时几天，多则要几个月甚至几年。

寿山石雕刻的工序是在长期的艺术实践中形成的，郭功森大师用96字诀总结了寿山石雕刻的整个工序及其作用。

圆刀婉转，奇形异色；按料取材，构思相石。
寿山名石，除疵掩缺；借形就势，分色取巧。
观前顾后，胸有成竹；主题突出，内容求新。
一相九工，层次分明；虚中求实，意在传神。
造型优美，古朴沉雄；尖刀凌利，生动玲珑。
刀痕深化，简练为先；惟妙惟肖，栩栩如生。

55. 何谓打坯?

打坯是寿山石作品雕刻阶段的第一道程序，也是非常重要的一个环节，打坯是指运用卡凿和手凿等工具，敲除石料多余部分，确定作品的基本造型和内容。打坯的目的是确保作品的各个部位能严格符合设计的比例要求，为后面的精细雕琢确定一个造型框架。

打坯是雕刻作品的第一步，用卡凿和手凿大刀阔斧地劈削出作品的外轮廓，以最简练、概括的手法呈现出景物的大块面，将思维构思变成可视的轮廓形象。

打坯又可分为打粗坯和打细坯两个步骤。

打粗坯又称"打大坯"，是形成轮廓的过程。打粗坯是运用雕刻工具，先将原料的多余块面切除，整出大体外形，使其适合于作品题材的需要。然后一层一层地由外向里、由浅及深地剥切，直至凿削出景物大致形态和各部分位置。这一步是先打出大的形态比例关系，凿出形态块面，如垂直、倾斜等，强调大的转折和体积方向，注意作品的各个角度和方位的结构部位比例的统一、和谐与融合。

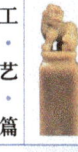

在作品的基本形状完成后，就是打细坯了。即在部块上按预想作品的结构、比例关系，逐一凿出各个部块的凹凸形状。打细坯的目的就是在粗坯的基础上，继续雕琢作品各部分结构，使之细化明朗，并注意要为后面的工序留有余地。

打坯使用的刀具一般是卡凿和手凿。卡凿刀口扁平，上呈方形，分单面凿和双面凿两种。单面凿刀口薄，切面准确，适于打细坯。双面凿刀口较厚，适于打粗坯。手凿带木质把手，刀口也有平凿和圆凿之分，按雕刻需要取用。

如今打坯也使用电动工具，可以大大节约打坯的时间。但是，电机的高速运转，容易导致石料受震或受热迸裂，破坏石料。因此，应避免长时间使用砂轮、电钻磨研、钻孔。即便用卡凿手工打坯，也应由浅及深一层层地向里切剥，不可用力过猛。

56. 何谓凿坯？

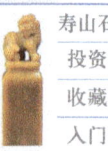

凿坯是使用各种手凿、锤刀、钻具等进行细致的雕刻，是修整实体的过程。目的是让作品的景物层次更加分明，结构更加清楚。

这道工序是在打坯雕琢轮廓的基础上进一步精雕，加强细节部分的刻画。凿坯一般使用较小的平凿与圆凿等各种刀具交错进行刻画。这种深入细致的刻画最讲求刀法。要求运刀自如，意从刀出，刀随意入。雕刻者根据作品的要求来下刀，或斑驳淋漓，气势磅礴；或简洁提炼，细腻温婉。雕刻人物时注意人体结构，脸部表情、动作形态、衣纹佩饰等；雕刻动物注意鬃毛、肌肉、姿势；还有山水树木的动静虚实等。凿坯在细节刻画的同时还应兼顾整体的协调，做到层次分明，结构准确，达到作品的基本清晰。

现在也有许多艺人用电动雕刻机进行雕刻，但是钻头留下的小圆孔应认真处理，人工处理的痕迹太过明显会使作品的整体效果大打折扣。

57. 何谓修光？

修光是雕刻的最后修饰过程，是一道精致的工序，十分讲究。修光是在细坯的基础上进一步加工，但又不是简单的重复。

修光是为了抹去作品上不必要的刀痕凿迹，同时精细刻画各个部分的细微造型，使作品更加简洁美观、质感分明、生动传神。

修光需要利用不同刃口的雕刀,依靠不同的刀向和刀法来进行刻画。一般使用小平刀、小圆刀、三角刀等。运刀时应保持稳定,选定刀向、刀法,并根据作品线条的需要灵活运用指力、腕力甚至臂力。运刀要准确有力、抑扬顿挫,如笔刀在石面上挥毫泼墨,即所谓的"疾而不速,留而不滞"。

58. 何谓磨光?

从出土情况看,自南朝出现寿山石雕《卧猪》至两宋的石俑,都没有经过打磨抛光程序。元明才出现了磨光这一工序,但工艺比较简单。真正意义上的磨光是从清代开始流行的。

清代是寿山石雕发展的昌盛时期,寿山石雕不仅被文人墨客视为珍宝,更为皇家贵族所青睐。于是寿山石雕作品开始讲究起品位来。寿山石雕艺人们在长期的艺术实践中,总结出一个重要的经验:寿山石雕刻品在雕刻完成后,还需要经过精心打磨抛光,才能充分显现出寿山石的特质和天然色泽,使作品外表光润莹澈,焕发出令人愉悦的光彩,从而提高作品的品位与价值。

关于磨光,清康熙年间高兆的《观石录》中就有介绍:"石初剖,须琉球砺石磋之。既磋,磨之金阊官砖,磨竟以水浸檞叶,纵横揩拭,无有遗痕。然后取麂鞟平置几案,运石韇上,徐发其光。"足见当时磨光材料之考究和工序之繁琐。

磨光常用的材料有砂布、木贼草、冬稻茎、小砂纸、竹签、桐油瓦灰砖、上光粉、白茶油或花生油等。

磨光分粗磨、细磨和揩光三道工序。粗磨又称"干磨",细磨又称"水磨",现今一般都采用高标号水砂纸来进行打磨。水磨,顾名思义就是砂纸裁成方形后沾水湿磨。在打磨细部时一般会用砂纸包裹一根竹签细细打磨。所使用的砂纸由粗到细,层层递进。揩光是将经过两道打磨工序后的石雕作品用清水洗净晾干,然后用桐油瓦灰砖汲水揩磨,再取另外一块桐油瓦灰砖蘸白茶油和羊肝石粉反复细揩。

磨光不仅要保持运刀的真实感和作品景物的层次感,还要根据主题的需要和景物的质感区别处理。有时出于突出主题和艺术效果的考虑,对作品只作部分磨光处理。例如为了体现山峰、岩石的险峭、锋芒,一般对其不予磨光,直接让刀痕显露于表;为了表现树木的苍劲,对其只做粗磨处理;而对于人物的面部表情、动物的毛发等则要求细腻刻画,精细揩磨。

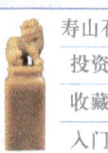

磨光是一道不容忽视的工序,不单要凸显作品光亮度,还要利用不同的光彩来体现景物的质感,弥补石质、石色和雕刻过程的不足。经过粗磨、细磨、揩光三道工序的寿山石雕作品,表面滑润明澈,灵动莹嫩,就像泡在水里的感觉,更能显现出寿山石的天生丽质。

59. 佛教题材的寿山石雕有哪些特点?

寿山石雕艺人们在雕刻寿山石的时候,总是喜欢选取佛教题材,诸如达摩、观音、弥勒、罗汉、济公等形象。艺人们手中刻画的观音菩萨总是大爱无声、善良慈悲;大肚弥勒总是一笑千年、旷达憨厚;而半癫济公则是兼济天下、侠骨柔肠。佛教题材的寿山石雕作品或秀美飘逸,或浑朴凝重,既给人美的感受,又让人感受到思辨、理性、平等、慈悲、智慧。

早年,寿山石雕艺人们就对佛教题材情有独钟,留下了不少经典之作。其中许多曾经作为古代宫廷藏品,现在被全国各

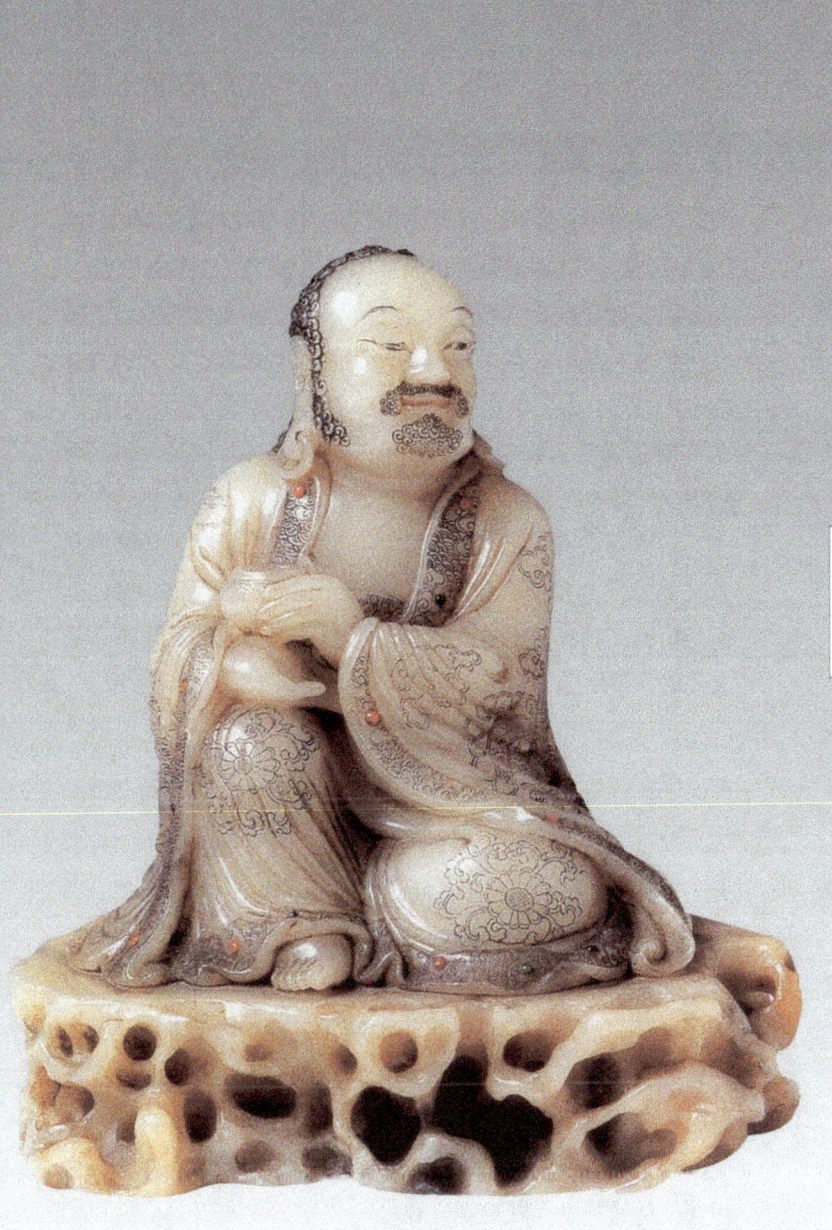

罗汉 芙蓉石
周彬

大博物馆收藏，价值连城。如北京故宫博物院收藏的清代康熙年间杨璇的作品《罗汉坐像》、《托经文罗汉像》、《捧佛罗汉》、《托塔罗汉》、《卧罗汉》等18件，合称"十八罗汉"。同时收藏的还有另外一位当时著名的寿山石雕名家周彬的作品《弥勒卧像》。这些都是寿山石雕佛教题材作品的杰出代表。

到了近现代，佛教题材寿山石雕仍然占据重要地位。林发述被认为是开拓佛教题材的寿山石雕刻行家。纵观林发述的寿山石雕作品，其中传统神话、历史典故和佛教题材较多，尤其擅长罗汉人物造型。《天机不可泄》、《双佛论经》、《沉思罗汉》等都是他的佛教题材代表作。

阅读寿山石雕艺人们的作品，我们可以真切地体味到佛教文化的博大精深已经在寿山石文化上烙下了深深的印记，而寿山石文化和佛教文化之间解不开的情结也积淀了寿山石文化的深厚底蕴。

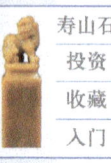

60. 寿山石雕的观音有哪些形象？

观音菩萨，又作"观世音菩萨"、"观自在菩萨"、"观音大士"等，意思是"观照世间众生痛苦中称念观音名号的悲苦之声"。唐朝时避李世民的讳，略去"世"字，简称"观音"。

观音是四大菩萨之一。在佛教中，与阿弥陀佛和大势至菩萨并称"西方三圣"。其相貌端庄慈祥，手持净瓶杨柳，具有无量的智慧和神通，大慈大悲，普救人间疾苦。当人们遇到灾难时，只要念其名号，便前往救渡。观音有三十三种化身，如千手观音、白衣观音、送子观音、紫竹观音、杨枝观音、鱼篮观音、踩鳌观音等。

观音是我国佛教信徒最崇奉的菩萨，拥有的信徒最多，影响最大。民间艺术家所创作的观音作品造型千姿百态，有

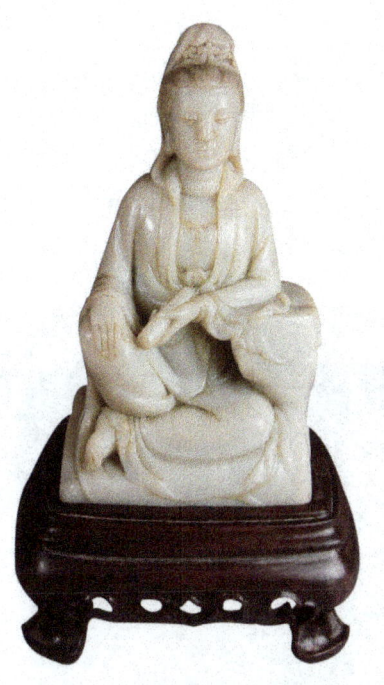

——— 观音 善伯洞石 ———
王祖光

唐式观音、宋式观音、立式观音、持经观音、送子观音、竹林观音等，都是人们喜闻乐见的作品。

61. 寿山石雕的弥勒有哪些形象？

弥勒，是梵语"MAITREYA"之音译，其义为"慈"，就是给人欢喜、希望、光明的意思。

弥勒菩萨是释迦佛时代的弟子之一，他不修禅定，也不断烦恼，却被释迦佛认可必定成佛，且授记为后补佛，意指他将是在释迦佛之后第一位成佛的大佛祖，故当时又被称为"未来佛"。

相传，唐末五代后梁时，弥勒佛曾转世为布袋和尚。布袋和尚总是满面笑容，双耳垂肩，袒胸露腹，肚大能容，常常手持着锡杖，肩背着大布袋，四处启化世人。他给人欢喜快活、逍遥自在、大肚能容的深刻印象。他的快乐佛、幸福佛、欢喜佛的典范造型，代表了中华民族宽容、和善、智慧、幽默、快乐的精神，深受中国人尊崇和喜爱。

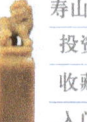

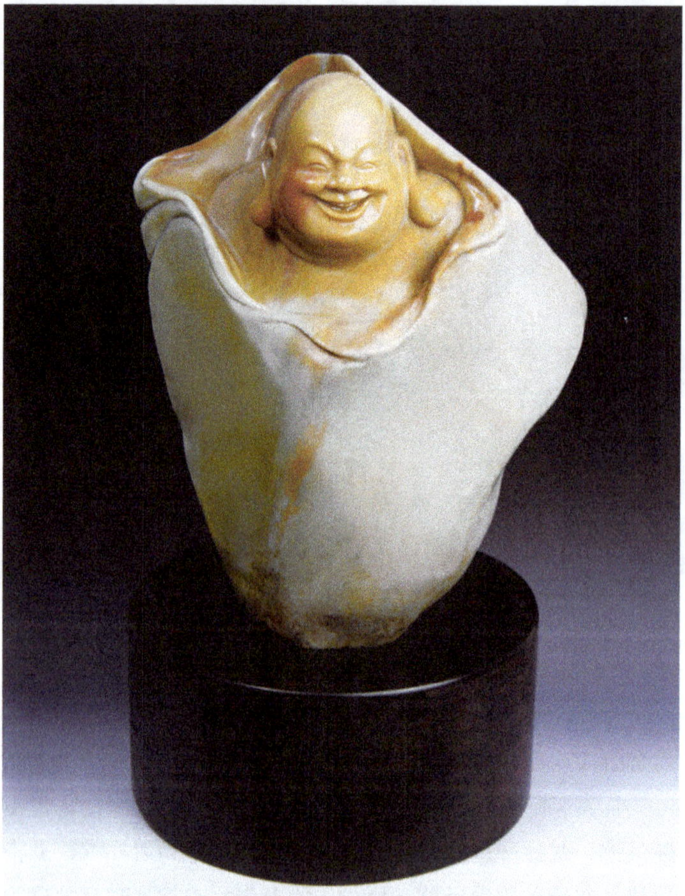

———— 乐在其中　牛蛋石 ————
黄宝庆

62. 寿山石雕的达摩有哪些形象？

达摩，全称"菩提达摩"，南天竺人，婆罗门种姓。达摩在中国始传禅宗，成为中国佛教最大宗门，后人便尊达摩为中国禅宗初祖，故中国的禅宗又称"达摩宗"。

历史上流传下来不少关于达摩的故事，如一苇渡江、面壁九年、断臂立雪、只履西归等，这些美丽动人的故事家喻户晓、为人乐道，都表达了后人对达摩的敬仰和怀念之情。

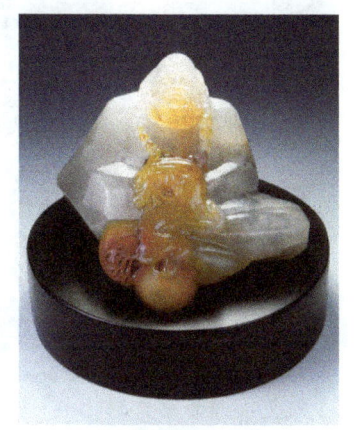

—— 达摩 鸡母窝石 ——
黄宝庆

其中"达摩渡江"源于达摩祖师外出传道，途遇北江，便折了一把芦苇铺在江面，踏上芦苇顺江而下，后人也称"达摩一苇渡江"。随着达摩渡江的故事广泛流传，以此为题材的艺术创作比比皆是。书画、瓷器、木雕、象牙雕、寿山石雕等都以此为题材进行创作。

63. 寿山石雕的济公有哪些形象？

济公，法名"道济"。济公的一生富有传奇色彩，他既"颠"且"济"。他破帽、破扇、破鞋、破衣，貌似疯癫，实际上却是一位学问渊博，行善积德的得道高僧。他游方市井，抚危济困，救死扶弱，惩恶扬善，在人们看来，"济颠"的"济"字也包含着扶危济困的意思。

有关济公的故事传说，在南宋时代即已开始流传。其中如"济公出世"、"小济公芥菜叶泼水救净寺"、"利济桥"、"棒

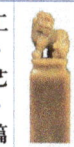

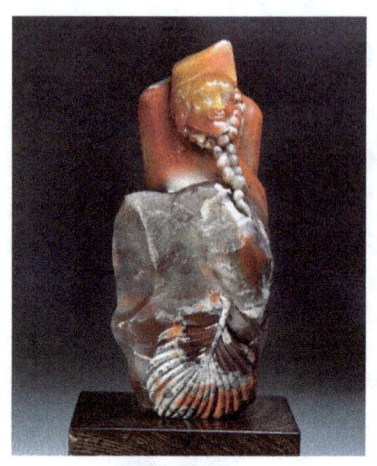

打寿联"、"赭溪救童"、"修元出家"、"飞来峰"、"古井运木"、"戏弄秦相府"等故事最为脍炙人口,广为流传。

济公形象极具亲和力,深受广大人民群众的喜爱,成为人民心中的"活佛",因此也成为许多民间艺术家喜欢选择的题材。

———— 禅思 都成坑石 ————
黄宝庆

64. 寿山石雕的罗汉有哪些形象?

罗汉是"阿罗汉"的简称,最早是从印度传入我国的。藏传佛教崇奉的罗汉有十大弟子、十六尊者和十八罗汉。身为罗汉者皆必身心六根清净,杀戒、无生、应供。在中国寺院中常供有十六罗汉、十八罗汉和五百罗汉。

罗汉的形象一般都是出家比丘相,头部无须发,身着袈裟,简朴清净,全身无任何装饰,姿态不拘,或坐或立,随意自在,反映现实中清修梵行,睿智安详的高僧德性,是藏传佛教各类造像艺术中最为朴实无华的象征。

一代一代的寿山石雕艺人中不乏擅长罗汉人物造型的高手,为我们留下了许多优秀作品。如北京故宫博物院收藏的清代康熙年间杨璇的作品《罗汉坐像》、《托经文罗汉像》、《捧佛罗汉》、《托塔罗汉》、《卧罗汉》、《大肚弥勒罗汉》等18件,合称"十八罗汉",皆堪称精品。

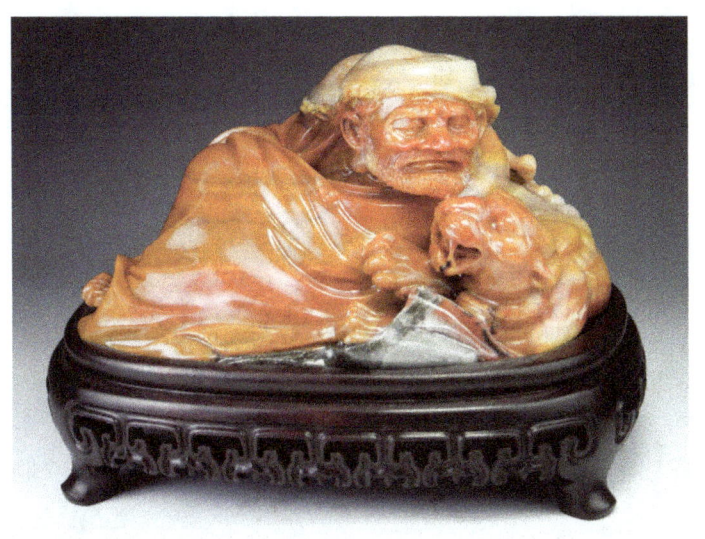

——— 伏虎罗汉 都成坑石 ———
俞世英

65. 寿山石雕的李白有哪些形象？

李白，字太白，号青莲居士，又号谪仙，是唐代伟大的浪漫主义诗人。创作了大量优秀诗篇，诗名满天下，有"诗仙"之称，与杜甫并称"李杜"。

其诗风格豪迈洒脱、气势恢弘，语言清新自然、想像丰富，音律和谐多变、潇洒自如，达到了我国古代积极浪漫主义诗歌艺术的高峰。

李白生性狂放好饮，一生在半醉半醒之间，犹好酩酊大醉后戏弄高官，史上有高力士脱靴之

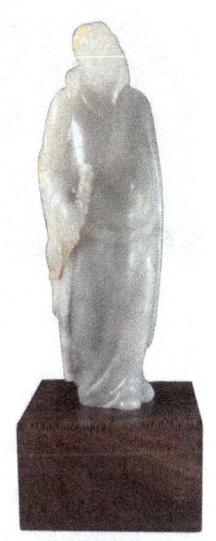

——— 诗仙李白 鸡母窝石 ———
黄宝庆

典。李白醉酒的故事家喻户晓，其最显著的特点就是许多著名诗篇都是酒后挥就。如"钟鼓馔玉不足贵，但愿长醉不复醒。古来圣贤皆寂寞，唯有饮者留其名"。以李白醉酒为题材，描写李白醉酒傲世、藐视权贵的各种民间艺术作品不胜枚举。

66. 刘海戏蟾有何吉祥寓意？

刘海戏蟾是民间美术中的传统题材，刘海形象以吉祥图案的形式出现在年画、剪纸、枕被及各种雕刻品中，有福神带来财富的吉祥寓意。在民间剪纸和婚嫁刺绣中又赋予其"撒子"繁衍的文化内涵。在这些艺术品中刘海是一副欢天喜地的胖小子的模样，袒胸露怀，蓬头赤足，双手舞动一串金钱，正向一仰视的三足金蟾抛去。金蟾是民间传说中能吞吐金钱的灵物。刘海根据金蟾的"习性"，以一串金钱引诱并钓住它，金蟾则吐出金钱，金钱又被源源不绝地撒布到人间。于是，民间有了"刘海戏金蟾，步步钓金钱"之说，刘海也成了一位财神。

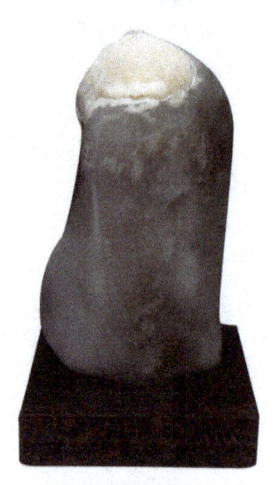

刘海 高山石
黄宝庆

67. 什么是薄意技法？有哪些特点？

薄意是寿山石雕的专用名词，也是寿山石雕一种独特的艺术表现手法。因其浅刻如画，所以也称"刀画"。薄意雕刻艺术于清初面世，从浮雕技法中逐渐衍化而来，但它比浅浮雕还要浅,因其雕刻层薄而且富有画意,故称"薄意"。

薄意融书法、篆刻、绘画于一体,介于雕和画之间。薄意其名就很好地概括了它的特点——"薄"和"意"。

薄说的是薄意的雕刻层次较为浅薄。寿山石雕艺人只是用浮刀在石面很薄的一层上巧施技艺,刀法流利,线条流畅,刻画细致,与其说是雕刻不如说是在石头上绘画。也正因为薄,才更有意趣,更显出了它"远观形色,近看雕工"的独特视觉享受和艺术效果。

"薄为刻意",意才是薄意的精髓之所在。著名的书画金石家潘主兰先生这样说道:"言其意,自以刀笔写意为尚,简而洗脱且饶韵味为最佳,耐人寻味以有此境界者。"薄意把中国画的画理融于石头之中,将人间万象浓缩于方寸之间,以刀代笔,在寿山石表面薄刻作画,别有一番神韵。每一件薄意作品都是一幅画和一首诗。

薄意和其他雕刻技法相比,不仅要求雕刻者掌握高超的

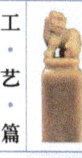

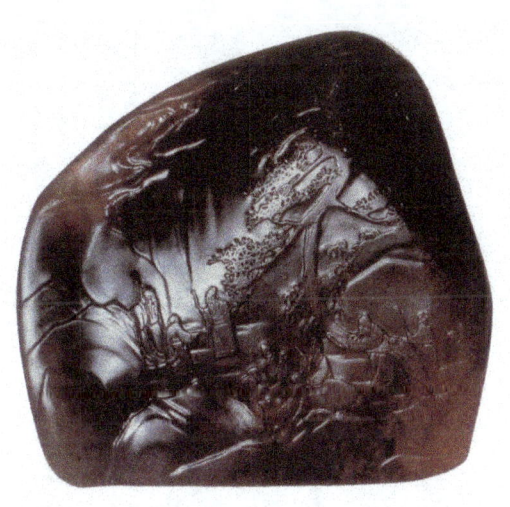

——— 香山九老图薄意随形章 坑头冻石 ———
林清卿

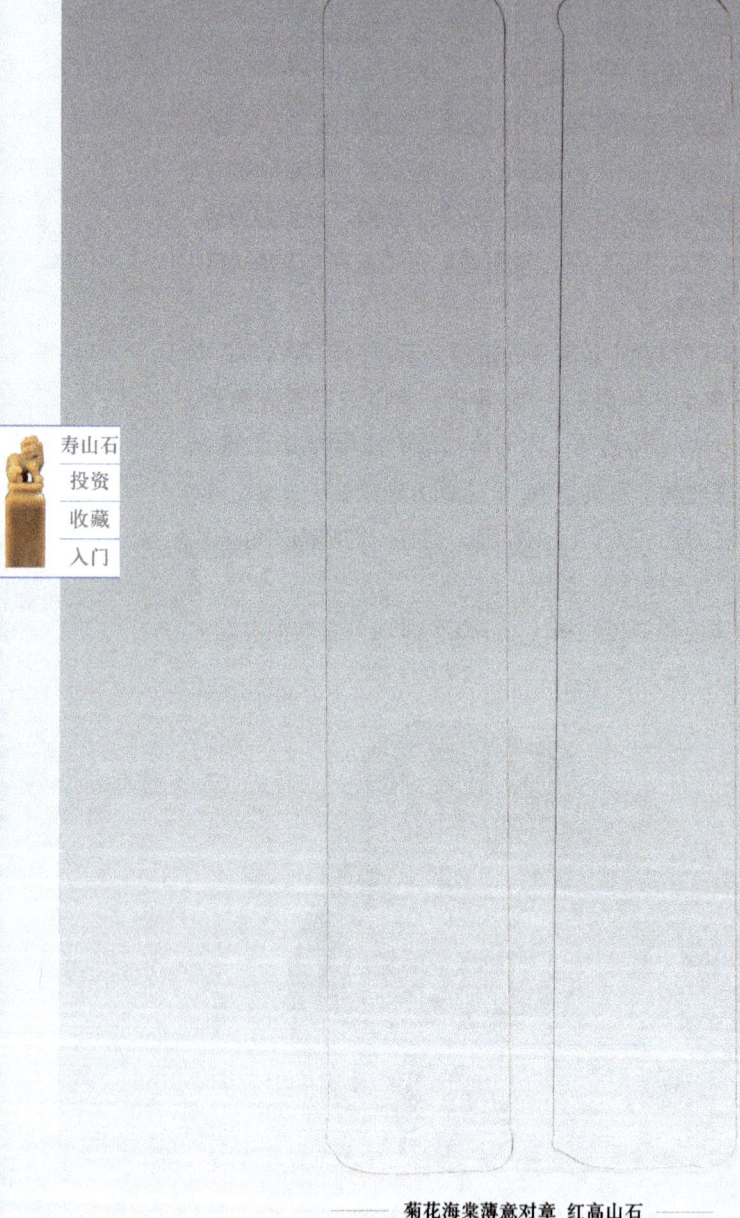

菊花海棠薄意对章 红高山石
林清卿

雕刻技艺和深厚的美术功底，而且要求他们具备良好的艺术修养和文学造诣。经过以林清卿为代表的数代人的不懈努力和不断实践，寿山石雕薄意艺术以其独特的艺术形式、风格特点以及欣赏价值，在寿山石雕刻技法中自成体系，并从民间工艺中脱颖而出，堪称我国传统艺术宝库中的一朵奇葩。

68. 薄意技法是如何发展而来的？

薄意技法是在明末清初石章的博古纹饰和锦边浮雕的基础上发展起来的。薄意的雏形在清初就已经初露端倪，只是当时还未形成独立的雕刻技法。

清朝康熙年间，杨璇和周彬尝试在圆雕作品中施加阴刻技法或在印章表面加刻浮雕图案作为装饰，开创了薄意雕的先河。后人继承并发展了这种雕刻技法，雍正时臻于完善。到了同治、光绪年间，西门派鼻祖潘玉茂继续发展这种技法，在印章四周雕刻各种图饰，以掩盖石疵。从清朝末年至民国时期，福州寿山石雕薄意艺术逐步发展。早期的薄意技法意境呆滞简单，并未达到理想的效果，但也奠定了薄意雕的基础。

清末民初，西门派大师林清卿改变了这种状况，将薄意雕法提高到了一个新的境界。胆识过人的林清卿面对旧法弊病，毅然放下刻刀，转而学习水墨画，钻研画理以及书法篆刻。融会贯通之后，专攻薄意，并将薄意艺术推上新的高峰，成为一代薄意大师，人称"西门清"。他以刀代笔，"因材施艺，巧掩瑕疵"。"利用石病，反见自然"，开创了独特的艺术境界。时至今日，他的杰出成就仍是一座难以逾越的高峰。他的薄意作品清新隽永，气象万千，至今仍被中外收藏家视为珍品。

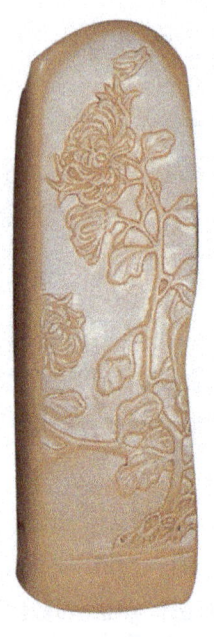

菊花（薄意）掘性高山石
林清卿

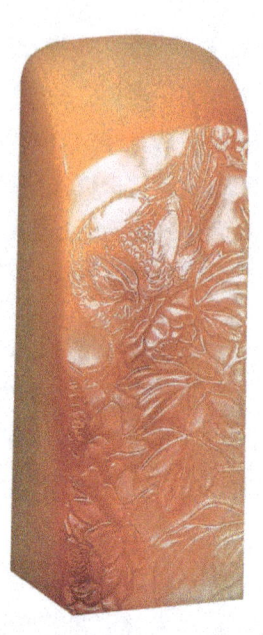

春到洛阳（薄意）芙蓉石
刘爱珠

继林清卿之后，西门派王炎铨、王雷庭等人继续弘扬薄意雕法，形成一个很有影响力的西门薄意派。而东门派在薄意雕术上也人才辈出，但其薄意作品风格与西门派迥然不同。林友清、林寿煁、郭懋介等人都精于薄意雕刻，其薄意作品别具风格，颇有建树。还有新时期从大中专美术院校毕业出来的年轻一代，也不断勇攀艺术高峰，把薄意艺术发扬光大，如林文举、刘爱珠等人的薄意艺术亦颇具特色。

69. 薄意选材有哪些特点？

寿山石质地脂润，不碍刀，柔而易攻，是以刀代笔的最理想的材料，为薄意技法提供了一个施展的空间。

但是并非所有的寿山石都可以进行薄意雕刻，薄意在选材方面是有讲究的。一般选用优质石材,尤其是质佳而材小的珍贵石料,如田黄、芙蓉、荔枝冻等名贵稀少的石种或其他质量上乘的寿山冻石。

寿山石中的这些珍贵石材,价值极高。俗语云"雕人眼视不敢琢,审曲面执争分毫"。说的就是面对珍贵石材,一般艺人不敢贸然动刀,恐伤石质,在雕琢时连一点石屑也不忍有所损失。这些石材本身的珍贵价值要求雕刻者必须在最小耗材的前提下,雕琢出最精美的主题。另外,任何石材的表面都难免会有一些裂痕、砂格或不纯的色块、斑纹等,即使是田石、水坑冻之类也难免存在微疵,田黄等独石又常常包裹石皮。倘若这些瑕疵出现在作品主要部位,不加修饰地

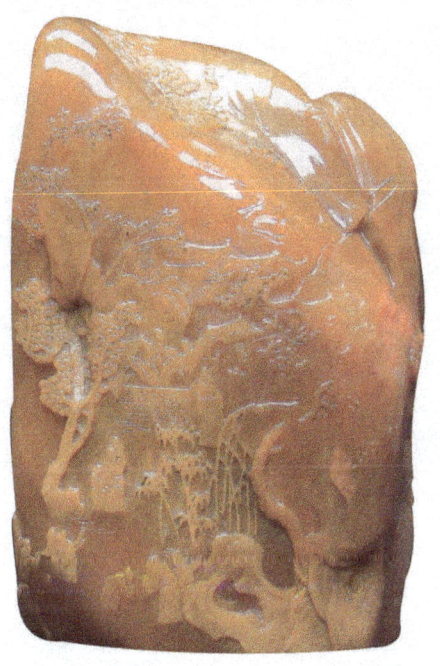

—— 太平春市图(薄意)扁方章 橘皮黄田黄冻石 ——
林文举

四大诗人（薄意）套章 白荔枝洞石
刘爱珠

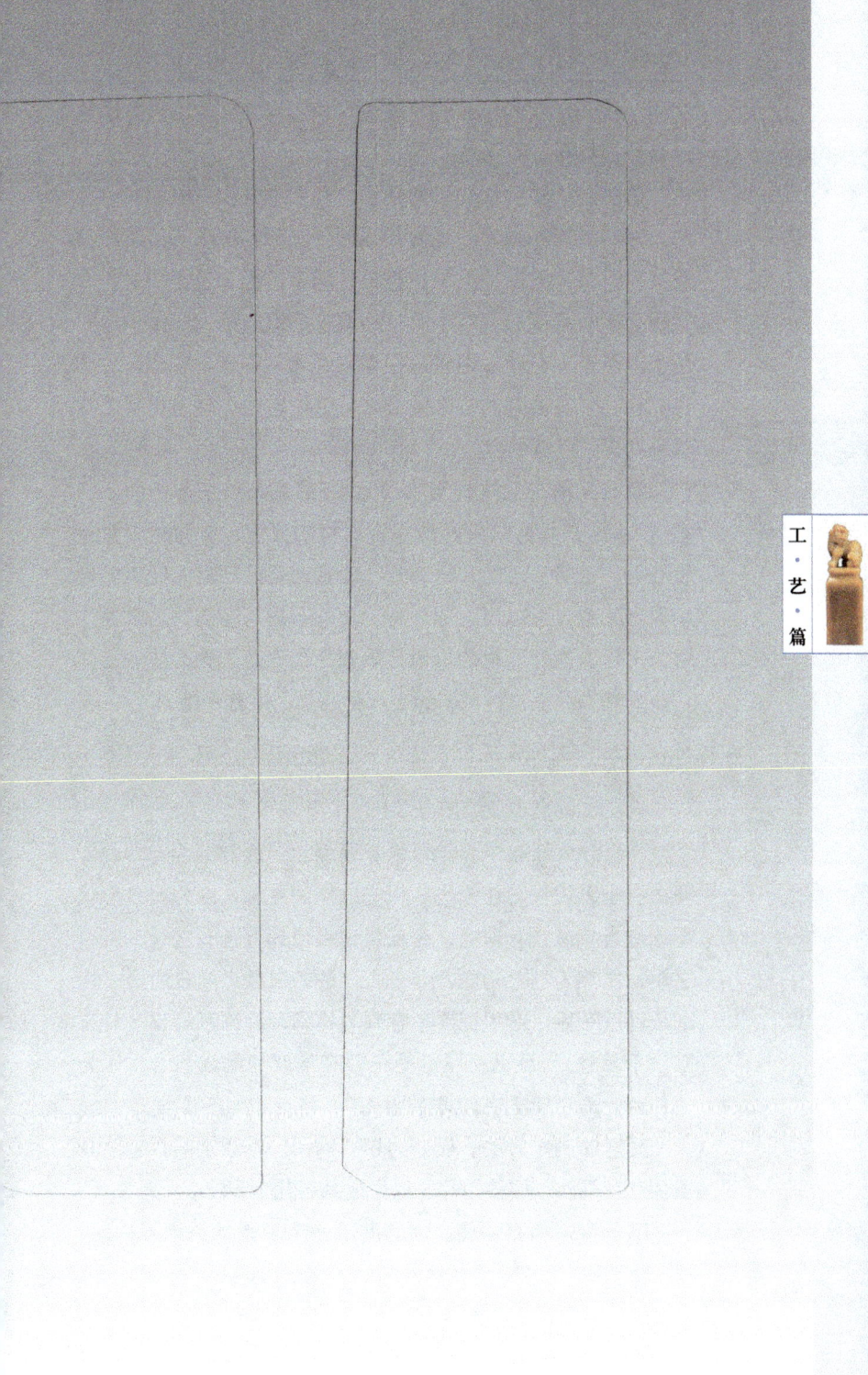

工·艺·篇

利用，势必影响到作品的整体造型和艺术价值，而过分雕琢又容易损坏石材的天然纹彩。

薄意是一种特殊的雕刻技法，有别于寿山石雕的其他技法。因其浅刻如画，故耗材甚微，可以避免过多的斧凿而浪费材料，最大限度地保护原材料，既不伤形，也不损材。薄意还善于扬俏藏拙。对于石材的瑕疵，完全可以在保护原石形状的基础上，巧妙地将这些杂质"化"得一干二净，可谓"点石成金"。薄意的特殊性恰好可以在这些石材上将其艺术效果发挥得淋漓尽致。

金石家潘主兰这样形容薄意："薄意者技在薄，而艺在意。"其薄正好可以最好地保留石材的原貌，从而减少对珍贵石材的浪费；反之，只有那些珍贵通灵的石材才能更好地呈现出其意。可以说，薄意将珍贵的石材与精湛的艺术创作融为一体。撇开石材的价值，雕刻工艺也是上乘的技法。同一件薄意作品上，材质与雕工相得益彰，堪称一绝。

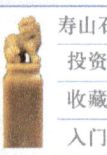

70. 薄意雕刻有哪些步骤？

郭懋介大师这样形容薄意："薄意者，吾称其为'刀画'，即在石上以刀代笔作画也，但它比作画更难，因为石料形状不一，有裂痕、有瑕疵、有皮层，必须具有扬石之长，避石之短，化弊为利之功底，非一张作画的白纸可同日而语。特别是远近呼应，虚实沉浮，意到力不到，冰冻三尺非一日之寒，不易也。"可见，薄意是一门高难度的雕刻艺术，作为一种独特的雕刻技法有其特殊的工艺特点和工序要求。

薄意的制作方法一般分为相石构图、勒线定稿、起地分层、开丝刻画、核稿拓片、磨光成品等几个步骤。

第一步，相石构图。薄意的第一个步骤就是相石构图，即根据石形、石纹、石色把握石坯的全貌，进行布局构图，并用墨笔在石面上勾画出景物图形。薄意是雕画结合的艺术，布局构图注重意境和气韵，因此更加讲究相石。薄意的整体布局要求繁而不乱，简而有致，清新隽秀。薄意的另一大特点便是善于扬俏藏拙。因此，相石构图阶段就要充分考虑寿山石的纹理、俏色等特点，尽量遮掩石坯上的裂纹、砂格，做到"按材施艺，因色构图，避格取巧，掩饰瑕疵"。这需要艺人们在长期实践中积累经验，不断提高文化修养和艺术素质。

第二步，勒线定稿。相石构图之后，进行第二个步骤——勒线，即用尖刀顺着构图的墨迹勾勒出一道极细、准确而明显的线条。勒线的目的主要是定位，为后面的雕刻画定轮廓，是一项基础性的工作。勒线要求运刀稳健均力，精确流畅，刀痕深浅适中。熟练的老艺人甚至可以不勾墨线，凭借丰富阅历与经验，直接以尖刀代笔浅勾线条定位。

第三步，剔地分层。剔地又称"起地"，是用平刀、铲刀以及斜口刀等多种刀具，削刮勒线以外的空余石面，让景物部分微微隆起石面。这是雕刻的关键阶段，主要目的在于分层。

剔地的深度是需要重点把握的。薄意，顾名思义就是"薄"，在薄的基础上去体现作品美。因此，剔地不宜太深。另外，由于薄意所选石材多为珍贵佳品，需惜石如金，过多雕琢也会损坏石头，影响效果。剔地也不宜太浅，否则体现不出景物的层次，容易模糊。一般以半毫米到一毫米为适度。

剔地还需根据石材的形状来掌握。自然形的石材，剔地要随石形起伏，而方形石材的剔地技法则比自然形的难度要大得多，要求运刀严谨，一丝不苟，完成后的底面必须平薄完整。除此之外，刀法的好坏也会直接影响作品的最终效果。剔地在刀法上讲究均衡顺畅，起伏有度，线条清晰明快，力求一气呵成，干净利落。

第四步，雕饰开丝。雕饰是针对不同的景物选用不同的刀具和刀法，在突起的景物平面上浅刻雕饰，或洗练概括，或精雕细琢，或疏密相间；或正刀，或侧刀，或逆刀；深浅快慢，起承转合，浑然天成。

雕刻完毕之后，还需要进行开丝刻画。薄意的开丝刻画是通过阴刻刀法在石头表面来体现书法、绘画的用线效果。这一步骤是用尖刀或半尖刀阴刻、抽丝，精细修饰，主要针对花蕊、叶脉、苔点、枝干以及人物、动物的眼睛、鬓发等细节部分。雕刻开丝后的薄意作品，阴阳向背，立体感十足，更有一种微妙细腻、笔墨渲染的韵趣。

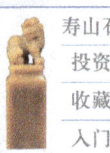

第五步，核稿拓片。开丝后，一般都要进行核稿或墨拓。核稿就是校对作品与构思设计的思路是否相符和效果如何。"有皮者用水，无皮者以粉末核之。"一般用水将作品打湿，以便更好审视作品。若有不足，则修改到满意为止，谓之"核稿"。

艺人在作品基本完成后，一般都会将薄意作品的雕刻画面用宣纸等拓印下来，谓之"墨拓"。留在纸上的印迹就是拓片，通过拓片可以充分表现薄意作品的各种效果，既有刀法韵味，又不乏笔墨情趣。拓片既可作为资料保存，又可当作单独的艺术品欣赏。另外，艺人通过观察拓片，还可以发现不足，以便及时修改弥补。

第六步，磨光成品。跟其他雕刻技法一样，薄意作品的最后一道工序也是磨光。因薄意作品浅薄如画、细腻精致，因此，其磨光的手法比其他雕刻技法要求更高。磨光已不仅仅单纯是为了提高作品的光泽度，最重要的是要体现出作品的气质和神韵,要将雕刻时的笔触与墨韵完整地表现出来。磨光者的磨光水平至关重要。

71. 常见薄意作品有哪些题材?

薄意是一种以刀代笔的石上绘画,其题材与中国画相似,凡山水花鸟、人物景致或民间故事情节都可入画。雕刻者依势附形,因材施艺,更有发挥空间。

薄意作品取材广泛,人物、动物、山水、花鸟、鱼虫都可以成为表现的内容。下面举一些常见的题材。

以古典文学、民间传说、传奇故事等为题材,如踏雪寻梅、夜游赤壁、东篱采菊、夜宴桃李园、商山四皓、竹林七贤、羲之爱鹅、米芾拜石、香山九老、红楼梦、怀素书蕉、渔樵耕读、秋山行旅、虎溪三笑、渭滨垂钓、曲水流觞、东坡赏砚等等。

以儒、释、道人物为题材,如观音、罗汉、达摩面壁、无量寿佛、八仙过海、岁寒三友、四君子、紫气东来、和合仙等。

描绘诗词名句意境的,如牧童遥指杏花村、桃源洞天、对饮成三人、春江水暖、渔歌归晚照、风动鸟声噪、山深竹影寒、数点寒梅天地心、独钓寒江雪、燕子来时桃花开、兰舟催发、高山流水、枫桥夜泊、远上寒山、有竹人家、皓月流云、落日归帆、携琴访友、寒林幽居等。

表达吉祥祝福的,如福禄寿喜、竹报平安、锦上添花、耄耋富贵、指日高升、龙凤呈祥、松鹤长春、福在眼前、梅雀争春、芦苇鸿雁、翠竹雄鸡、荷塘清趣、傲雪腊梅、富贵长春、傲霜秋菊、松鹤延年等。

李白梦游天姥吟(薄意)老岭独石
潘泗生

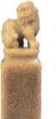

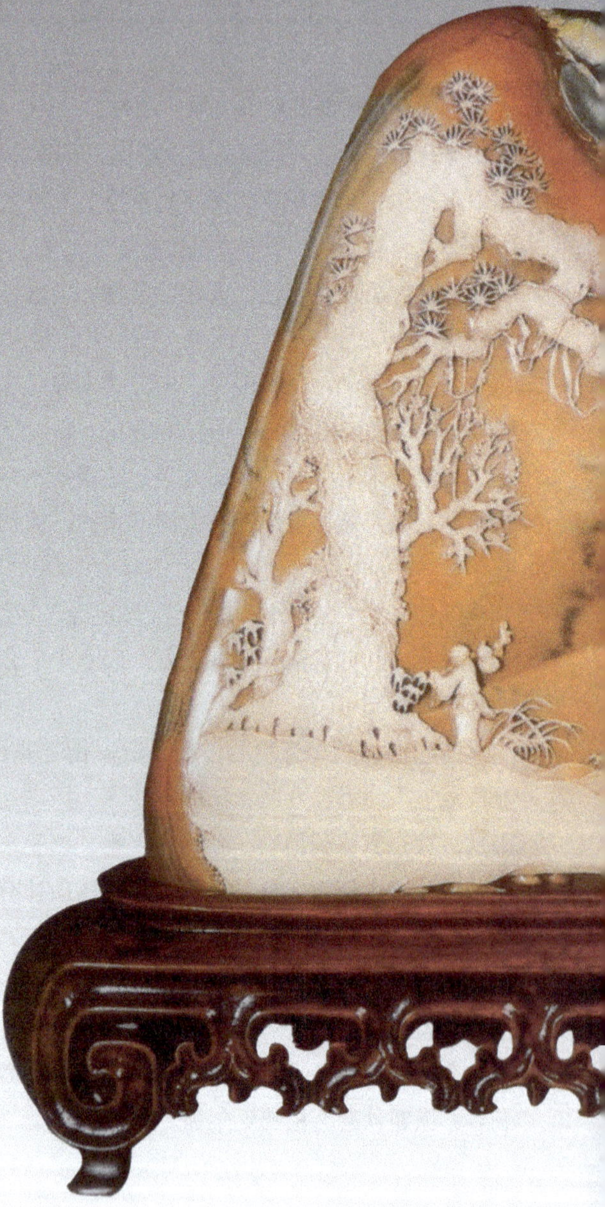

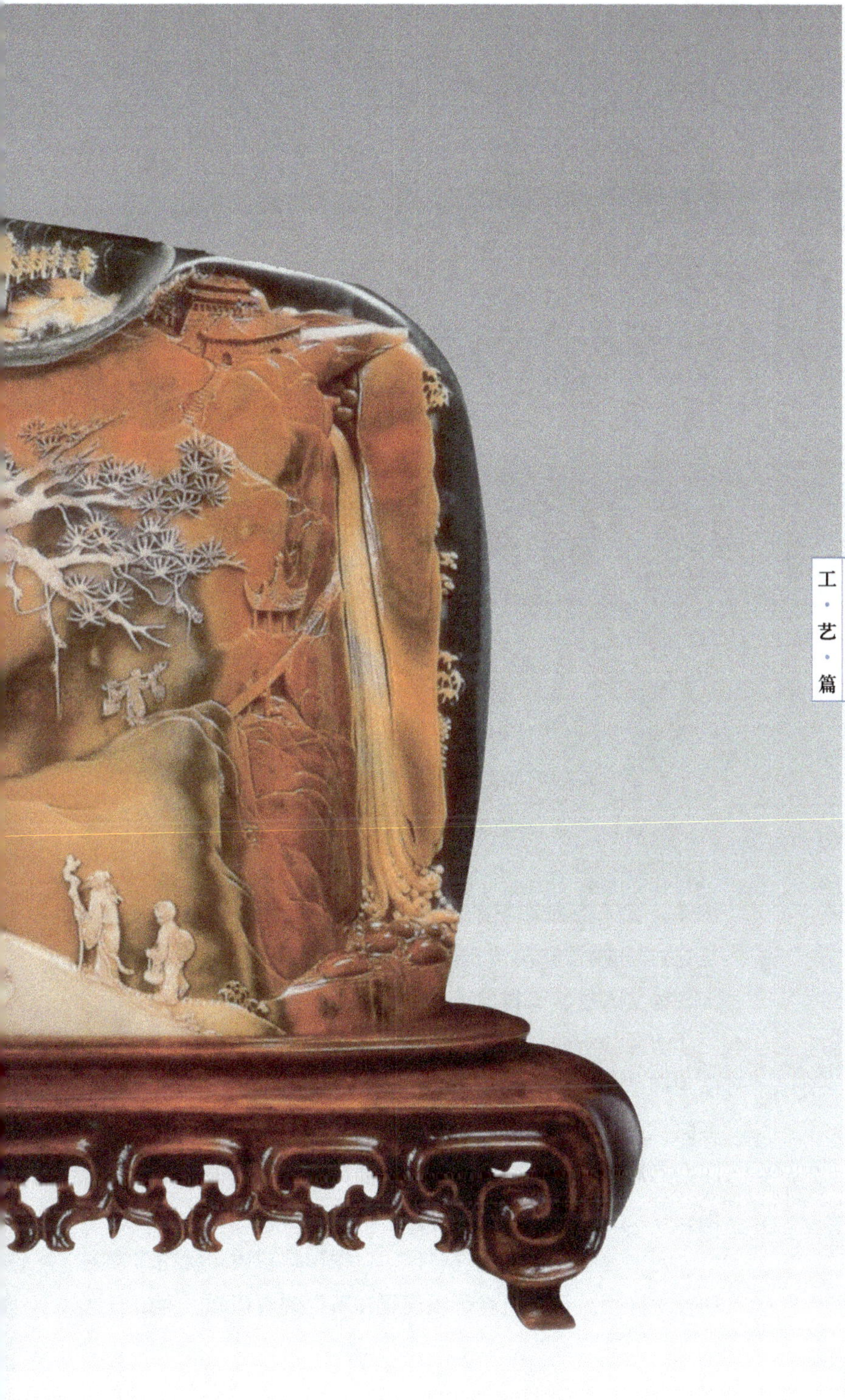

工·艺·篇

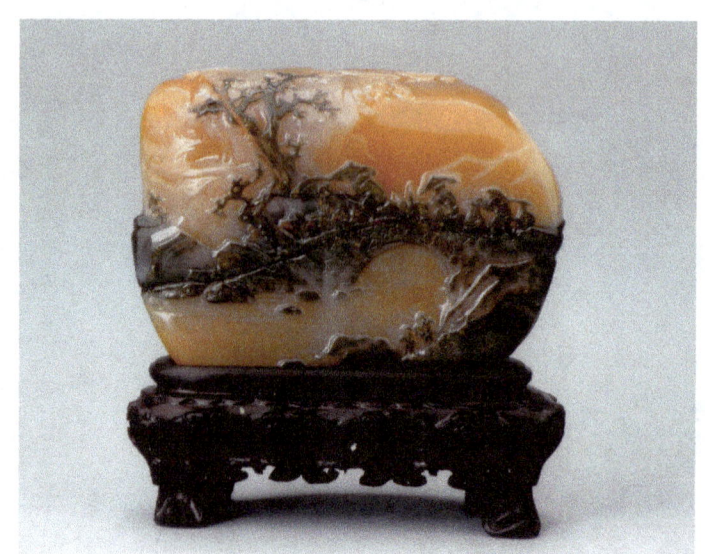

风雪夜归人（薄意）乌鸦皮田黄石
郑世斌

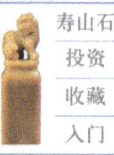

72. 寿山石如何与印章结缘？

自古以来，笔墨纸砚历来是文人抒发情感，表达志趣的最常用的载体。相比之下，石头与中国文人的结缘则晚得多。元末石质印材的出现开创了印石艺术的新时代。就是这样一种看似与诗词歌赋、书法绘画风格迥异的事物，却成为文人墨客追捧的艺术珍品。

印章的质地古今不同，早在西周、春秋战国时期即开始使用印信（印章），作为政治权力的凭证信物。初期的印章多以铜印为主，以后逐渐出现丰富的印章材料。到了唐代，印章的质材除铜印之外，已经发展到金、银、玉、琥珀、玛瑙、骨、木、牙、水晶、陶、瓷等。

元末画家王冕以花乳石作印，据传是石质印材在印章上的首次应用。花乳石就是我们现在所说的青田石、寿山石之类。因石印易于受刀,一时间文人竞相采用,迅速在民间流行。寿山石以其洁净如玉、柔而易攻、色彩斑斓等优点,自然成为优良的印材,备受书画家、篆刻家的赏识。黄宾虹《古印概论》说:"寿山石发明于元明之间,最初有寺僧见其石五色,晶莹如玉,琢为牟尼珠串,云游四方。好事者以其可锓可刻,用以制印。"寿山石印章不但石质晶莹,美若宝石,硬度适中,易于受刀,而且印在纸面的朱文,鲜艳夺目。

"万朵云霞几度攀,珠光宝气绝人寰,风靡皖浙千家刻,功在印坛是寿山"。寿山石质地柔软,极易雕刻,制印无需工匠,就连手无缚鸡之力的文人也能亲自操刀制印,借方寸之地抒发雅兴、寄托情怀。文人墨客开始以刀代笔,在印章上讲究起书法、章法与刀法来。篆刻艺术得以风行和发展,并最终成为一门中国独特的艺术。与此同时,许多雕刻高手

工·艺·篇

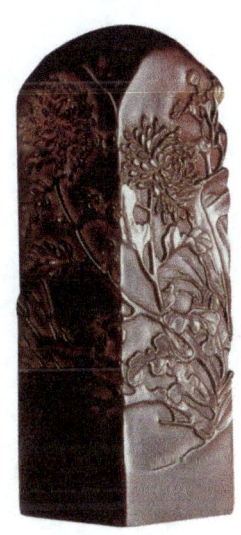

菊花薄意章 月尾紫石
林清卿

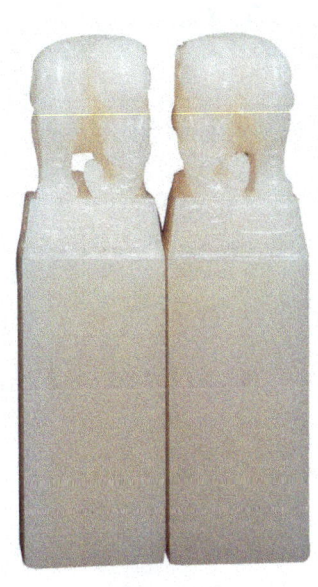

万象更新 白芙蓉石
潘惊石

也在石印上随心所欲地雕刻出精美的印钮,寿山石的钮饰艺术得到长足发展,形成了风格独特的印钮艺术。两者结合相得益彰,石章自此开始盛行。寿山石章融入了更多的人文艺术属性,成了文人墨客们的心爱之物、珍藏之宝,也开启了印石收藏的风气。

73. 印章石料的选材主要有哪些?

自从元末印章采用花乳石之后,文人画家开始用其篆刻图章,从此进入了"石章时代"。经过数代发展,印章石料日益丰富,载体多样,形式各异。

发展到现代,印章石料的品种已经很多,其中寿山石、青田石、昌化石、巴林石是中国著名四大系印章石。清代民间就流传有"一两田黄三两金"的说法。而田黄石、水坑石、芙蓉石、鸡血石、荔枝萃、杜陵石(或称都成石)及巴林石

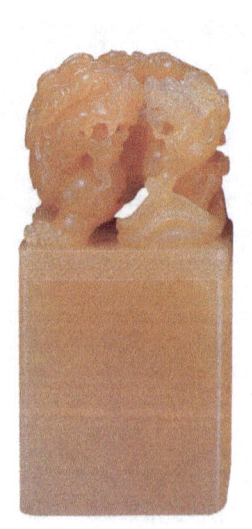

母子情 荔枝冻石
郑则评

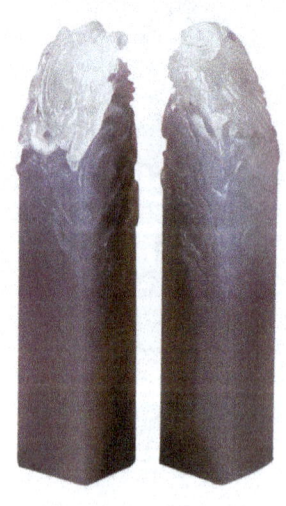

神龙灵凤对章 天蓝冻石
洪鹄

系中的黄冻都是为人熟知的印章石品种，它们本身都具有很高的收藏价值。其中寿山石以其材质色纹及优良性能而成为石章篆刻的首选材料，备受各方青睐，深受画家和篆刻家的喜爱。

寿山石之所以成为印章石材的首选，原因有以下几个方面。

首先，寿山石摩氏硬度为2～2.5，相对密度为2.65～2.90。此硬度非常适合刀刻，加之寿山石质地晶莹温润而纹彩斑驳，且少砂钉，柔而易攻，奏刀时有细微的脆性，刀感舒畅，手感极佳，非常适于印章篆刻。

其次，寿山石石质细腻柔润，脂润如玉，雕制而成的印章具有非常润泽的油脂光泽或蜡状光泽，表现力强，效果极佳。

第三，寿山石石质细腻温润，色相丰富，品相好的石材较多。像寿山石中的田黄石、芙蓉石以及荔枝冻等都是传统印章中的经典品种，也都是寿山石中值得收藏的品种。其中，田黄石因质佳量少最受青睐。田黄石的材质温润凝腻，质地符合石之六德"温、润、细、腻、凝、结"，被称为"印石之冠"。一块上等田黄印石，往往细腻温润，色泽纯正，纹理鲜明，作为印章的载体，其艺术欣赏价值和经济价值都是无可比拟的。名贵的田黄石与印章结缘，不仅丰富了印章的审美价值和收藏价值，同时也使田黄自身的品位提高，身价倍增。

74. 寿山石印章的结构是怎样的？

章，古称"玺"，有着2 000多年的悠久历史。寿山石于元末始作印章。寿山石印章由印钮、印台、印边、印身和印面构成。

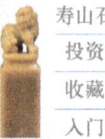

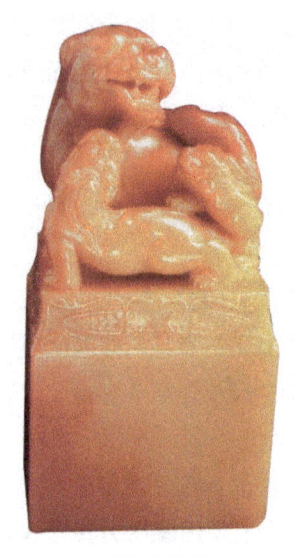

——— 母子情 黄芙蓉石 ———
姚仲炬

印钮。印章顶部的雕刻物称"印钮"。印钮，即印鼻。寿山石的印钮表现题材十分丰富。从印钮的题材上看，可分博古、瓦钮、泉钮、兽钮、人物钮、花鸟虫鱼钮、山水钮及光头章等。创作者因形、因色、因巧，雕刻的印钮古朴、端庄、尊贵。其中没有印钮的为素章，也称"光头章"，这些章一般原石颜色绚丽，纹理精妙，不需要人为雕刻印钮。人们把自然形的原石打磨得比较圆顺就成为一枚具有收藏价值的石章，可以说，光头章也是一种特殊的"印钮"。

印台。印钮与印体的连接部位叫"印台"，即印钮底部的依托面，是两个部位的分界线，最佳印章的比例为高度是宽度的三倍。印台有平台、覆斗台、坛台、天然台等四种。在印章雕刻中，划定印台的位置叫做"起台"，是很重要的一个步骤。其中平台的品位最高，其雕刻也较讲究，平台之下，应保持方正无缺。

印边。印台下部印身四周的装饰叫做"印边"。平台寿山石印章有刻边与不刻边之分。"刻边"就是在台下的四周施加阴刻或浮雕的纹饰，多仿效古代青铜器上的图案，如夔龙、蟠龙纹、凤纹、云纹、雷纹等。边纹除装饰作用之外，经常是用来"化"掉印边上的裂格，或者是掩盖印边的"花杂"。印边的图案以浅薄精致为佳。

印身。印台以下的部分，是印章的主体，又称"印体"。印身一般不加装饰，多光洁平整，留给篆刻家雕刻款识。但在近代发展有在石章的印身表面加刻薄意、浮雕或阴刻花纹、文字等。其中薄意是寿山石雕特有的一种雕刻技法，其与印章结合，相互辉映，使印章更具艺术欣赏价值。

印面。多数印章只有一个印面，亦称"印底"。也有印章上下相对的两面都为印面，可称为"两面印"。印章六面体的六个面都为印面的可称为"六面印"。六个印面包含了上文所讲的印身，六面均可以镌刻不同的内容，可以做到一印多用。

75. 如何选择印石？

有一篆刻名家这样说过："选择印石，应首先观察它的透明和匀洁程度。一方印石透明度越高，那么匀洁的程度相对也高；石质越是洁净，纹理就必然细腻，细腻则易于受刀。其次，印石无论产于何地，都应以老坑为好。老坑的印材历年经久，所以石质必然缜密，印石在透明匀洁的前提下，应以分量略重些为好。"

辨别印石优劣须长期经验的累积与归纳，现简单介绍如下，以作参考。

选择印石主要从质地、色彩、形状三方面入手。印石首重质地，次为色泽。质

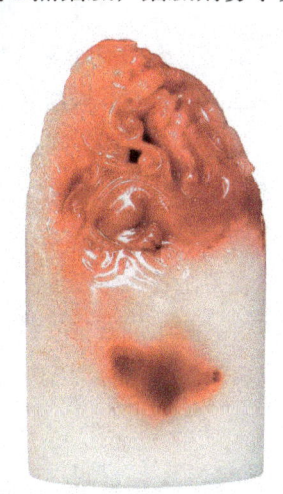

—— 双螭虎 巧色芙蓉石 ——
石颠

地符合石之六德"温、润、细、腻、凝、结"为最佳；色泽以黄色为上；材形以高、方、大为原则。

质地。寿山石作为印石应选择质地细腻，有油腻光泽感，手感光滑，结实少裂，纯净少杂质者为佳。印章中以冻石为贵，冻石的质地以温润为上品。冻石通灵度好，世人珍藏为宝。

颜色。石的色彩以单纯者为贵，颜色要正，润泽而温和。传统按色泽来分等级，一般认为黄色第一，红色第二，白色第三。如田黄石就是印石的佳品。

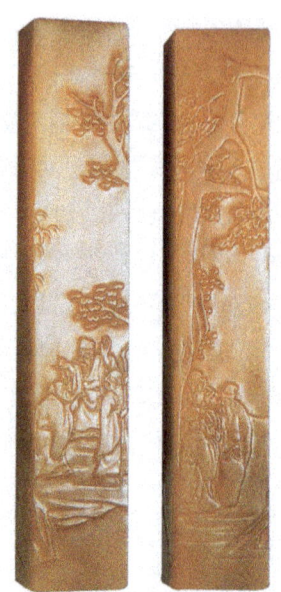

三酸三笑薄意对章　黄都成坑石
林清卿

形状。寿山石印章依其形状，可分为四方章、日字章、扁方章、引首章、椭圆章、圆形章和随形章（天然章或自然章）等，其中以四方章最为常见和应用最广。在印石的选择上应以高、方、大为佳。方方正正，材大质优，又不掺杂质、杂色的方章为佳品。

在寿山石的印章中，田黄石以其质佳量少最受青睐。其他石种，如水坑石、芙蓉石、荔枝萃、杜陵石中都不乏天生丽质、淡雅纯净的印石珍品。

76. 寿山石印钮有哪些题材？

寿山石印钮的传统题材大致可以分为以下七类。

第一类，古兽。俗称"兽头"，寿山石印钮以古兽为正统，现今的印钮仍以古兽为多。其艺术造型很多，有狮、龙、凤、螭虎、饕餮、辟邪、麒麟、鳌、狻猊等；其中以古狮、螭虎最为常见。

第二类，动物。比较写实的动物，包括飞禽、走兽、昆虫、鱼类。普通动物有象、熊、龟、蝙蝠、蟾蜍、鹿以及十二生肖等，其中以十二生肖为题材的生肖钮，广受民间喜爱。还有一些禽类，如鸡、鸭、鹅、鹰、鹤、喜鹊等以及鱼虫类，如鲤鱼、金鱼、螃蟹、蝉等。还有一些比较冷僻的如骆驼、蜥蜴、蜗牛、甲壳虫也都呈现于艺人的刻刀之下。

第三类，人物。多为仙、佛、历史人物等，如观音、弥勒、罗汉、寿星、八仙等。

第四类，花果。如牡丹、荷莲、菊花、水仙、梅花、南瓜、佛手、丝瓜、石榴、葡萄、苹果、橘子、荔枝、桃子、葫芦等。

第五类，博古图案。在比较完整的平顶印章顶部刻划线纹，多仿古代器物或古代器物上的花纹图案，如鸟纹、兽纹、雷纹、云纹、环纹等。其技法为浮雕、阴刻、线刻三种。

第六类，混合钮。以人、动物、植物巧妙混合，相映成趣。如在瓜果树木中常有松鼠、瓢虫之类的小生物穿插其间，更显生趣。

第七类，钟鼎彝器、古钱、瓦当、斗台、亭榭楼阁等钮饰。

寿山石古兽钮庄严浑厚，

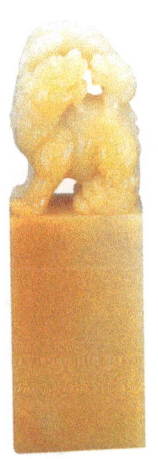

子母螭 汶洋石
郭祥忍

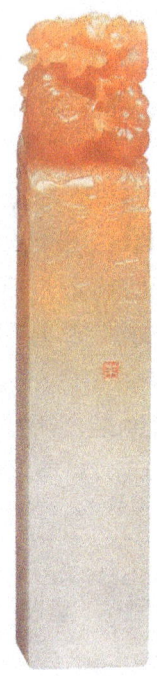
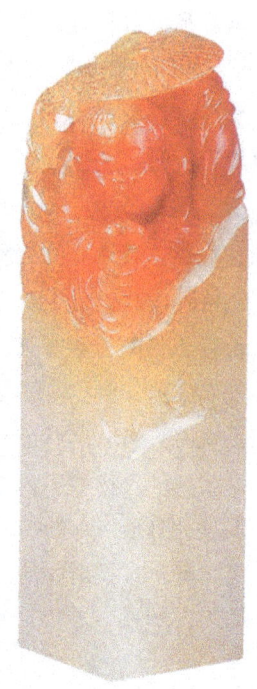

硕果 荔枝洞石
刘爱珠

刘海戏蟾 荔枝萃石
俞世英

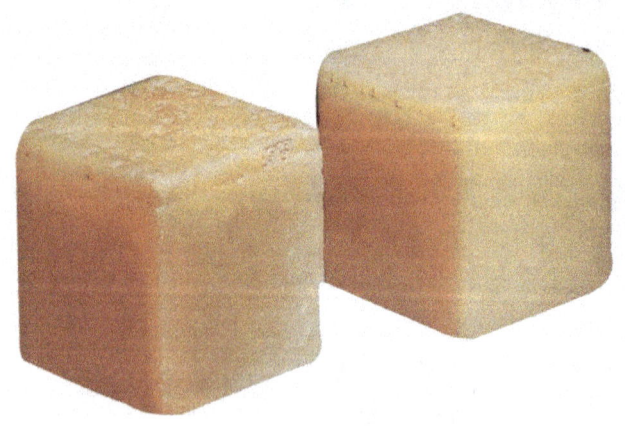

博古章 白芙蓉石
周尚均

博古章典雅古朴，人物钮神态万千，动物钮气韵生动，花果钮情趣盎然。寿山石的天生丽质加上寿山石雕刻艺人们精湛的技艺，以及各种题材的吉祥寓意，使寿山石印章备受鉴赏家和收藏家珍爱，也为民间所喜闻乐见。

随着时代的进步和发展，寿山石印钮在继承传统上还不断创新，寿山石钮雕题材也在不断丰富。如一些印钮表现许多西洋故事里的人物，或者将现代美术运用到印钮艺术中，出现了与传统印钮艺术相迥异的印钮。

77. 寿山石印章古兽印钮有哪些寓意？

古兽作为印钮的先驱之一，早已出现在中国印史发端的商周秦汉时期的许多印章当中，其形象直接来源于商周青铜器皿上的图案。这些图案的古兽多带有图腾色彩，或表现威严，或寄托人们对吉庆祥瑞的祈求。传统寿山石印钮也以古兽为主，古兽题材在寿山石印钮数百年发展史中久盛不衰。古兽有古狮、螭虎、狻猊、麒麟、龙、玄武、饕餮等上百种。其中有很多民间流传的讲究和说法，以下简单列举。

龙。中国四大吉祥神兽之首，我国古代传说中的神异动物，身体长，有鳞，有角，有脚，能走，能飞，能游泳，能兴云降雨。在民间是祥瑞象征，在古时则是帝王统治的化身。

麒麟。麒麟中雄曰麒，雌曰麟，外形奇特。在传统文化中，麒麟是祥瑞的象征，同时民间也笃信麒麟是消灾解难、驱除邪魔、镇宅避煞、催财升迁的吉兽。

龟。在中华民族的文化里，龟是一种神秘而蕴藏着丰富文化内涵的动物。自古以来人们相信其能带来祥瑞之气，同时因为龟寿命极长，所以又成了长寿的象征。

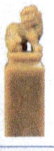

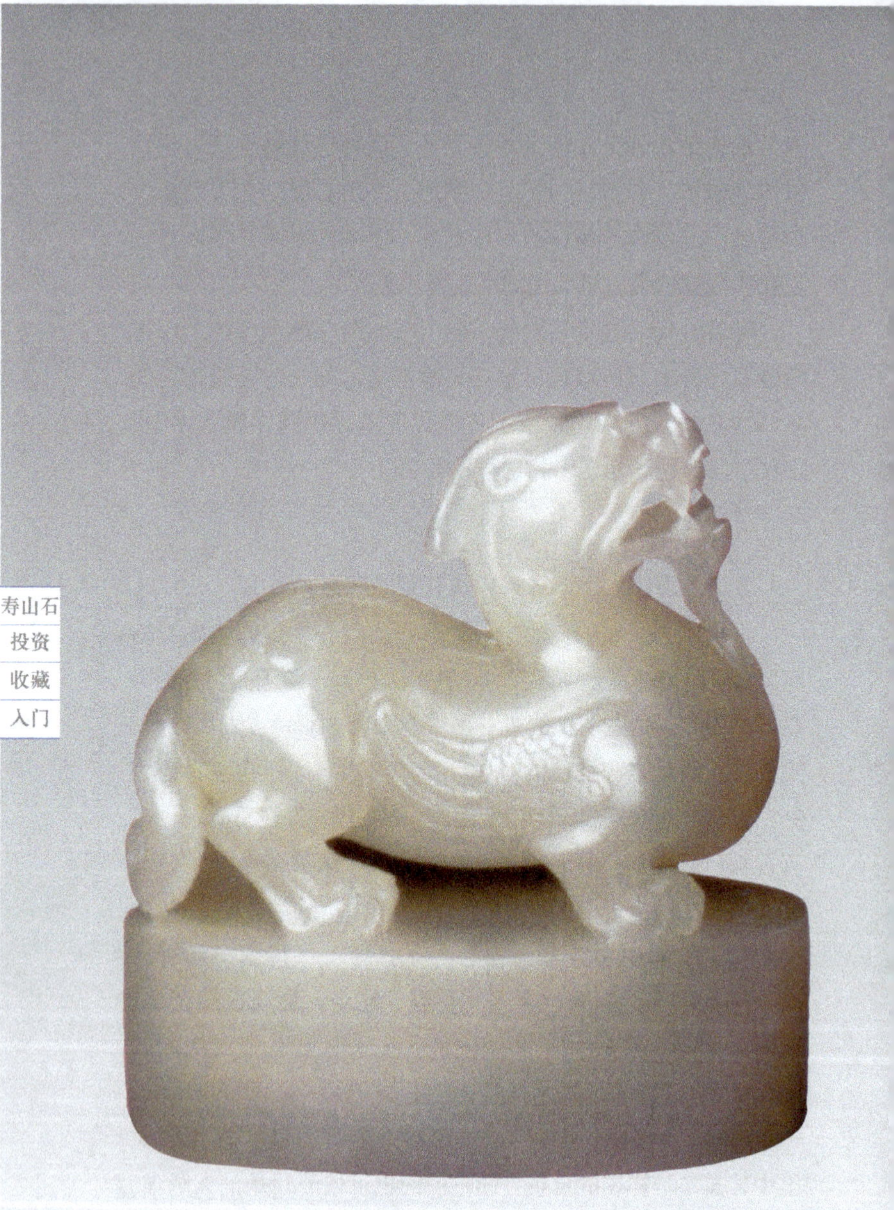

———— 辟邪钮章 芙蓉石 ————
潘惊石

貔貅。据说貔貅（北方称"避邪"）是龙王的九太子，其形短翼、卷尾、鬃须。它有嘴无肛门，能吞万物而从不泻，可招财聚宝，只进不出。因此，貔貅被视为招财进宝的祥兽。

金蟾。古代神话中的吉祥之物，三只脚，背背北斗七星，嘴衔两串铜钱，头顶太极两仪。与其他四条脚的蟾蜍不同，很会吐钱，所以被当作旺财瑞兽。

龙凤钮玉玺 荔枝冻石
郭祥忍

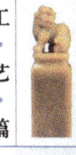

工・艺・篇

78. 什么是款识？

款识又叫"题款"或"落款"。款识艺术并不是寿山石雕文化的创造，而是源于书画。款就是作品完成后，签署上作者姓名、字号、时间、地点等；识指的是表达作者的艺术见解、赋以诗词，甚至配以图案等，形式极为丰富，是印章艺术的有机组成部分。

寿山石雕的款识虽源于书画，但是又有自己的特色。款识是对印面内容的深化或补充。名家书画一般都有款识，但寿山石雕作品则未必都有款识。按照钟鼎等铭文的称法，"款是阴字凹入者，识是阳字挺出者"，但是在印章领域，不论阴阳，通常统称为"边款"或"款识"。

早期的寿山石雕作品几乎找不到作者，因为当时雕刻寿山石是一种地位很低的手工艺。从清初开始，人们才能够发

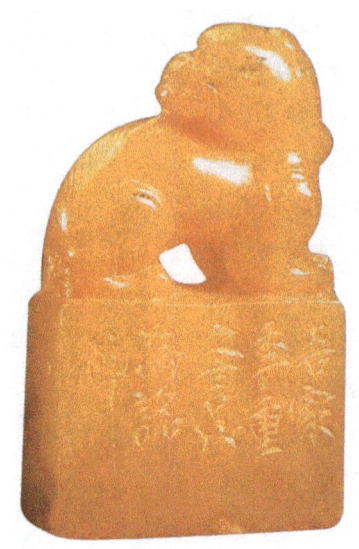

── 古兽钮章 黄金黄田黄石 ──
吴昌硕用印

现著名的寿山石雕作者。清是寿山石昌盛发展的阶段，雕刻艺人的地位逐渐提高，才有了印章的款识留下。如清朝雕钮名家周尚均，在印面上刻其名，因独具特色被誉为"尚均钮"。还有杨玉璇、魏汝奋等名家都会在自己的作品上署上自己的名字。

印章题款在寿山石雕上流行是在改革开放之后。随着社会经济的发展和人们收藏意识的提高，寿山石雕被当成一种艺术品来收藏。雕刻艺人的地位提高，也就出现了名家名款。款识艺术虽然不是寿山石雕艺术的主体，但是在款识的刻制上，也同样显示出雕刻艺人们精彩的刀法和高超美妙的书法境界，值得我们细加品鉴和赏析，也能够丰富并提升作品的艺术品位和收藏价值。

正因为此，款识也被一些不诚信的商家作为欺骗收藏者的手段，款识作假的情况也不少见。在此提醒寿山石投资收藏者们在购买寿山石雕时不要只看作者的名字，就认定是他的作品，要结合其他方面综合判断。

79. 煨乌和煅红指的是什么？

煨乌或煅红是传统的一种煨煅改色技术。在古印谱里称为"石烙火"。用煨煅法处理过的寿山石被改变色彩，常见的是黑色和红色两种。陈子奋将经此处理的石头称为"煨乌"和"煅红"，并把它列为寿山石的两个品种。但是确切地说，二者并不是寿山石的石种名称。

据传，煨煅改色技术始于明代杰出的印学家文彭，并迅速在篆刻界推广使用。当时的篆刻家们为了使自己的作品不易被后人磨砻重刻，在作品完成后将其置于火中煅烧。经过煅烧之后的作品外表黝黑，石质变得坚硬酥脆，不易施刀，

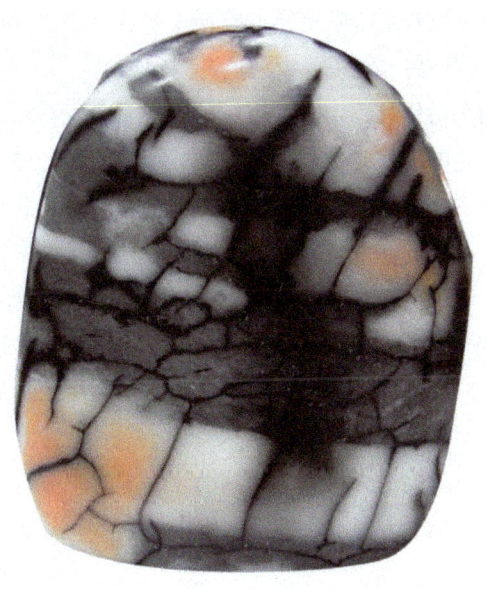

煨红高山石

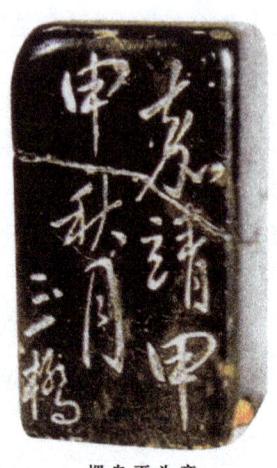

煨乌平头章
文彭

难再雕刻，而且改色也仅限薄层，这样可以保证其作品能够长期流传于世。

煨乌是将石材置于燃着的稻壳炉中，恒温保持在200～300℃之间。经过12～20小时后，稻壳燃烧时所产生的油烟熏染石表而使石色改变。由于经过煨处理的石头多呈乌黑，称为"煨乌"。还有一种做法是在石面上涂擦一层油脂，然后置火中持续加温，油烟渗透肌理，同样能够达到煨乌的效果。用来煨乌的石头多为高山、奇艮、党洋石等石质较硬的石头。煨乌时对火候的要求很高。清郭柏苍在《葭跗草堂集》中就写道："火色正，则纯黑如漆。火色偏，则拖白若汉玉。火色过，则碎矣。"

人们在操作过程中，发现一些黄色石头或石材中黄色的部分在一定的火候下煅烧一定时间，原有的黄、橙可变红赭色，淡红色会增浓，变得更加红艳亮丽。于是又总结出了煨红技术。现代的做法是将寿山石浸泡于化学溶液中，经加热制成红色的寿山石。如寿山石浸泡于硝酸亚铁等化学溶液中，经稻糠壳炉火使原寿山石中的二价铁离子氧化成三价铁离子。白色或其他淡色的寿山石还需先在表层涂擦一层硝酸铁溶液，待干透之后再加温煅烧。

寿山石煅烧退火后，可将其埋于阴湿土中数日，待回湿受潮后再行修光，可减少脆硬，同时还能增添石色的自然光润。

80. 如何看待做旧？

仿古做旧在玉石、家具等各种雕刻品上古已有之。寿山石收藏热席卷而来，寿山石雕的做旧也应运而生。随着科学技术的发展，做旧的手段更是层出不穷，让人防不胜防。

首先我们要正确认识"仿"并不等同于"伪"。在有些人的观念和认识中，一般都把仿古工艺品与伪工艺品等同看待。其实仿与伪是两个不同的概念。"仿"是模仿和效仿，在于欣赏和玩好，在于对古代艺术风格的喜爱，反映一种"返璞归真"的追求。"伪"则是作伪，假冒，是一些不法商家以获得高额利润为目的，通过特殊的技术手段对艺术品表层进行作旧处理，企图以假乱真。

寿山石藏家们在市场上遇到品相较旧的工艺品时要特别谨慎，不要听信商家的一面之词，也不要贪小便宜。只要仔细鉴别，从质地、雕工、品相几个方面即可判断真伪。

首先，人工做旧的石雕作品虽然看上去有老旧的痕迹，但是细看其质地，总会让人感觉旧味不够，火气太大。

其次，做旧假冒品的雕工毫无艺术风格，只是拙劣的复制、蹩脚的模仿。

最后，传世的寿山石雕作品历经时间的磨砺，所呈现出来的通常是古香古色、洁净自然的韵味，而不像市面上有些故意做旧的石雕那样脏兮兮的，一副被严重摧残过的样子。

81. 寿山石雕做旧有哪些方法？

随着寿山石价格的一路飙升，加上人们崇古、尚古的心理，于是做旧寿山石雕在市场上大量出现，令投资收藏者难以辨别。其中有些石雕是真实的，为了提高收藏价值，商家故意对石雕表面做老化处理。还有一部分纯粹是假冒的，以表面的做旧来掩饰肌理的色泽和纹路。现将常见做旧方法介绍如下，望有助于广大石友辨识。

人工做旧的方法不外乎物理法和化学法，主要有蚀、熏、烤、煮、涂、糊等。现代的仿古所用原料以化学药水居多，主要有各种酸碱盐和有机染料、颜料等。具体做旧方法如下。

蚀，将石雕表面用硝酸水或盐酸水刷之，将石面腐蚀，再置于室外风吹雨淋。

熏，即用烟熏的办法做旧。熏制而成的寿山石雕表面呈黄褐黑，有经年陈旧之感。

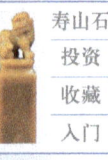

烤，是以火烘烤的方法做旧。将石雕用火烤热，用白矾水调黄土涂抹其上，干后即有古旧效果。

煮，用大烟水略加白矾或用藤黄白矾水煮之数日后干燥，呈类铁屑锈之色。

涂，用高锰酸钾溶液涂抹石雕表面。

糊，把泥土和成泥水状，糊在石雕上，待干后把表面凸出来的泥去掉，让一些剩余的泥留在石缝里，看起来像是出土的一样。

另外，寿山石雕经过长期抚摩，表面会逐渐形成一层包浆，且年代越久，包浆越深厚。因此，也有假制包浆来做旧的。

82. 如何识别染色处理？

染色这一处理方法在寿山石雕上早已有之。将雕刻品染成棕褐色是早期福州雕刻品独特的特点。当时的染色工艺是用皂矾、栀子、红柴皮、颜料、生漆等原料，根据作品的需要配古铜、橘黄等不同色泽，经过复杂的工序，使作品色泽凝重浑厚。但是现在染色已经成为不法商家用来假冒优质寿山石的手段之一。

如今的染色主要是物理法和化学法。物理法是用植物或矿物的天然色彩，对原石进行煮泡处理着色，这样处理出来的雕品比较难以辨别。化学处理的色彩比较容易判断，色彩鲜艳，感觉发愣。

在此建议寿山石藏家们，遇到色彩鲜艳之石，更应仔细审察。看色相、色彩的分布情况，色彩结聚状态的表里情况。判断其色泽是否自然且由内透出，分布是否均匀。若发现雕品有色彩生硬，不自然、浮于表面、分布不均、颜色集中于裂缝、表面光泽弱等现象，请谨慎对待，极有可能是染色处理的雕品。

市面上多见把品质较佳的高山石、都成坑石、连江黄石等山坑石打磨成卵圆形，用蒸煮或罩染等方法将寿山石染成黄色或红色至暗红色，以仿田黄石，有的表面再涂一层黄色石皮，乍一看，有几分相似。但仔细辨别不难发现，这种寿山石无萝卜丝纹，表皮色深而不自然，其颜色沉淀集中于裂隙或孔洞中。若用蘸有丙酮等溶剂的棉球擦拭，便破绽百出。

83. 如何识别拼合寿山石雕？

市面上还有一种拼合寿山石雕。拼合方法主要有胶水拼接、镶嵌、粘贴。一种是将两块或两块以上天然寿山石的碎块经人工方法拼合在一起，在外形上给人以整体的品相，以小充大。或在一寿山石上粘上其他色泽的同类寿山石制作成巧色的雕刻品。还有一种是把某些寿山石中夹杂的劣质瑕斑予以剔除，然后再补缀上质地类似的碎块，用于充当大块优质石。为掩人耳目，通常要经过雕琢和抛光处理来隐藏拼合的痕迹。多在接合处雕刻薄意或人物衣纹等予以遮掩，或用其他适当的雕刻花纹来掩盖。

拼合而成的寿山石雕刻品在标识石种名称时必须附加说明，如田黄石（拼合石）、高山石（拼合石）。拼合的寿山石雕自然价格要低于天然完整的寿山石雕作品，因此有些商家故意不加以说明，以次充好，牟取暴利。特别是一些比较珍贵的石种，如田黄石。田黄石资源稀缺，现在市面上大块田黄几乎绝迹。藏家若在寿山石市场上见到硕大的田黄石，颜色石质皆上乘，价位也不高，要特别小心。细心观察可能会发现是由许多小田黄石精心拼凑而成。

拼合而成的寿山石雕不难识别，在强光下即可发现接合的痕迹。另外，也可根据肌理格纹的完整性和走向等特征来识别。

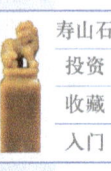

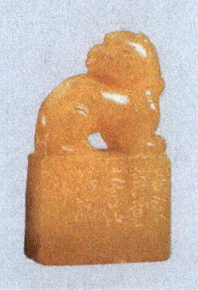

寿山石投资收藏入门

收藏篇

84. 寿山石的收藏历史是怎样的?

据考证,寿山石雕品始见于南朝的石俑。可以说,早在1500多年前的南朝,寿山石就已问世。但当时雕技粗糙,除了作石俑殉葬外,未见收藏。

宋朝,寿山石快速发展。据梁克家的《三山志》载,宋代寿山石开始大量开采,并用于雕刻,已经达到可以供玩赏的水平了,于是便有了收藏的历史,但大多数为宫廷及达官贵人所收藏。

元明之时,民间流行用"花乳石"刻制印章。寿山石章以洁净如玉、柔而易攻被广泛用作印材,并因此产生了寿山石印纽艺术,备受书画家、篆刻家的赏识。收藏寿山石印材和寿山石印纽,成为当时文人墨客的雅好,并一直影响到现在。

明代中后期,寿山石的钮饰艺术得到发展,寿山石雕技法有了很大的变革。施鸿宝在《闽杂记》中说:"明末时有担谷入城者,以黄石压一边,曹节愍公见而奇赏之,遂著于时。"说的就是明末曹学铨发现并开始收藏田黄石,从此寿山石的收藏便一发而不可收。

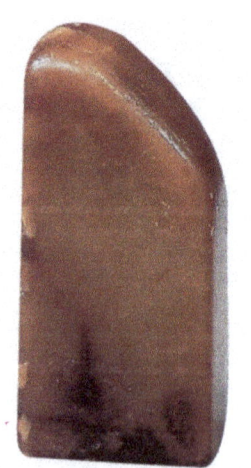

—— 寺坪田黄石 旧藏品

寿山石收藏在清代达到鼎盛。清代,有关寿山石的著述日多,也记载了在全国各地的寿山石热。当时在收藏寿山石雕品的同时,也掀起收藏寿山石原石的热潮。寿山石逐渐成为帝王君主和上层社会

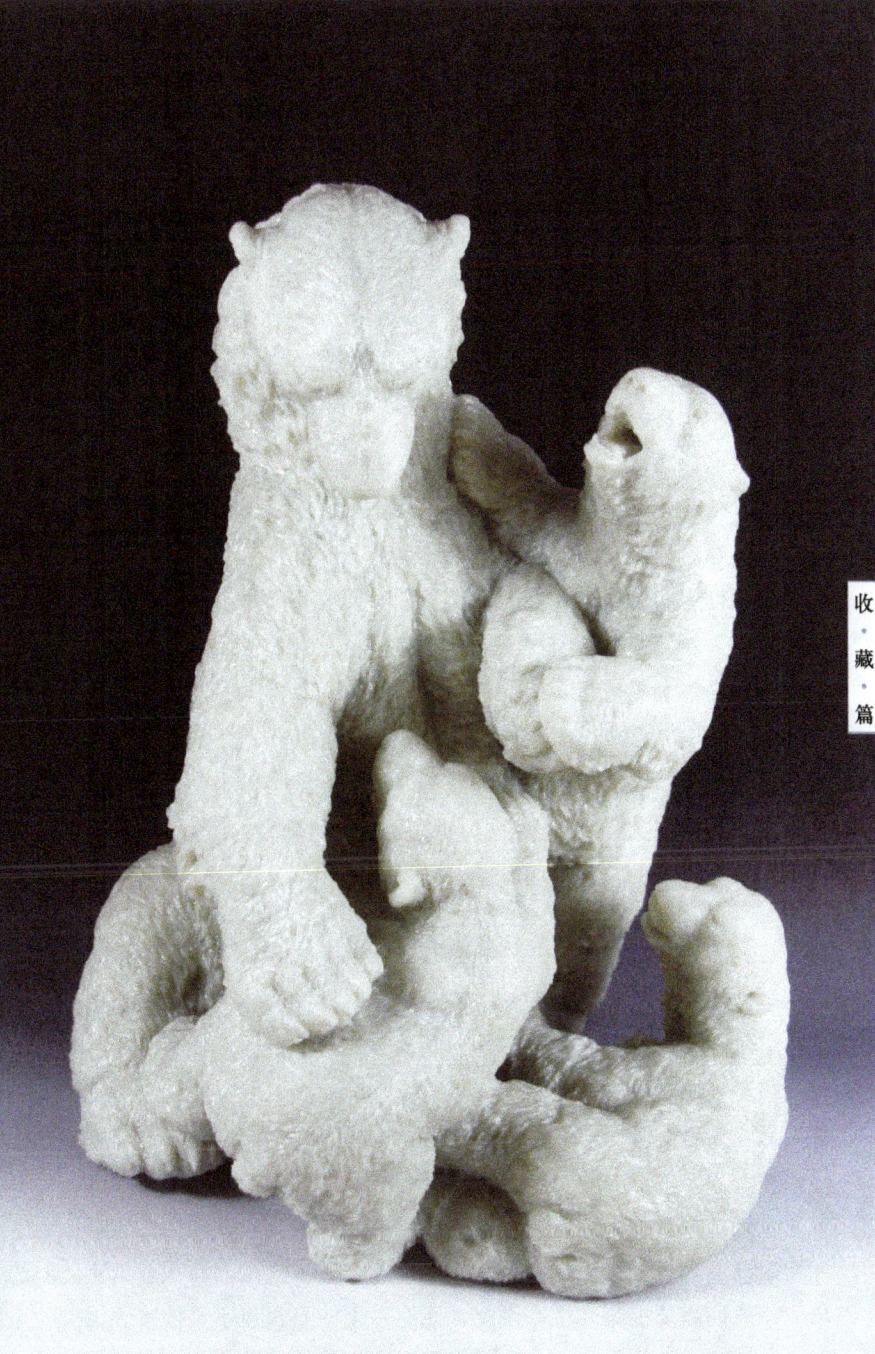

母子情 焓红石
林亨云

追捧的收藏品,更是贵族阶层和文人雅士的把玩之物。

抗日战争期间,由于战乱和灾荒,寿山石的价格曾经一度大幅贬值。

中华人民共和国成立后,寿山石的价格日趋上涨。

20世纪80~90年代,随着经济和文化的发展和寿山石雕艺术的不断提高,不但各地的博物馆争相收藏,社会上更涌现出许许多多寿山石雕收藏家,掀起一阵又一阵的寿山石收藏热潮。

从1995年开始,寿山石价格开始一路攀升。寿山石数度在"国石"评选当中广受好评,并荣登候选"国石"榜首,促使更多的人加入寿山石爱好者与收藏者行列。

2005年下半年寿山石雕成为奥运会特许礼品后,寿山石收藏热潮更是步入了前所未有的阶段。

进入2008年,受外界各种因素的影响,艺术品收藏市场出现调整。但寿山石的收藏并未受太大影响,每一次的寿山石雕展销会或拍卖会总会吸引大量的收藏爱好者。

85. 寿山石收藏群体主要有哪些?

随着寿山石价格暴涨,寿山石收藏的队伍不断壮大,越来越多人加入了收藏行列。收藏寿山石的群体主要有以下几类群体部分。

第一类,石农。这一群体是寿山石流通链的最初的一环,寿山所出之石基本上都要经过石农这一环节,特别是田石和掘性石,最初基本集中在当地的部分村民手中。而他们中的许多人也开采矿洞,成为洞主,开采出了大量的石头。由于他们需要出售变现,因此,他们手上的石头也不是很多。但是随着他们经济实力的提高和对寿山石认识的增强,当他们

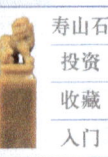

看到自己卖出去的石头被转手后的高价，也开始有意识地保留一些认为珍贵的原石。

第二类，商家。这一群体是寿山石流通的中间环节，也是囤积寿山石最多的一环。"在商言商"，商人往往是以赢利为投资目的。俗话说，"三年不开张，开张吃三年。"由于货源的价格持续上涨，买到质优价廉的石头越来越难。一旦卖出一块好的石料或作品，以同样的价格很可能已经进不到类似的货品了。于是，商家也开始藏石头，待价而沽，不轻易出手。

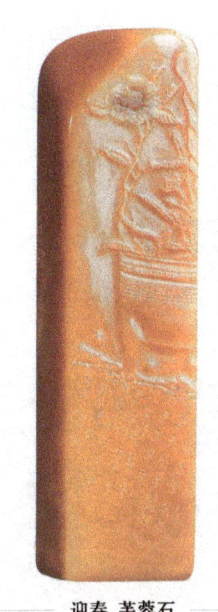

—— 迎春 芙蓉石
林文举

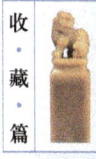

第三类，雕刻艺人。这一群体为了给自己提供更多创作原料，往往会不时地购入一些石头。这些艺人一般都对寿山石颇有研究，也有一定的经济基础，遇到好石不轻易放过，先收入囊中，需要时再进行创作。经过雕刻艺人的精心雕刻，成品雕件的价格往往是原石购入价格的几十倍，甚至更多。雕刻艺人作为原石消费的主力军，他们手上的藏石数量也是十分可观的。

第四类，收藏者。这一群体是真正的好石、爱石、迷石之人，寿山石不管是原石还是雕件，到了这个环节流通往往变得十分缓慢，甚至不再流通。这些收藏者按照自己的喜好和审美观点去购藏，视收集、观赏寿山石为赏心悦目之乐事。他们一般都不急着出售藏品，待价而沽，遇到合适的买家和理想的卖价时方才脱手。也有很多藏品因为被收藏而退出市场流通。

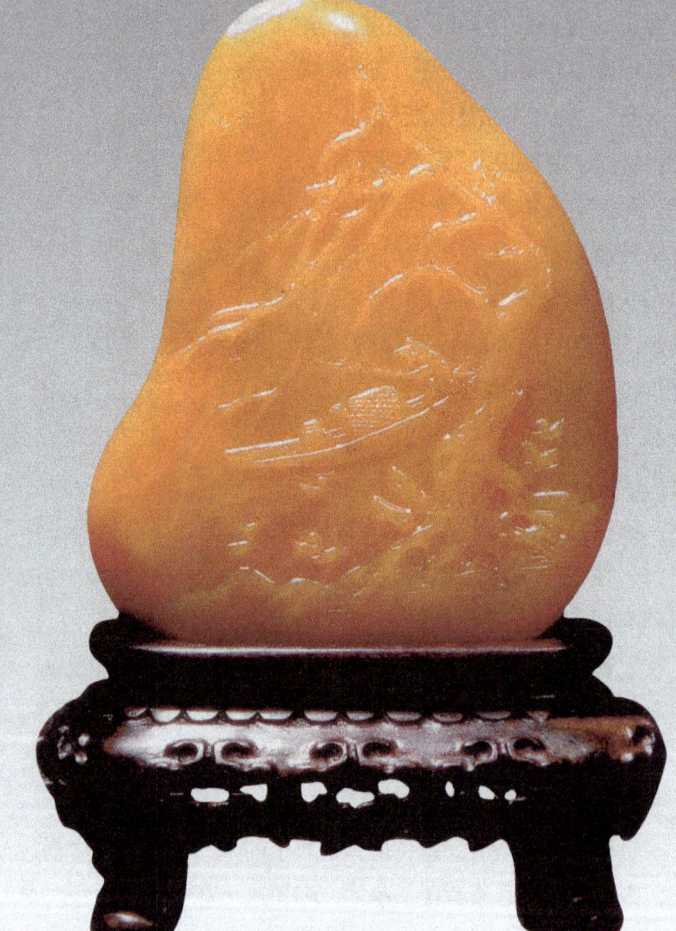

春江水暖鸭先知 田黄石
郭懋介

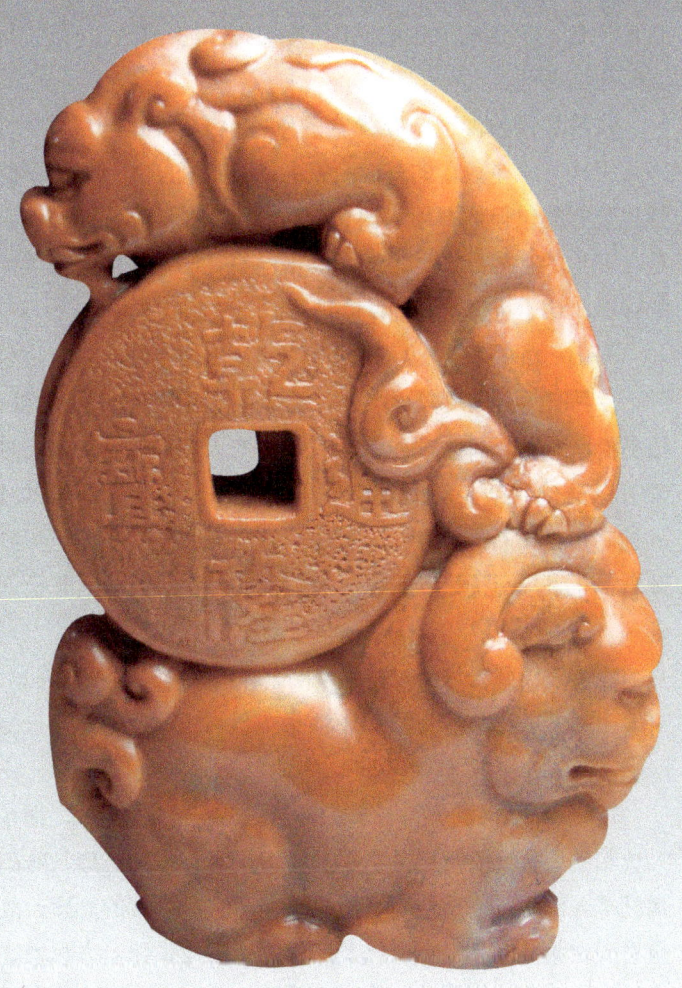

螭虎 高山石
郑新召

86. 如何正确看待捡漏？

捡漏，是收藏界的行话，就是以很便宜的价钱买到很值钱的东西。在收藏界经常会听到一些捡漏的事情。捡到漏的喜形于色，听到的人也激动不已。也有很多只是道听途说，真假无从考证。

收藏界因捡漏而一夜暴富的确实也有。在寿山石市场，不可否认有一定数量的寿山石精品散落在民间，捡漏的可能性也是有的。但是必须认识到捡漏的概率是非常之小，特别是在现代的艺术品市场，捡漏暴富已经如同一个遥远而美丽的神话，切不可将这种侥幸心理带到平时的收藏中来。

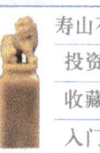

寿山石的辨识是一门很深的学问。寿山石的石种有百余种，各种石种下又可以再细分，且石种间还有许多相似之处，极易混淆。新石种也在不断出现，没有人敢说对所有的石种都可以准确判断。随着科学技术的进步，假冒仿制技术越来越高。寿山石的鉴别越来越难，这就意味着在市场上买到假冒品的机会也越来越大，应当格外小心，切忌抱有捡漏心理。

捡漏是收藏爱好者梦寐以求的，却也是可遇不可求的事。对寿山石的收藏应该确立以下两个正确认识，避免落入捡漏陷阱。

首先，一分钱一分货。在寿山石收藏上也不例外，很多人被骗就是因为贪，以为自己捡了大便宜，得意忘形，殊不知已落入陷阱。有些生意人就是利用了人们捡漏的心理，故意看低，或故意打扮成什么都不懂的老石农，让对方放松警惕。而被利蒙住了眼的买家，光想着拣着了漏，高兴着发财了，却不仔细鉴别商品，最终亏了钱，蚀了本，买回一堆垃圾。这一招是不诚信商人的惯用伎俩，却总能得手。那些买到赝品的人在抱怨卖家的同时，是否也该反省一下自己。

其次，机会总是给有准备的人。如果将寿山石的收藏建立在捡漏的心态之下，很容易误入歧途。在很多人眼里捡漏似乎只是幸运而已，但是机会总是给有准备的人。在寿山石交易市场上，买卖双方的信息往往并不对称。作为收藏者，要有这样的意识：卖的人永远比买的人精明，实战经验永远比你丰富，要想从他们的手里拣漏，并非易事。只有不断丰富自己的知识、提高自己的眼力，多看多问，多到市场中去练，持之以恒必有所获。

捡漏，需要好的眼力和好的运气。随着自己经验、知识、藏品的丰富，心态也更加成熟。冷静加上准确无误的判断，在确保不被骗的情况下才有捡漏的可能性。

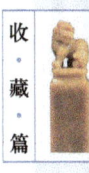
收·藏·篇

87. 为何收藏寿山石切忌急躁的心态？

如今很多藏友一进入收藏界就兴致高涨，总幻想自己能捡到宝贝而一夜暴富，于是整日四处奔波去寻宝，其结果却常常是处处碰壁，交了不少冤枉学费。另外，由于现代生活节奏加快，一些收藏者心态也比较浮躁，很难静下心来培养艺术感情，接触、品味、呵护寿山石。

理解和欣赏寿山石需要长时间的研究和积累，而这些又是现代人最缺乏的。寿山石收藏的心态调整首先要做到戒急躁。那么如何才能做到戒急躁呢？

首先，对收藏寿山石要树立长期投资的意识。必须认识到，收藏这一行多为中长线投资，不可强求短线暴利。收藏寿山石是一种长期投资，只有长期持有，才能获利丰厚。

其次，要做到既不为一时成功过于欢喜，也不为一时失误而沮丧。来日方长，不要因为一时的得失搅坏了收藏的兴

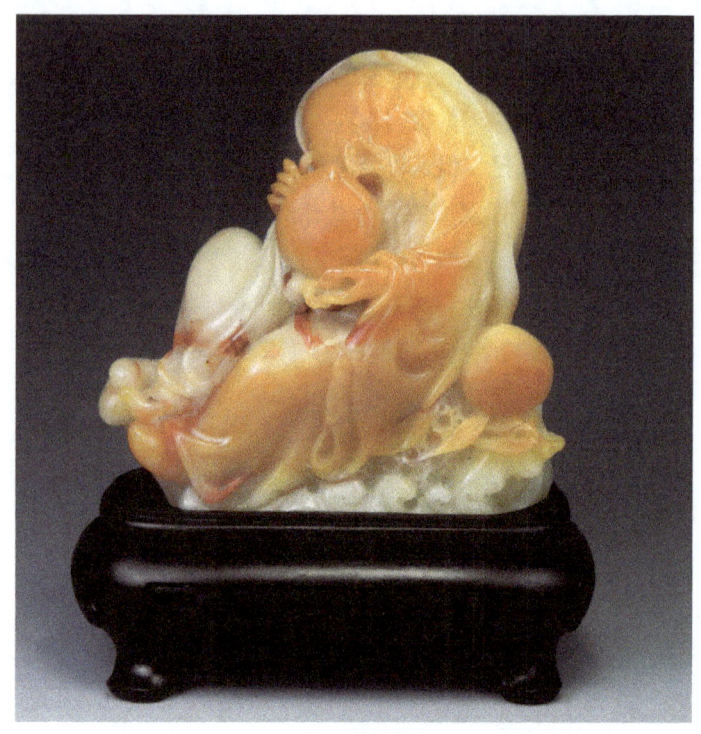

桃仙 芙蓉石
俞世英

致,降低了投资信心。要知道情绪浮躁极易导致心态失衡而产生焦虑,把愉快的收藏活动弄得紧张不安。

总之,收藏投资是为了让生活更有意思,保持轻松的心态是首先要具备的修养。

88. 为什么在收藏寿山石时必须量力而行?

随着寿山石价格的攀升,寿山石热也在不断升温,越来越多的人加入到寿山石收藏的队伍中来。刚踏入收藏界的收藏者们往往怀着满腔热情,投入了极大的人力和财力,有种不将天下好石统统收入囊中,誓不罢休的气势。但是越是在

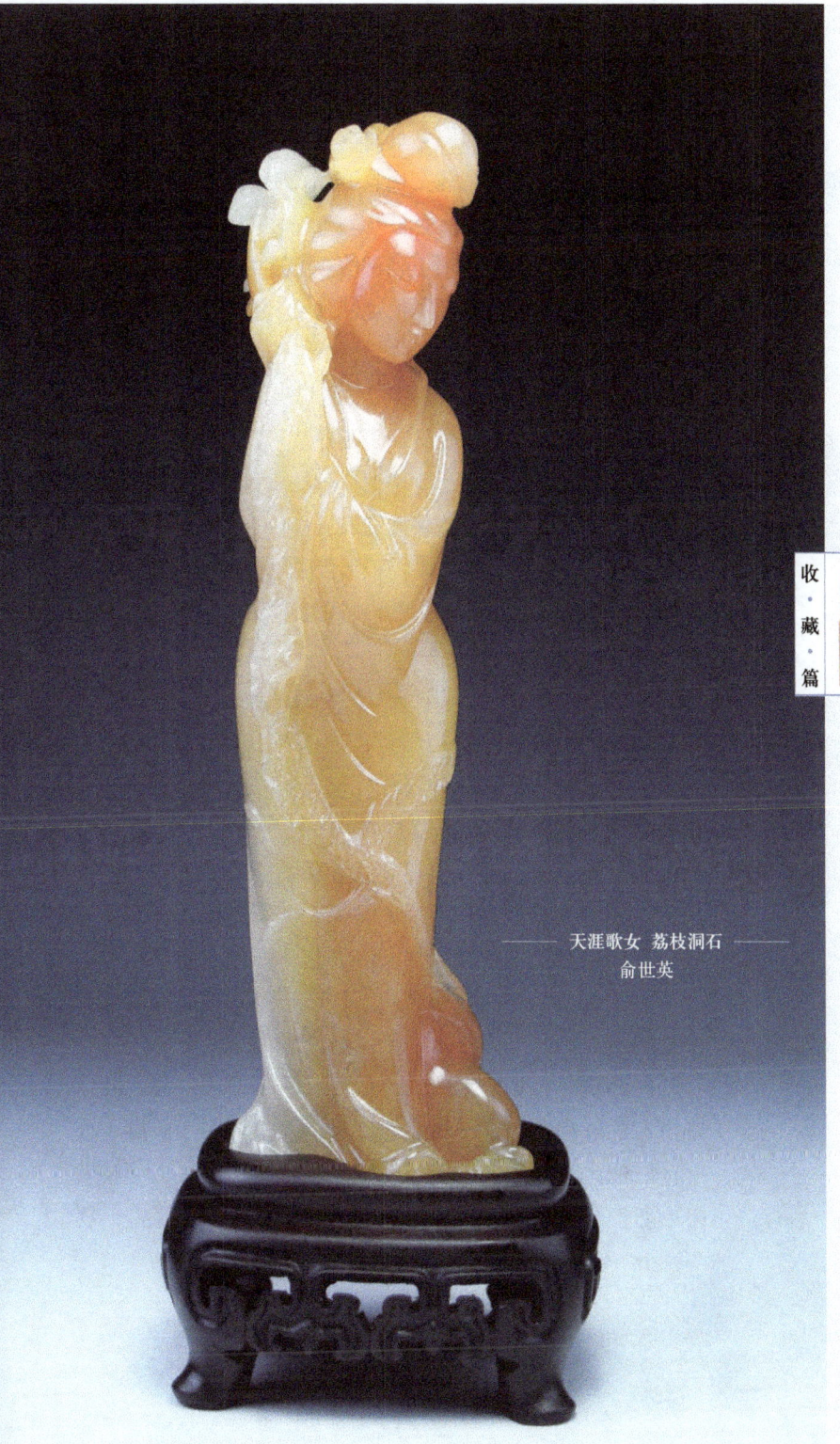

天涯歌女 荔枝洞石
俞世英

收·藏·篇

这样的收藏热潮中，收藏者越要保持清醒的头脑，冷静地看待寿山石收藏。不管是纯赏玩收藏或投资买卖，都应从自己的经济实力出发，做到量力而行。

收藏寿山石首先必须正确评估自己的经济实力和欣赏艺术水平，量财力而行。如作投资性收藏，要正确估算收藏品的投资净值，做近期、远期收益判断。包括要充分考虑购买收藏品、保管收藏品和出售收藏品所付出的各种费用。

就购买力而言，一般的收藏爱好者可能力不从心，所以建议收藏者选择收藏品还要考虑自身的支付能力。选择一种长期会稳定升值的收藏品来投资或从小件精品入手。先从普通石种开始，由浅入深，慢慢积累经验和资金。待到鉴别能力增强，资金充足后再涉及精品。同时采取以蓄养藏的办法，才可做得长久。

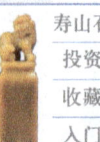

寿山石种类繁多、范围广，要穷尽收藏是不可能的，也是没有必要的。建议初学者在选择寿山石收藏品时，根据个人兴趣和爱好，有针对性地进行收藏。可以选择先从专题收藏入手，根据个人喜好对某一品种、某一艺术形式、某一题材专题进行收藏。这样，才能集中精力，仔细研究相关的投资知识，日积月累，逐步变为行家。对于资本不是很雄厚的藏家来说，以单一专题达到一定数量，形成一个系列，是非常好的收藏方式。但应注意选择较为典型的作为藏品。

寿山石藏品集艺术欣赏价值和经济价值于一身，收藏寿山石的过程应当是一种享受，而其前提就在于收藏者处于良好的生活环境和轻松愉悦的心理状态。如果因为收藏寿山石而导致生活水平下降，那就丧失了收藏的乐趣，得不偿失。

89. 为什么说收藏寿山石不宜盲目跟风？

近几年寿山石市场大热，很多人都投入了收藏寿山石的浪潮中来。但是其中的一部分人对寿山石没有太多的了解，抱着"什么热就买什么"的非理性心态。只是因为听说"寿山石热了"、"寿山石价格疯涨"、"有买有赚"，所以从其他领域的投资收藏转而收藏寿山石。这些人不了解寿山石收藏市场的行情，却喜欢听信旁人的神吹海聊，听信某些媒体的爆炒，盲目跟风，贸然投资。这样的藏友朝三暮四，这山望着那山高，根本享受不到收藏过程的快乐，完全背离了收藏寿山石的初衷。这样的投资结果往往是不理想的，或许赚了点小钱，但也有可能不断蚀本，甚至赔得血本无归。

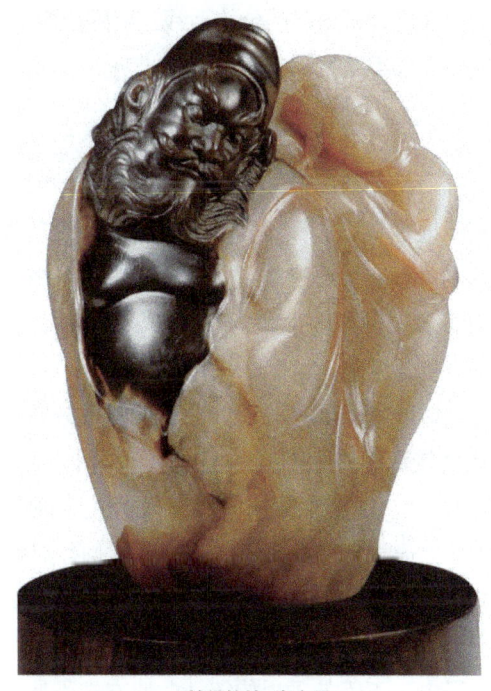

——— 钟馗嫁妹 坑头石 ———
黄宝庆

收藏寿山石必须目标明确,有自己的方向和标准。先对自己的收藏目的进行理性的思考,才能对收藏目标很好地定位,进而有效合理地指导收藏行为,选择藏品种类。一旦确定收藏目标便持之以恒,精益求精。四处出击,东一榔头西一棒子,随波逐流地去追逐热门,只会浪费精力和资金,却收效甚微。

寿山石市场热点的产生有多种复杂的原因,有社会发展的客观原因,也有人为炒作的因素,收藏者应有所辨别。从艺术的角度考虑,那些值得收藏的艺术品,应该是体现个人品位的爱好,经得起时间考验的精品。

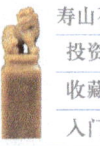

从投资的角度来看,那些值得投资的艺术品,一定要具备足够而稳妥的升值可能。一个成熟的收藏者往往能做到冷静看待市场,理性分析藏品的价格曲线,敏感把握市场变动,透过市场的表象来准确判断其未来价值走势。

90. 寿山石艺术品为什么要进行保养?

寿山石质地细腻,脂润柔软,色彩斑斓,纹理自然,是不可多得的名贵彩石。经过雕琢加工之后,更是成为珍贵的艺术品。然而求一石易,而养一石难。寿山石的保养是寿山石收藏的一个重要课题。

寿山石是以叶蜡石和地开石为主要矿物成分的矿石,富有光泽,硬度较低。寿山石从矿洞里被开采出来后,其所处的环境,包括压力、温度、湿度以及光照都发生了很大的变化。环境的变化加上一些人为的因素,若保养不周,产生裂纹是不可避免的。寿山石的开采运输及保存等各个环节都可能导致裂纹的产生。

开采过程中,不管是采用传统敲凿的方式还是爆破的方

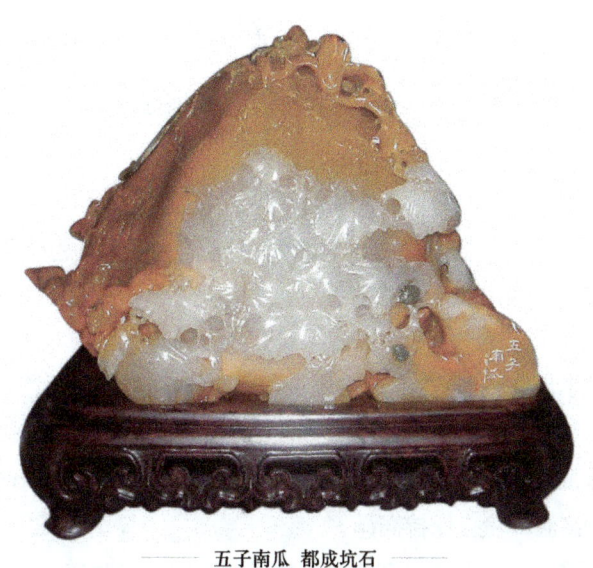

五子南瓜 都成坑石
俞世英

式，都有可能造成石体产生裂纹。一些品种在开采时，因爆炸震动，结构遭受破坏，原本纯洁的矿体中，难免会产生大小不一的震裂纹。运送过程也会产生裂纹。

还有一些裂纹是由于石种本身的特殊性而产生。例如有少部分质地较松的高山石是因过分干燥而产生裂纹的。这些石种如果不善加养护，日久天长就会枯燥易损。特别是严冬或酷暑气候干燥时，石头往往因失水而干燥开裂。当然也有一些本身比较致密且没有裂纹的寿山石，即使不太保养也不太会产生新裂纹。

因此，寿山石从开采、雕刻到成品保存的各个环节都必然要涉及养石和护石这个话题。任何一个环节出现问题，势必会影响到寿山石雕本身的观赏性及收藏价值。如果因为对寿山石石性及其保养方法的不了解而造成藏品的后天瑕疵，甚至损坏石质，导致其价值一跌千里，这绝对是一件令广大石友痛心疾首的事情。因此,全面了解和重视寿山石的保养是很有必要的。

91. 寿山石原石应如何保养?

有些人认为寿山石原石无需保养,这种观点是错误的。事实上,寿山石雕成品的裂纹很多都是在原石的开采和保存过程中就已经产生了。因此,原石同样需要保养。

下面就来介绍一下原石保养需要注意的一些事项。

第一,切忌将寿山石放在高温、干燥和曝光的地方。这点是最重要的,不论原石还是雕刻成品,都应该避免阳光曝晒和高温环境,保持润泽。

第二,原石要保存在地窖里或阴湿之处,时常洒些冷水以保润泽。切不可长期放在山野或室外。

第三,石料在清理杂质、制成原坯后,应分类保存。最好选用木质盘盒为置放容器。高档石料需要油养者,应区分大小分别处理。小块的最好浸泡在装满油的瓷盆里,而块度较大者,只需将石坯表面涂抹一层油料后用透明薄膜包好,置于阴凉处。石质较粗且块度较大的,则直接置于木盆中,保存于阴湿处即可。

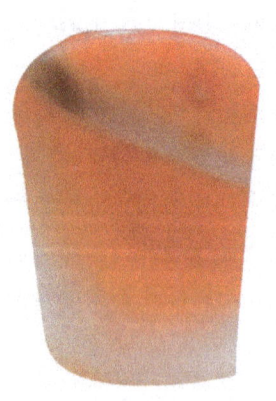

玛瑙冻高山石

92. 如何保养寿山石艺术品?

寿山石作为原石,已经温润无比,在经过工艺师的精雕细琢之后,更成为精美绝伦的艺术品。如何使寿山石雕品永

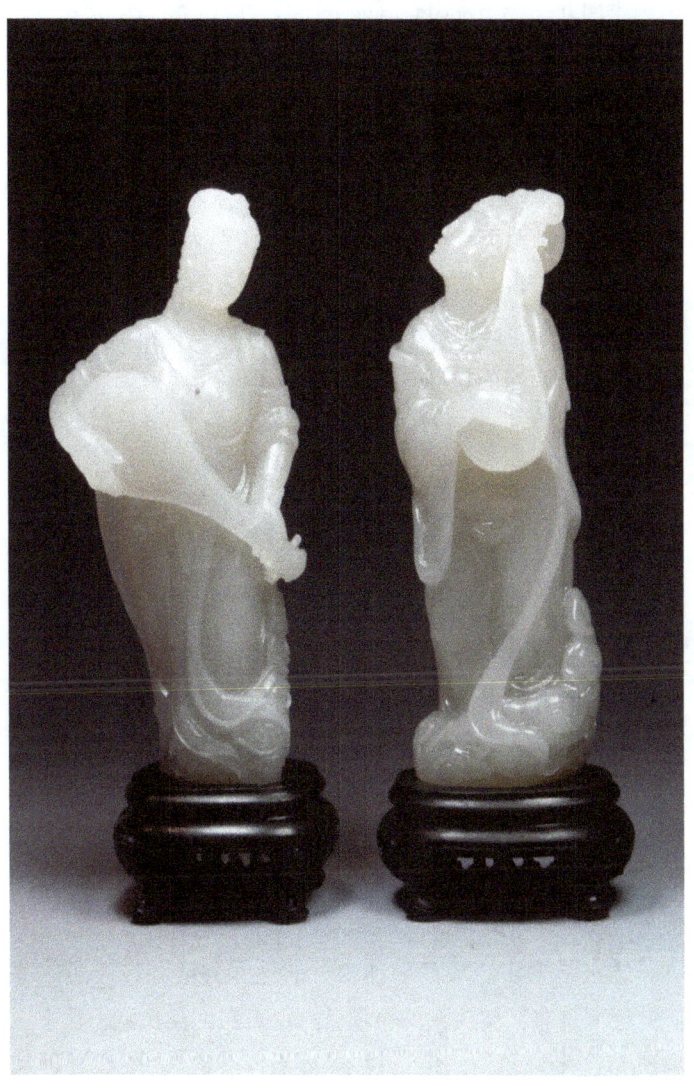

琴韵组雕 坑头石
黄宝庆

远保持最好的状态,是每一位收藏者最关心也相当头疼的事情。下面介绍一下寿山石成品雕件的一般保养方法。

第一,经过雕刻加工成品的寿山石雕适宜室内陈列。应避免阳光、风吹、沙尘、强光直射,忌高温、干燥,周围环境要保持一定湿度。最好陈列于玻璃柜中,在柜中放一杯清水,保持湿度。

第二,雕品的表面被灰尘、污物沾染时,切忌用金属片或其他硬物修刮,要用细软的绸布轻轻擦抹。表面积尘较厚时,可先用温水浸湿后用软毛牙刷轻轻擦洗。

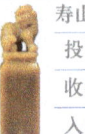

第三,需要油养的石种应定期上油。平时若要收藏于锦盒中,也应于上油后再包上塑料薄膜,避免油料过快挥发,使石料可以更好地吸收油脂。

第四,寿山石印章和小摆件,最好经常用手摩挲抚玩,以人体的油脂来养其石性。但需要注意的是,薄意作品不可经常摩玩,否则容易造成薄意图案的磨损。

第五,寿山石硬度低,石性偏软。因此,应注意轻拿轻放,尽量避免碰撞硬物及掉落地面。否则,轻则划伤石表,重则缺角破裂,到时就追悔莫及了。

第六,遇到碰伤石章、摆件时,可以先用刀修平,再以细水砂纸打磨,然后抛光便可。也可以找专业的雕刻师来修复。

第七,名贵石种,应尽量减少携带外出,避免不慎掉落或遗失。

以上是寿山石成品雕件常见的保养方法和应避免的事宜,还有许多需要注意的事项,有待石友们在收藏过程中注意细节,慢慢总结。俗话说:"养石即养心"。收藏过程就是在与石头的接触交流中读懂石头、享受藏石养石乐趣的过程。

93. 何谓油养？油养需注意什么？

寿山石属叶蜡石，自古以来就有以油养石之风。油养就是用油涂抹石上，使之脂润。一般来说，大部分的寿山石品种，都适合于油养。时至今日，人们仍在采用这个方法来养石。

油养虽简单，但是也有许多需要注意的事项，现将油养的步骤方法介绍如下。

第一步，清除表面杂质。进行油养之前，需先将石雕表面的杂质和灰尘清理干净。由于寿山石质地细腻、脂润柔软，因此需选用细软的绒布或软刷，轻轻擦抹。如果油污很厚，难于清除，可先用温碱水冲洗，直到完全洗净。千万不可用硬物刮除，否则易伤及石材表面。

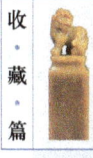

第二步，均匀上油。清理干净后，待其水分蒸发完毕，用干净毛笔或脱脂棉蘸少许白茶油或液体石蜡，轻轻刷之，均匀涂在石雕的各部位，还可以用手抚摸石面。可以反复擦拭，让油脂沿着毛细孔慢慢渗入石头里，以养其性，石质便会变得愈加温润莹澈，光彩依旧。

第三步，合理陈列。上油后的雕品易沾灰尘，灰尘多了会损害雕品的自然神韵。同时由于寿山石温润细嫩，为避免变色、变质而出现褪色、裂纹等情况的发生。雕品的陈列应避晒、避风、避尘、避温差。因此，寿山石雕品最好能置于玻璃橱内，或加玻璃外罩。既便于观赏又利于保存。同时还要注意避免阳光直射或长时间强烈的灯光照射，以防石质变燥。此外，若橱柜中装上日光灯、射灯之类来照明，为了保持其润泽，还需在放石头的橱柜中放几杯水，增加周围空气的湿度。如有条件的话，房间里还可以经常打开加湿器，增加空气湿度，有利于保持石头润泽。

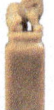

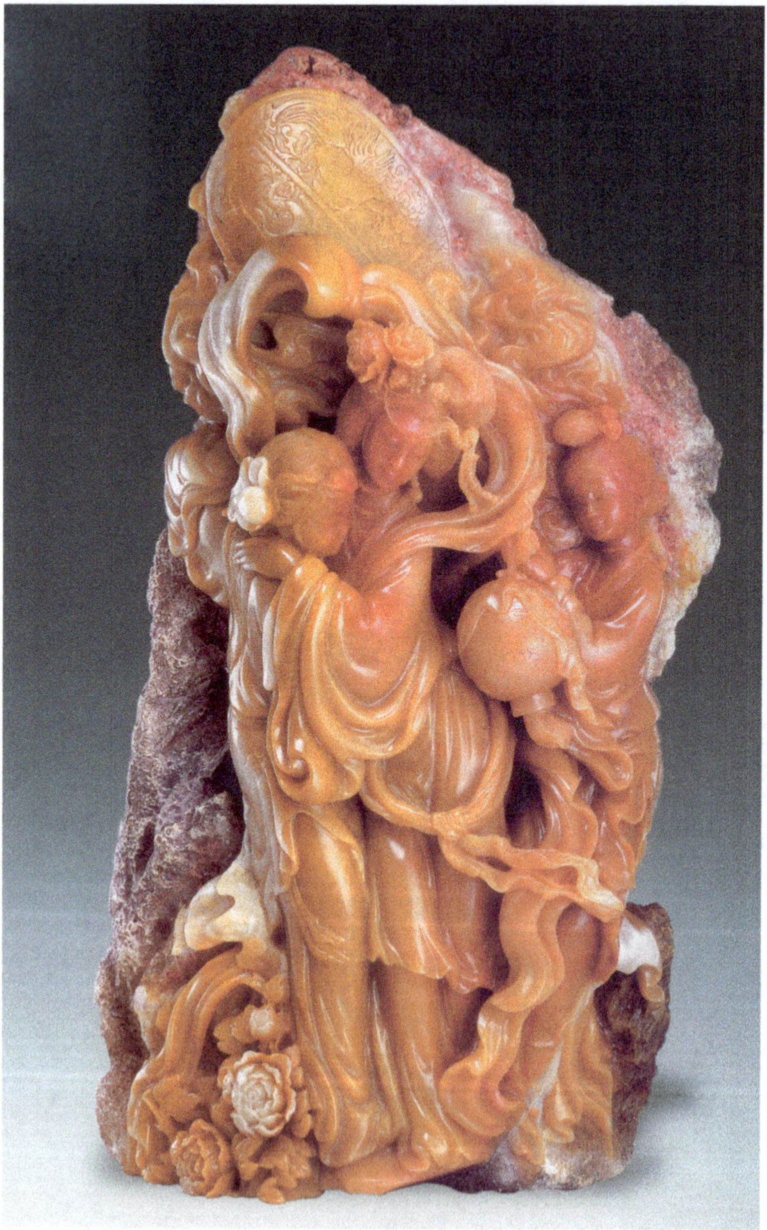

贵妃醉酒 旗降石
林飞

第四步，包膜存放。对暂时收藏起的作品，最好涂上一层较厚的白茶油或液体石蜡，用保鲜膜包裹起来，放置于锦盒中，置于阴凉处。这样可使石表吸透油质，不致干燥。

油养是寿山石养护的一个重要手段，但是并非所有的寿山石都适合油养。不同品种的寿山石，保养方法是不尽相同的。因此是否油养以及选择何种油养方法，要因石而异。

94. 哪些寿山石种不宜油养？

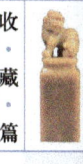

寿山石自古以来都有以油养石的做法。一般来说，大部分的寿山石品种，都适合于油养。但是也有一些石种不宜油养。所以油养不可一概而论，要根据不同的石质而区别保养。

现将不宜油养或无需油养的石种列出来，以供石友参考。

白芙蓉石。色洁而质细，特别是藕尖白、猪油白。这些石种沾油后容易泛黄变色，甚至出现石中黄白不匀的色彩。久沾油渍则变灰暗，失去光彩。所以应忌与任何油质触染，不仅不能上油，也不宜过分抚摸。平日抚玩，应保持手掌干净无油污。讲究的行家品玩时，必先净手或戴白手套。最为适宜的方法是，在把玩芙蓉石时，放在脸部和鼻翼两侧轻擦，用微量的脂肪油保养。

部分水坑石。色白清明的水坑石应尽少油养，尤其上品，凝灵晶莹，过度油养反而会变暗或牙黄。这种石把玩前要洗手，千万不要浸油。

已上蜡的雕品。寿山石中普通的石料，如老岭石等，石质不透明，在产品磨光后一般

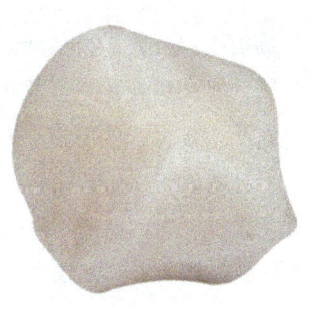

白 芙 蓉 石

需要进行加热打蜡处理。经过打蜡的寿山石石性稳定，无需再进行油养，玩家只需以细布擦拭就可以了。

95. 油养的油料如何选择？

油养，自古就是寿山石养护的一个重要手段，油料的选择至关重要。但是很多人往往不重视保养油料的选择，下面就几种常用的油料进行介绍。通过比较，你可以找到什么才是最适宜的油料。

白茶油。长期实践证明，养寿山石最理想的油料是白茶油，特别是陈年白茶油。白茶油经过一年以上时间的沉淀，其上层白色透明部分，清冽不腻，是寿山石保养的理想油料。其优点是持久，不易挥发，上一次油一般可以保持一年左右，并且不会造成寿山石变色。可以在超市购得。一定要使用油体清冽者，不可使用深褐色的。建议买回后放在阳台曝晒一周以上，使油体更加清冽。其缺点在于：较油腻，涂于石雕表面后发黏，手感不好，不便摩玩。还易沾染灰尘，时间一长，表面就粘附了一层灰尘，不甚雅观。建议用于保养原石或不触摸的大型摆件，由于不变色，特别适合保养白高山等白色或浅色原石。

液体石蜡。其优点是不易变色和较持久。相比较白茶油，上油后手感较好。持久性较传统的白茶油差一点，但也相当不错。在药店和化工产品店均可买到，价格适中，适合有大量石头需要保养的石友。对于收藏量少的石友来说，瓶子太大，且不好看。

发油。可以弥合一些小裂纹，很多商家都在使用。缺点是挥发性强，容易干燥，会在短时间内造成寿山石变黄变暗，产生旧物的效果。

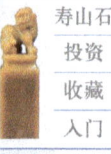

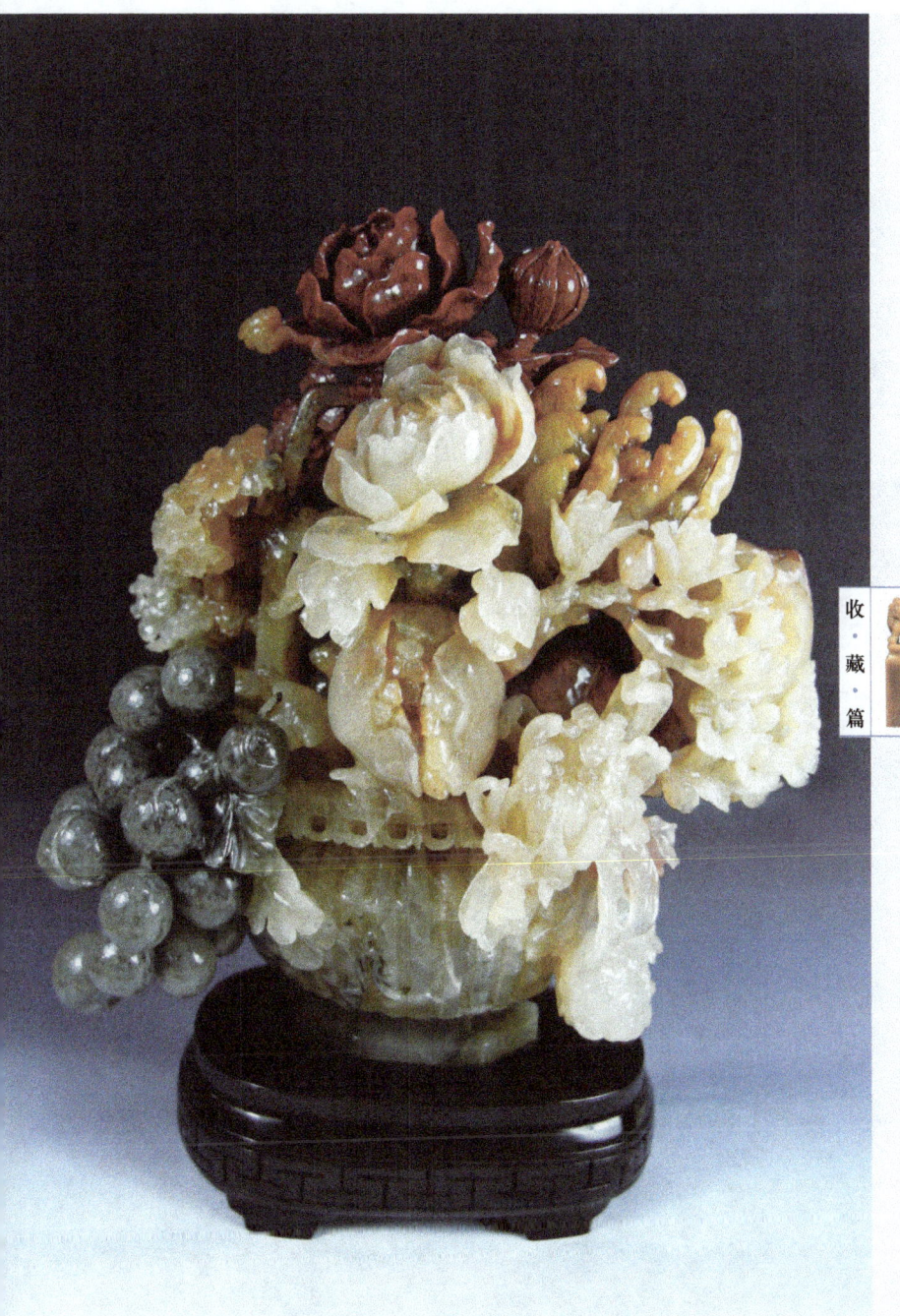

硕果累累 水洞高山石
冯久和

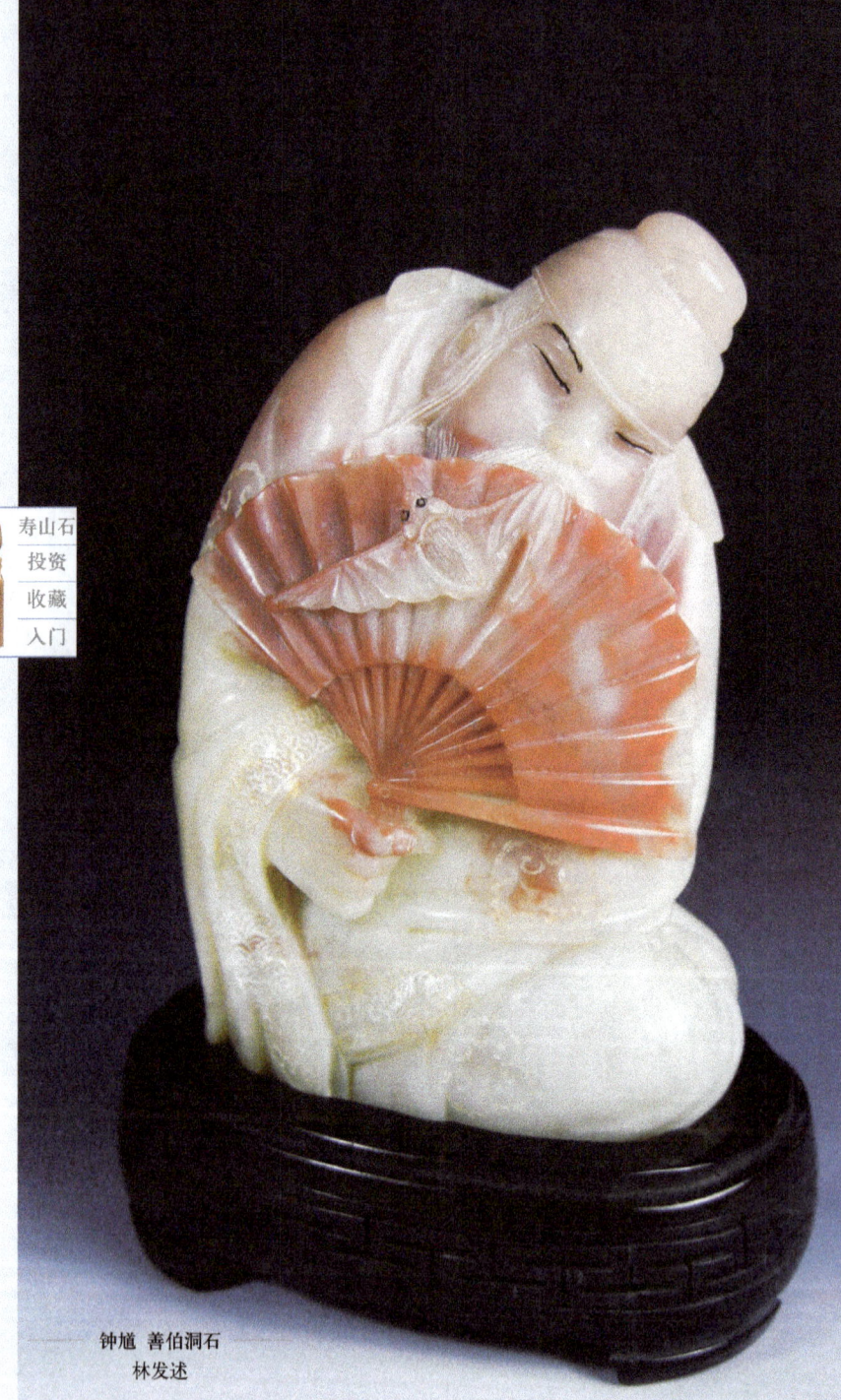

钟馗 善伯洞石
林发述

花生油、芝麻油等植物油。这些植物油色油性浮，粘度较高，既不上手，又会影响石的色泽，容易使石色泛黄而无光，养石效果远不及"白茶油"。

动物性油脂与化学合成油脂。这些油脂也不适用于寿山石的油养，不但不能起到保养石质的作用，长期使用反而会使石质遭受破坏，切不可使用。

此外，不可将寿山石泡于自来水中，自来水中的漂白粉等成分容易使寿山石干裂受损。

在实践中还有许多形形色色的油料正被许多人使用着，其效果也众说纷纭。需要石友们在长期的实践中小心摸索，谨慎使用。

96. 何谓蜡养？蜡养需要注意什么？

寿山石较常使用的一种保养方法是蜡养。蜡养即在石头表面打上一层石蜡。上蜡处理不仅可以增加石面光泽，彰显石料的色泽纹理，还可以遮掩裂纹，填补粗糙面。蜡养的效果比油养持续的时间长，适合长时间存放。

上蜡前需先将石头洗净，再加热。打石蜡加热的办法很多，可用火烤、日晒、水煮和气蒸。现在比较科学的加热方法还有用电热吹风机和用煤气喷枪。火烤和日晒需注意受热的均匀，水煮和气蒸要注意把水分完全晾干，适用于对石块或工艺品面积较小的雕品。煤气喷枪的方法则适用于大块石头。加热后用固体蜡块接触发热的石头，让蜡融化渗透即可。如需长期收藏，上蜡的蜡层要相对厚些。

上蜡处理较适合于旗降石、焓红石、牛蛋黄石、峨嵋石、吊筅石、柳坪石、老岭石、山秀园石等石种，这些石种较为坚硬质粗，石质不通透。刻制成雕品后，外表最好进行加热

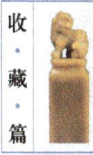

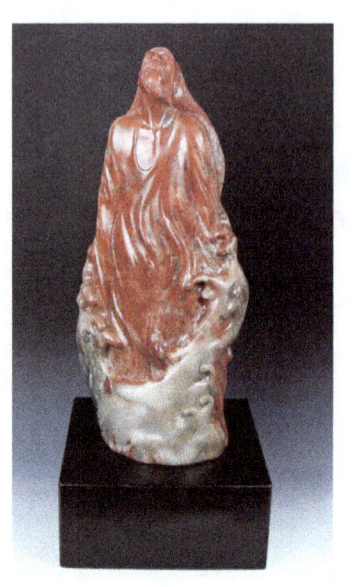

天问　都成坑石
黄宝庆

打蜡处理。经过打蜡后的寿山石石性稳定，无需再进行油养。若沾上灰尘，用软布擦抹即可，但不宜水洗。

由于上蜡处理需要在高温下进行，高温往往会使石失其温润本性，变得硬脆，容易损害石料，而且上蜡后把玩时会有阻隔感。因此，并非所有的石种都适合上蜡处理。特别是寿山石中珍贵的石种，切不可随意加热打蜡，否则会影响石种保持原来的面目。

97. 如何因石而异地进行寿山石保养？

寿山石品种繁多，石性各异，所以养护也要因石而异。只有充分了解不同品种的寿山石的石质和石性，有针对性地进行保养，才能使藏石风采永驻。

田坑石以田黄为代表，田黄石性稳定，温润细腻，经过精细的雕饰和磨光，已经十分脂润，不必上蜡上油，宜经常摩挲把玩。在脸上摩挲效果最好，由于人体温与油脂的沁入，久而久之石头会变得老熟通灵，更加光亮精美。且玩石之人感觉舒畅，对皮肤又有好处。

水坑石质坚通灵，洁净晶莹，只要经过认真打磨揩光，不必时常擦油。把玩在手即可保持晶莹，或者涂抹薄薄一层茶油亦可。

山坑石中的高山石质地较软，含水分较多，容易干裂，所以必须经常抹油加以保养，或者长期摩挲把玩。长久抚玩，火气褪尽，更加古雅可人。其中老性高山石和掘性高山石，石性比较稳定，不需要油养。而新石石性未定，嗜油性强，常需上油保养，故又被称为"财主石"。

荔枝洞石的质地比一般的高山石更为凝结坚实，只需稍许上油。

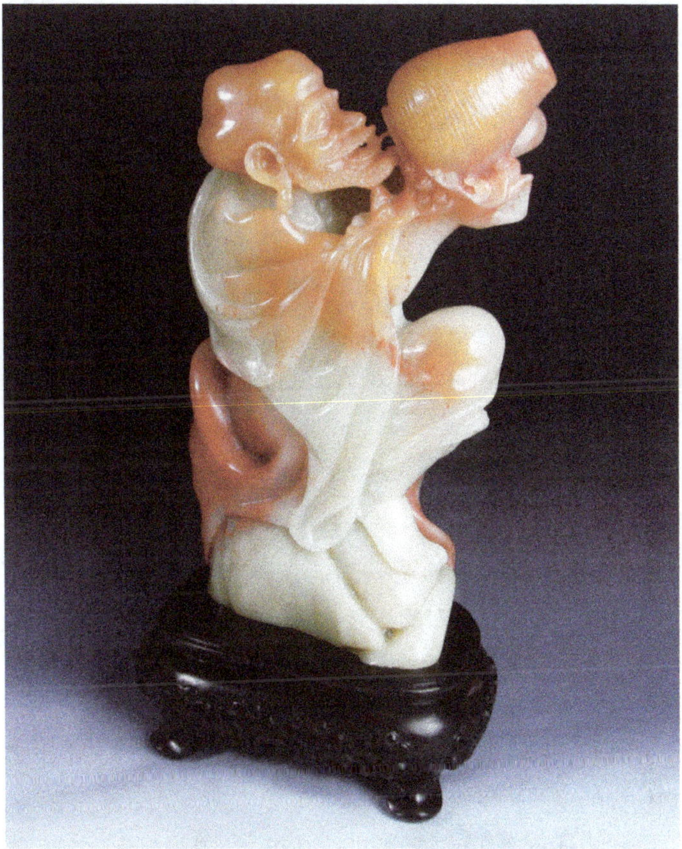

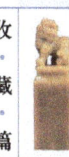

——— 济公 二号矿石 ———
俞世英

新芙蓉石性不稳定，极易因干燥环境而崩裂，可上一层薄薄的白茶油或植物油，待数月后石性稳定了，再上手把玩。切勿涂上厚油或浸泡油内，更忌使用动物性油。旧芙蓉因把玩日久，润泽有余，则无需油养。白芙蓉石切勿涂油，以免变色、变暗。

都成坑石、旗降石、焓红石、老岭石等石质稳定，作品经磨光上蜡后光泽度已经很强，不必油养。没有裂格的汶洋石要上蜡保养，有裂纹的汶洋石则须上油保养。新性善伯洞石质地稍松，需上油保养，老性善伯洞石可上蜡保护，不必再上油保养。

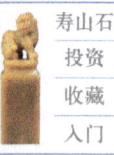

98. 寿山石雕配底座有什么作用？

俗话说"好马还须配好鞍"，一个好的底座对石雕作品来说绝对是画龙点睛之笔。

底座的材料有很多种，其中木质底座是最常见的一种底座。木座的材料以紫檀、红木为上品，还有黄杨木、柚木、榛木、桉木、胡杨木、枣木等。木质垫分造型垫与自然垫两种。

好的底座集实用性和艺术性于一体，是寿山石雕不可或缺的搭配物。其实用性在于底座可以起到托立主体，平衡重心的作用。由于寿山石的石形多样，加上雕刻者的造型设计，完全方正的作品是很少的。有些作品底部不平或较小，无法立稳，也有一些作品需要斜放以突出其主题，往往重心不稳。这些都需要底座作为支撑物，按其最佳角度将之托起来，实现实体的平衡和视觉的平衡。

实用性或许是底座最原始的功能，但是发展到现在，底座的作用已经远远超过了这一范围。雕刻者可以通过底座的

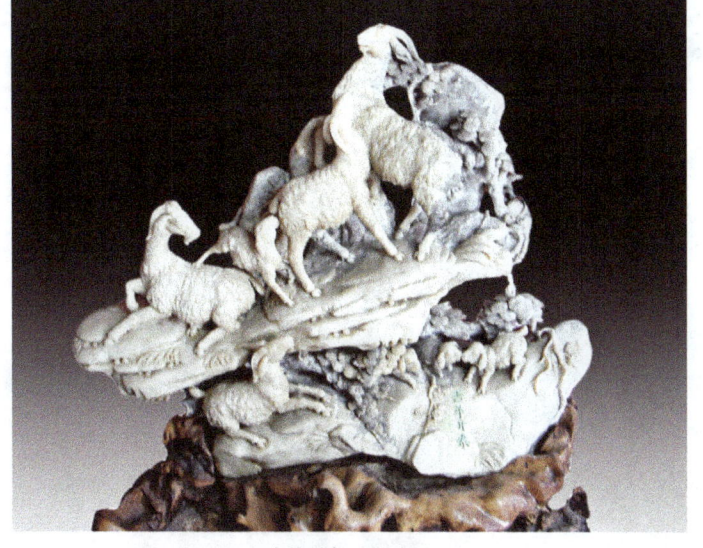

吉羊开泰 太极头石
冯久和

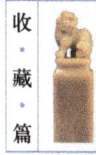

设计来弥补作品的缺陷,或者对作品进行充实,使作品更加完整。木质底座本身的颜色和雕刻工艺对于石雕作品也是一种很好的点染与配衬,增添寿山石雕作品的典雅气度。

因此,在寿山石雕作品完成后最好能给其配一个底座。特别是名贵石头,一定要配以与之相映生辉的底座,否则势必影响其艺术价值和经济价值。

99. 如何为寿山石雕作品配一个好底座?

一个好的底座的衬托可以增添一件形似普通作品的品位魅力,使作品更臻于完美。相反,一件价值连城的精美作品,也有可能因底座配得不好而无法充分体现其独具特色的欣赏价值。因此,底座的制作也很有讲究。

首先,底座所用木料的材质宜坚硬、新鲜、干燥、不开裂。

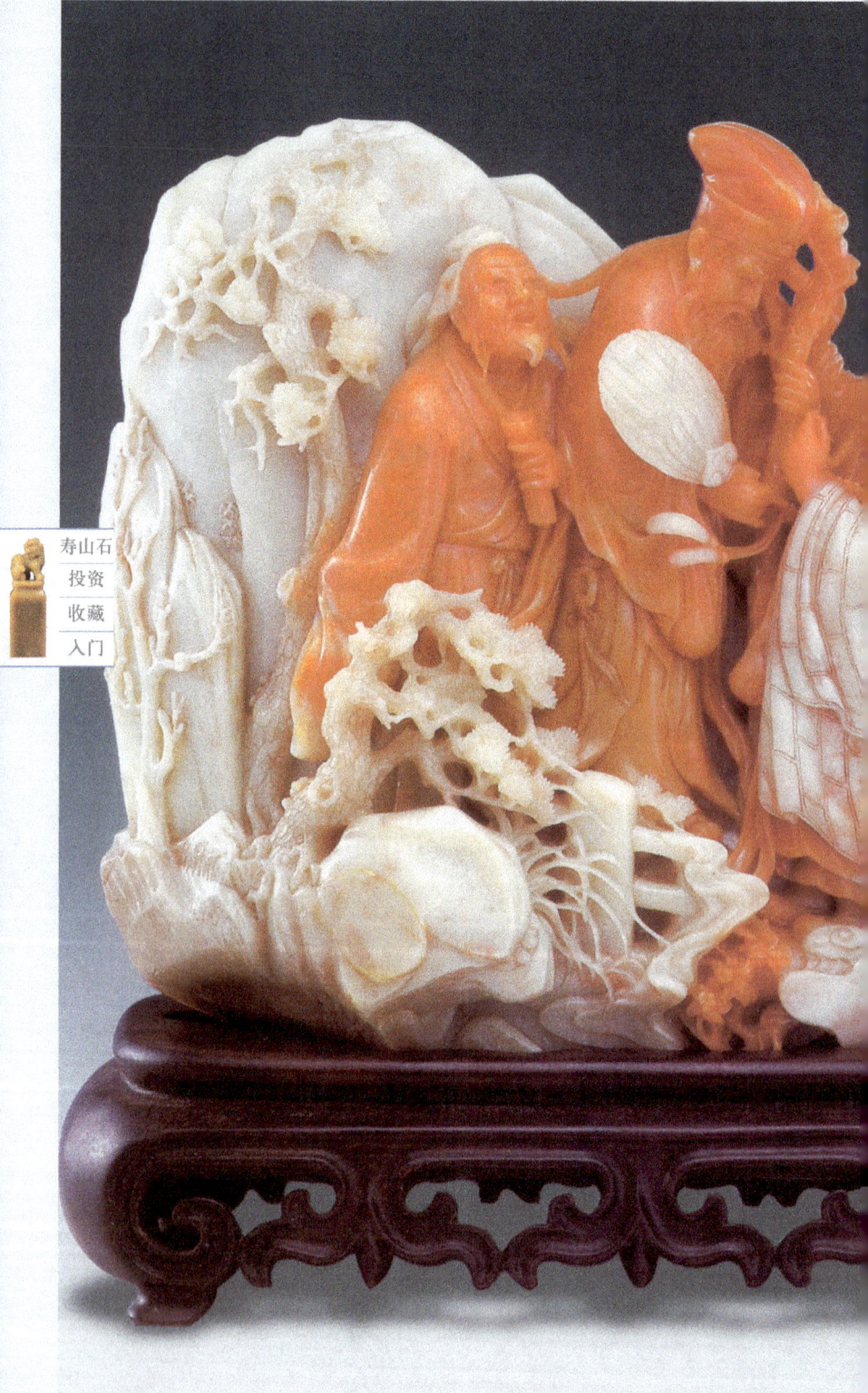

寿山石
投资
收藏
入门

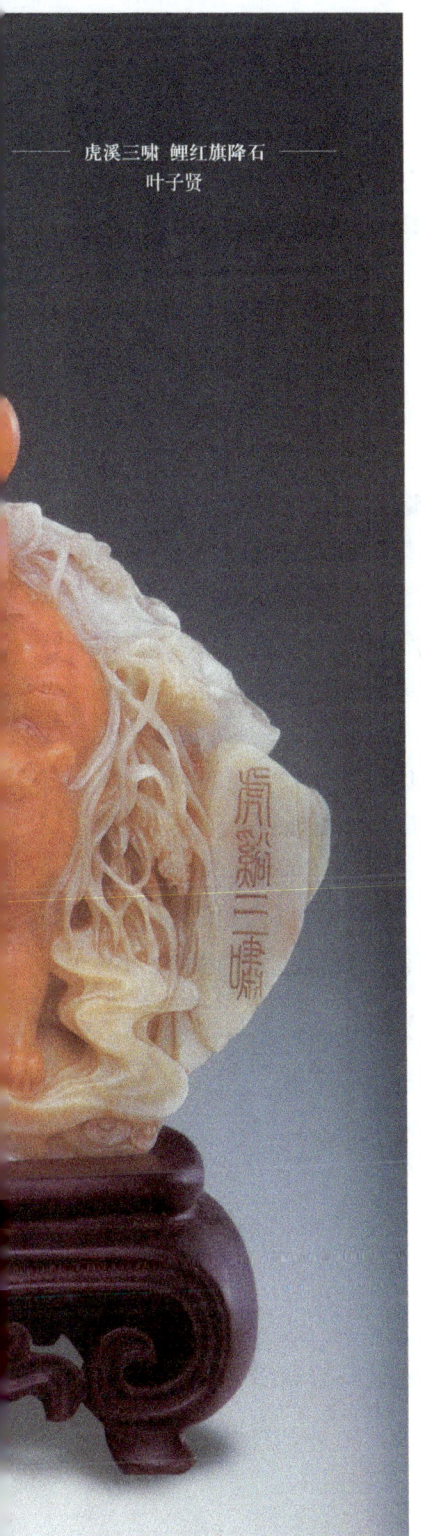

虎溪三啸 鲤红旗降石
叶子贤

其次，底座切忌喧宾夺主，其在体积上和石的比例，以四分之一至五分之一为宜。尽量与主体形式协调，大小相称。底座过大过小都会影响作品的视觉效果。色调应稳重，线条不宜过于繁复，崇尚简洁流畅。

再次，底座的制作要求工艺精湛，做工精细。特别是座与石的衔接部位，要吻合紧密，尽量做到天衣无缝，不用粘合剂。

另外，好的底座往往是因形制宜的创意之作，不落俗套。当然，这也是最难达到，同时也最出彩的亮点。

底座已经成为石雕艺术品的有机组成部分，一件真正有创意且工艺精湛的底座，可以很自然地与石头融为一体，恰到好处地呈现石头的自然美和工艺美，令人眼前一亮。特别是一些小品摆件，更需木座加以烘托。若配以底座，摆放案头，显得古雅幽深，令满室生辉。

100. 何谓包浆？哪些寿山石雕作品易产生包浆？

寿山石最好的保养方法就是手养，即将石头放在桌案榻几旁，时时把玩。经常用手摩挲抚玩寿山石，在人体体温的作用下，会使人体油脂和汗液慢慢地积淀于石头表面，久而久之，在表皮形成一层黝然有光的油脂层，古朴脂润，经久不褪，俗称"包浆"。内行的藏家往往会不断地抚摸石头，用手与之交流。

寿山石长期在人的手上、脸上摩挲，石与皮肤的摩擦会使棱角磨蚀微钝化，并增加石表的光泽。同时，人体的油脂的渗入与人体的温度又使石质更加脂润通灵，火气褪尽，老到成熟。而且时间越久包浆越厚，寿山石石质越稳定，肌理尽露，宝光内蕴，呈现一种难以形容的温润及古气。包浆越凝重，赏玩价值也就越高。包浆可以说是一种古雅的见证，非长期把玩不能形成，因此，包浆也可用来判定雕品的新旧。

寿山石雕容易产生包浆的石种有田黄石、水坑石、芙蓉石、杜陵石、旗降石、大山石、党洋石及掘性高山石等石种，而普通的高山石通常比较松软，形成包浆比较难，时间比较久。从石雕作品种类来说，把件是最容易形成包浆的。把件就是用于把玩的小件圆雕作品，因其形制较小，可赏可玩，适于随身携带，随意握于手中把玩。相对于其他大件的作品而言，其与人体肌肤接触的机会和时间自然要多得多，因此，也较易形成包浆。

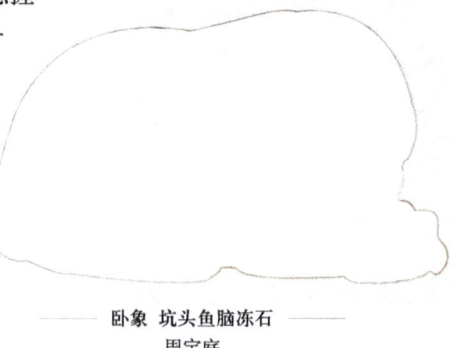

—— 卧象 坑头鱼脑冻石 ——
周宝庭

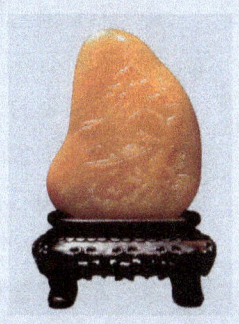

寿山石投资收藏入门

投资篇

101. 目前，寿山石资源现状如何？

寿山石资源，是指可供作为寿山石观赏石和寿山石雕刻品的原石和原石资源。

至今已发现的寿山石品种达百余种，是中国宝石类四大彩石中品种最丰富的彩石，其矿床储量也相当丰富。据地质资料反映，寿山石有2 500万吨以上的储藏量，一年开采10万吨可以开采200年以上。

虽然寿山石储量丰富，但是其资源现状却不容乐观。

寿山石是一种不可再生的天然资源，开采一块就少一块。上文所说的庞大的储藏是包含了大量的工业用石在内的，而可以用于石雕艺术雕刻的石料只是其中的一小部分。

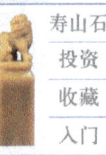

寿山石各品种间存量悬殊，其中石质最佳的田黄石就十分稀少。而其他石种的储藏量悬殊极大，特别是一些珍贵石种，产量十分稀少。

寿山石资源的开采、利用曾经一度陷入盲目追求速度、

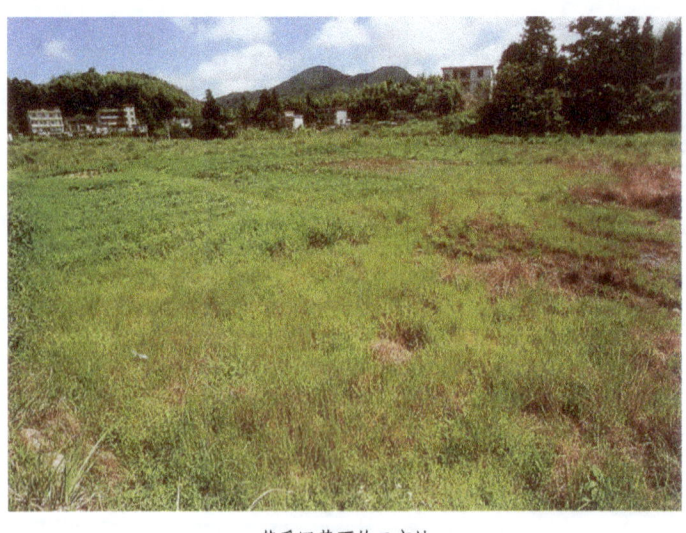

禁采田黄石的二亩地

随意开采加工的不合理状态,造成寿山石资源的极大浪费和损耗。2000年,福州市政府颁布了《福州市寿山石资源保护管理办法》,寿山石资源的保护与开采管理开始走上了规范化、法制化的轨道。

102. 寿山石价格为何一路攀升？

近年来,寿山石市场掀起了一波又一波的收藏热,寿山石精品屡屡在拍卖市场上表现抢眼,特别是寿山石中最为名贵的品种——田黄石,更是为收藏者所热捧,天价频现拍场。

寿山石的价格一路攀升,主要有以下几个原因。

第一,品种本身稀有。由于资源濒临枯竭,国家采取一系列保护措施,因而新开采的寿山石数量越来越少。寿山石中最珍稀的品种

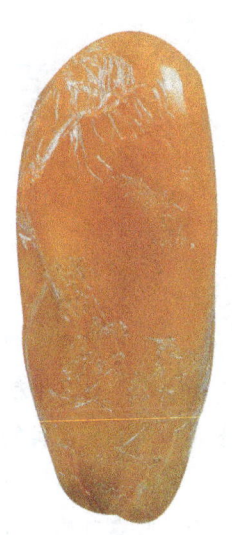

渔樵耕读 黄金黄田黄石
郑世斌

是田黄石,古有"一两田黄三两金"之说,如今田黄石已无新石面世,导致价格已远远超过黄金。

第二,市场蓄意炒作。寿山石价格的飙升,也与人为炒作的介入分不开。任何一个市场,只要出现了人为炒作的因素,就难免泡沫存在。如近几年一些人通过联手垄断石源,炒作芙蓉石,导致了芙蓉石价格的上升。

第三,寿山石是不可再生资源。寿山石是珍贵的不可再

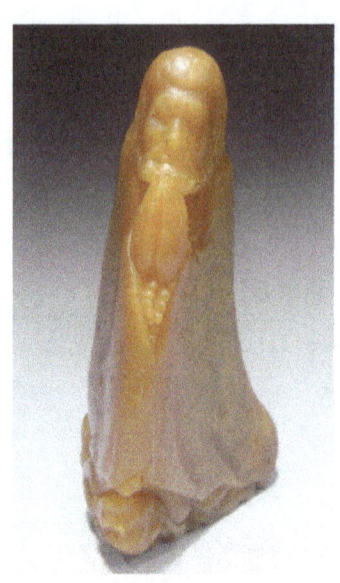

达摩 银裹金田黄石
叶子贤

生资源,开采多少就少多少。20世纪80年代大规模开采以来,有很多名贵石种已经绝产。绝产以后价格自然上涨,而即将绝产的石种,其价格也开始攀升。

第四,寿山石市场求大于供。近年来,随着社会经济的进步和繁荣,爱石、藏石的人日益增多,寿山石雕成为收藏投资的热点。越来越多的寿山石材被消耗,也有越来越多的寿山石精品被玩家收藏而从市场消失。

2003年3月福州市政府开始实施的《福州市寿山石资源保护办法》,大大减少了对寿山石资源的盲目开采,在一定程度上降低了寿山石新品种的开采量。寿山石收藏市场上流通的寿山石,特别是精品的数量逐渐减少,而寿山石收藏爱好者对寿山石的收藏却趋之若鹜,热情不减,寿山石市场出现供求关系的失衡,最终导致寿山石精品价格走高。

另外,由于近年参加国石评选活动,寿山石雕的知名度大幅提升,寿山石文化也得以传播,从而使其身价一再得到抬升,也为寿山石价格的攀升起到了推波助澜的作用。

103. 寿山石原石有哪些收藏价值?

寿山石原石的收藏古已有之。通常我们所说的寿山石原石收藏,主要是指寿山石观赏石和寿山石雕刻品的原石,而不包含工业用寿山石料。寿山石原石以其色彩丰富、质地灵通、柔而易攻的特点已成为收藏界的一颗明珠。

且不论寿山石雕艺术品的鬼斧神工和精妙绝伦,寿山石作为原石,其从颜色、质地、色泽和纹理等方面,已都有很高的欣赏和收藏价值。古人用"天生丽质"来形容寿山石,毫不为过。

寿山石数度在国石评选当中以其质地优异、色彩美丽、纹理奇异、品种多样、文化蕴含深厚等无与伦比的优势,广受好评,被推为国石首选。历经数千万年大自然孕育生成的寿山石,以其绚丽华贵、晶莹剔透的天然色泽和纹理向世人展现它的自然美。这样瑰丽的宝彩石,实属世间罕见。

每一件寿山石都是独一无二的,有些原石含奇纹异理,如诗如画,妙趣天成,可遇而不可求。经过少许加工的原石,

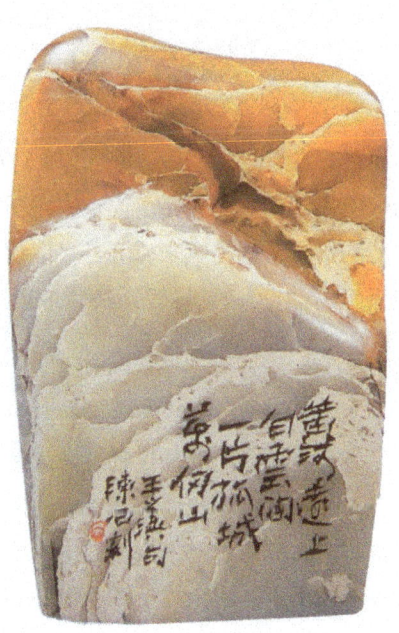

远上黄河 花坑石
陈石

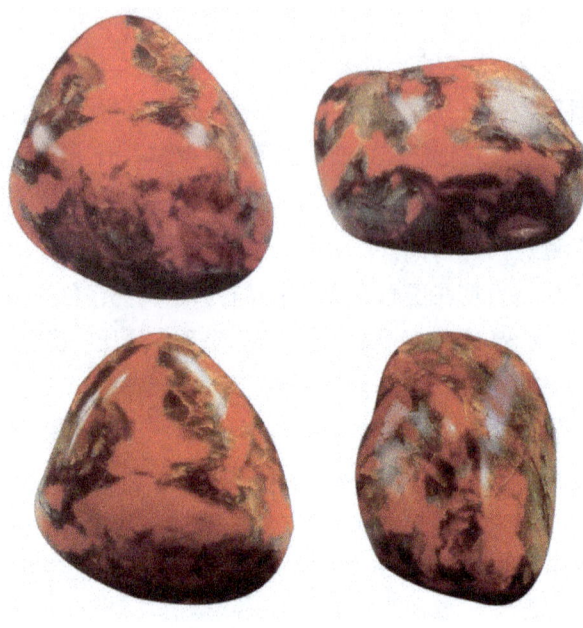

——— 寿山国石 大红袍石 ———
杨立辉

可直接成为观赏石或天然艺术品。而经过雕刻家的精心雕琢，则可能成为价值不菲的工艺精品。而今寿山石资源的日渐衰竭，原石收藏的增值空间也越来越大。可以说，寿山石原石以其自身的天然美，为人们提供艺术欣赏的同时，也体现着它潜在的经济价值。

104. 为什么说寿山石是投资的好选择？

近年来，很多人从投资股票、债券、房地产等领域转向投资收藏田黄石、芙蓉石等精品寿山石上，寿山石收藏已然成为一个投资的新热点。寿山石之所以成为当今投资的好选择，主要有以下几方面原因。

第一，增值率高。寿山石从开采到加工，到销售，再到投资收藏，各个环节都有可能带来增值。特别是寿山石被列为"国石"候选第一名以后，投资寿山石也就成为人们的一种新选择。现在，喜欢收藏、品玩寿山石雕的人越来越多。一件好的寿山石本来就很难得，再加上精湛的雕刻工艺，其价值自然更高。

第二，价格稳定。艺术品投资风险低、回报高、周期长。从长线来看，始终是保持稳定的上涨，避险能力很强。寿山石及其雕品的价位，从明朝到现代，即使战争、自然灾害乃至经济危机，不管什么样的风波，价格都稳中有升。

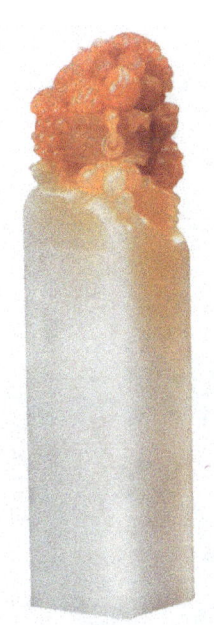

青铜千岁添福寿 荔枝洞石
林勋

第三，前景看好。寿山石资源越来越少和其不可再生性，导致了近些年寿山石价格的整体攀升。加上一些寿山石收藏者惜售心态，价格上升趋势更加明显。一些珍贵寿山石经优秀艺人雕刻，更是锦上添花，身价倍增，其收藏投资价值有可能翻几十倍甚至上百倍。

第四，市场开阔。随着寿山石知识的普及，赏玩者日益增多，其潜在的商机逐渐被发现。寿山石目前在国内外绝大多数地区都打开了市场。随着寿山石市场的全面拓展，更是推动了寿山石价格的不断上升。

可以说，在投资、收藏和鉴赏的过程中，不仅可以获得

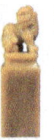
寿山石投资收藏入门

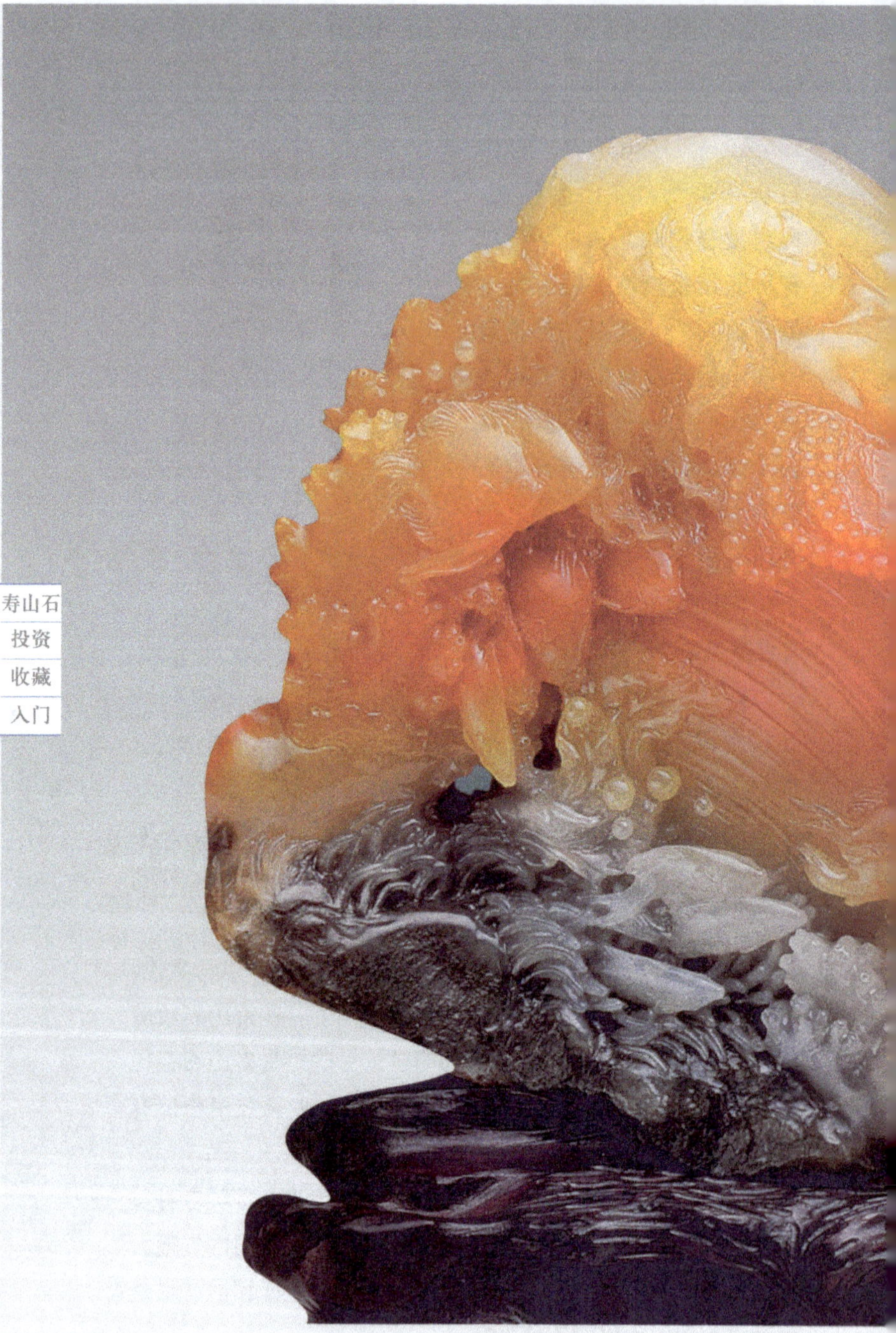

海的神韵 五彩荔枝冻石
林飞

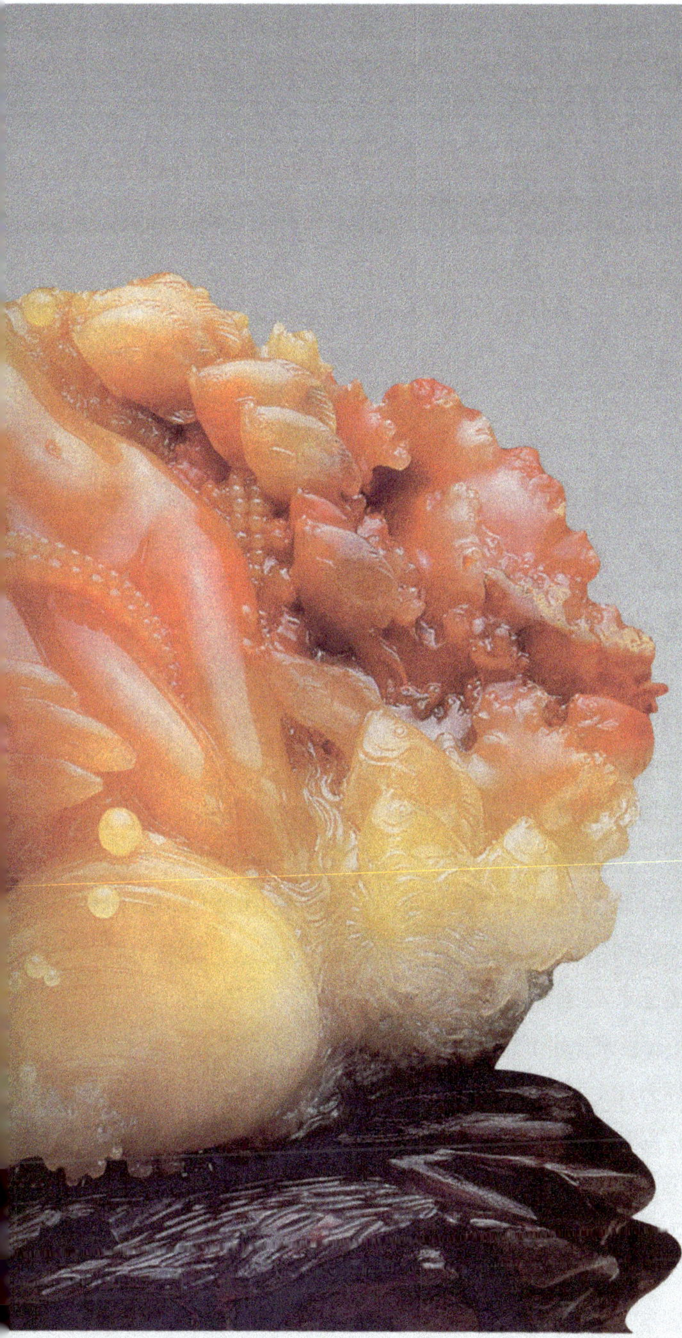

投·资·篇

投资回报，还可以体味到一种返璞归真的悠然愉悦，这也正是越来越多的艺术品收藏者陶醉其中的缘故。

105. 目前有哪些主要的寿山石贸易市场？

在福州，寿山石一直有着庞大的市场，历史上这里就形成过繁荣的寿山石市场。早在明嘉靖年间，福州总督后街（现省府路）就是专业产销寿山石品的寿山石商号的集结地。时代变迁，很多商铺已经不复存在。但是仍有许多有着深厚基础的传统寿山石集中地，经过历史的沉淀而逐渐成形并保留下来。除此之外，改革开放后，各级政府对开发福州特色商品经济的大力扶持和统一规划，寿山石市场蓬勃发展，逐渐形成了十多个规模较大的寿山石交易市场。晋安区有樟林村寿山石交易市场、中国寿山石交易中心、寿山村寿山石一条街、汉唐文化城，台江区有特艺城、东方古玩城、寿山石珠宝城、花鸟市场（二楼），鼓楼区有藏天园交易市场、寿山石文化城、左海文化艺术村等。现选取几个简介如下。

晋安区樟林村寿山石交易市场。位于鼓山脚下的樟林村向来有着深厚的寿山石雕刻的历史基础，并逐渐发展形成了如今的寿山石雕刻加工的集中地，所谓"石出寿山，艺出鼓山"。一条百来米长的村街两边都是经营寿山石工艺品的店铺。樟林寿山石市场的最大特点就是产销连体，前面是商号，后面是作坊。现由于铁路工程建设，部分加工点和商铺搬迁至附近的樟林石雕城。这里出售的寿山石工艺品，多是粗加工产品，量大，价位相对不高，是一个集加工、批发、零售的寿山石交易市场。

晋安区中国寿山石交易中心。位于福州前屿的中国寿山石交易中心是鼓山镇政府于 2000 年在此兴建的一个寿山

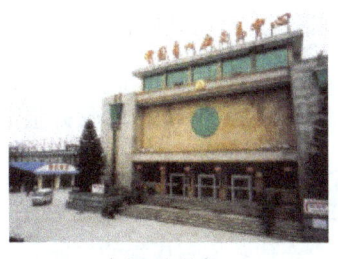
寿山石交易中心

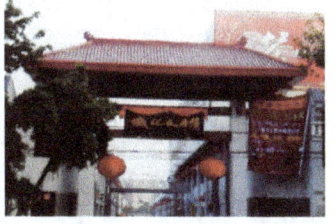
汉唐文化城

石交易中心，占地万余平方米，有80多家店铺集中在这里。在当地政府的支持下，该中心已经设有寿山石展览馆、寿山石精品一条街等。基于作为东门派聚集地的历史基础，交易中心为当地的寿山石雕刻艺人提供了直接将产品推向市场的一个平台。

晋安区汉唐文化城。位于福州长乐北路17号，地处素有晋安区"东街口"之称的晋安区商业圈，主营茶叶、寿山石、古玩古画。总建设面积3万平方米，由茶文化中心、寿山石文化中心、古玩字画文化中心组成，二楼是寿山石文化中心。每周五晚至周六晚还有"周末品茶赏石夜市"。

台江区特艺城。位于福州市六一中路的台江商贸中心地段，是目前东南地区最大的寿山石交易市场。商城占地万余平方米，现有寿山石经营店150多家，其他工艺品、珠宝首饰经营店百余家，是福建省旅游商品的定点单位。特艺城经常举办有关寿山石的展览和活动，并且每周日上午还有石头早市。舒适的购物环境，完善的购物设施以及齐全的商品种类，使每一位漫步其中的石友不仅可以呼吸四处洋溢着的一种原始又浓厚的寿山石文化气息，还可以感受到特艺城浓郁的现代气息。

台江区东方古玩城。地处台江区光明港路晋安河畔，犹如一座四通八达的东方古城，经营总面积达2万平方米，三楼皆为经营之用,目前已有百余家寿山石精品店和近百家古玩店入驻。

鼓楼区藏天园交易市场。集市于20世纪90年代开放,位于福州市白马北路23号藏天园寿山艺术馆,是福州较具规模的寿山石交易市场之一。占地逾千平方米,集中了近百家的寿山石商铺,是休息、放松之余体验淘石乐趣的好地方。特别是每周六上午的寿山石集市,热闹非常,不容错过。

鼓楼区左海文化艺术村。位于福州市二环边上,约60余家寿山石店铺与书画、古玩、花鸟等门面店落户其中,独特的艺术文化氛围与左海西湖美景相映成趣,是石友们在欣赏宜人风景的同时品茶聊天、观石赏印,淘石交流的好去处。这里在每周六上午还开展民间旧书、杂物交易活动。寿山石商人、爱好者、雕刻师、收藏家集聚于此,来这里逛一逛绝对不虚此行。

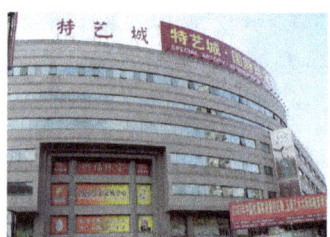

特艺城

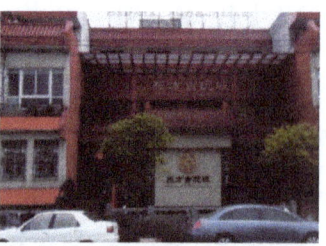

东方古玩城

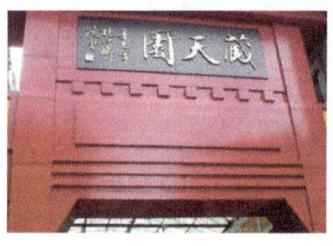

藏天园

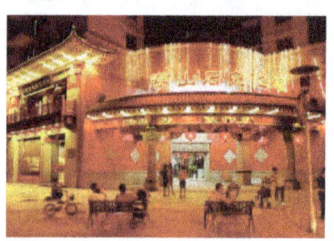

寿山石文化城

鼓楼区寿山石文化城。地处三坊七巷北入口，商城总面积达2 000多平方米，经营范围涵盖寿山石精品以及古玩、玉器等。目前，寿山石文化城已有近40家寿山石经营店入驻，文化城内聚集了不少寿山石雕刻、鉴赏名家。寿山石文化城的经营战略定位是打造"高端的、有文化品位的寿山石雕专业市场"。对于那些不喜欢或几乎没有时间去淘地摊货，想在比较高雅、舒适的环境中放心地挑选一些寿山石雕精品的玩家来说，寿山石文化城是一个不错的选择。

106. 何谓寿山石艺术品的回流潮？

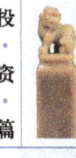

20世纪80年代到90年代，是寿山石大开采的年代，同时也是颇有市场意识的港台收藏者染指寿山石收藏，出现持续性的高潮的年代。台湾、香港的收藏家涌入大陆，以极低的价格大量收购寿山石，致使田黄石等名贵寿山石在市场上几近绝迹。

近几年，随着大陆经济的飞速发展和人们鉴赏意识的提高，艺术品市场也出现了持续火暴的局面。在不断升温的古玩收藏、艺术品投资的热潮中，越来越多人把目光投入到寿山石收藏上来，全社会也掀起了寿山石收藏热。

由于寿山石的开采有其局限性，量少且开采期短，近几年一些质量良好的石材几乎告罄，市场上的精品十分稀少，导致了寿山石整体价格飙升。寿山石精品在海内外藏家的追捧下，价格屡创新高。每次在大型国际艺术品拍卖会上，寿山石都能拍出高价。很多港台收藏家手中的寿山石，价格如今翻了几倍、几十倍，甚至几百倍。于是，过去20多年流到海外的寿山石精品又开始悄悄地回销大陆市场。这就是近年来寿山石界备受关注的"回流潮"现象。

寿山石投资收藏入门

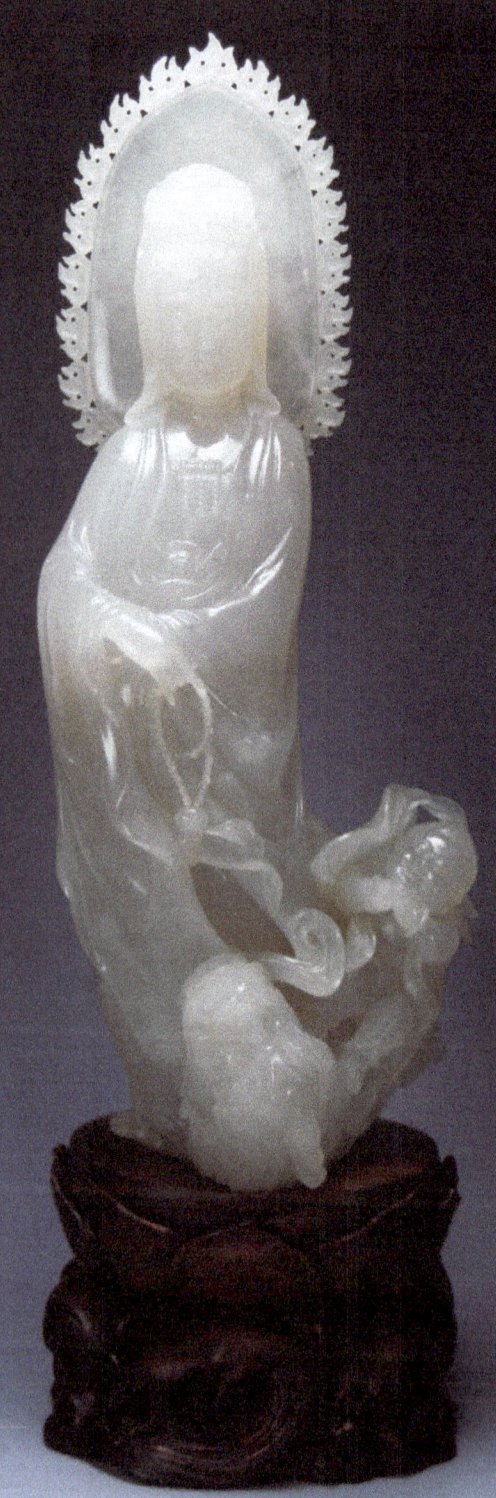

送子观音 荔枝冻石
佚名

107. 投资收藏寿山石的新手需要注意哪些事项？

寿山石市场的快速发展吸引了越来越多的人加入寿山石投资收藏的行列。他们中的有些人或许收藏过其他艺术品，但是对寿山石却并不了解，甚至没有接触过。艺术品的假冒伪劣历来就有，所以没有一定的寿山石知识和鉴别能力而轻易涉足寿山石收藏，在不良商家的蛊惑下，势必会交出不菲的学费，一不小心看走眼就可能连老本都赔上。因此，作为新手，掌握一定的鉴别知识，培养一定的鉴别能力，就显得特别重要。

寿山石品种有100多个，对于初涉寿山石的朋友会看得眼花缭乱，难以分辨。但是要想了解寿山石就要从认识品种开始。这是初级的阶段，是相当艰难，也是不可逾越的阶段。在这个过程中，新手一定要注意多看、多问、多听、多读、多接触，要细体会和善于总结，经验是靠日积月累得来的。

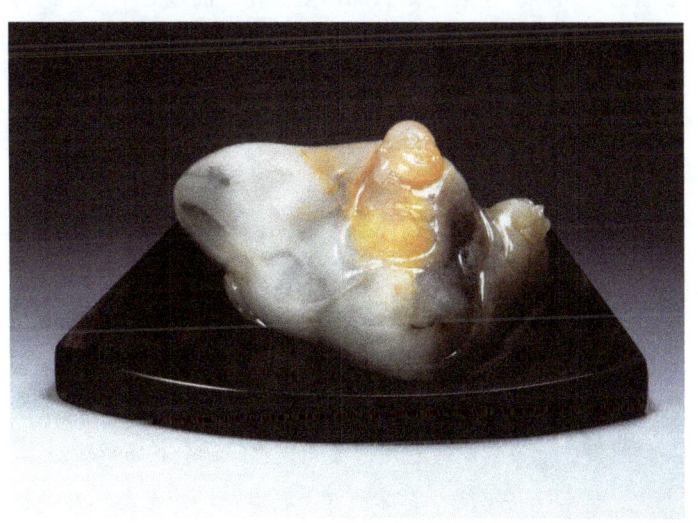

一笑千年 鸡母窝石
黄宝庆

初入收藏界的新手，一般经验尚浅，资金有限，应十分注意规避风险。作为新手必须经历一个经验积累、鉴赏水平提高的阶段。在这个阶段，投资收藏爱好者平时应多参加拍卖会，多跑市场，扩大眼界，寻找合适自己的投资方向，但是应尽量少买。待条件成熟后，再逐步向投资发展。一来可以使自己的鉴赏水平在不断的实践中得到积累和提高；二来可以节省开支，等待机会，为日后遇到好石储备资金。

108. 如何提高对各种寿山石的鉴别能力？

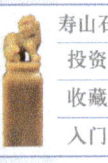

寿山石的石种之多、种类之复杂，使寿山石的鉴别需要一定的能力和经验积累。如何培养和提高寿山石的鉴别能力，这是所有寿山石收藏爱好者们都想了解的。笔者从以下几个方面提出一些建议，以供广大寿山石爱者参考。

一要多看书。看书要多看各类有关寿山石的书籍图册。多看古书可以多了解寿山石的历史文化，而多看现代介绍寿山石雕的书籍，则可以了解寿山石现在的行情和当代优秀的寿山石雕大师和优秀的寿山石雕作品。广泛阅读相关书籍可以增加对石种的认识，许多在生活中很难有机会看到的稀有品种也可以从书本看到。

二要多看石头，包括原石、作品。多看石头除了在看书的同时多与实物比较外，还可以经常把收藏的或看到的相同或不同种类的石头进行比较。通过比较可以发现哪块石头好，哪块石头差，好在哪，又差在哪。寿山石有100多个石种，每个石种既有好石，也有差石，石头的优劣判断有时候就是一种感觉。如果常比较石头，久而久之，就会有所感悟。

三要多切磋交流。要多逛寿山石雕市场，多参加寿山石雕的展示会，见多才能识广。同时还要多与石友交流，多接

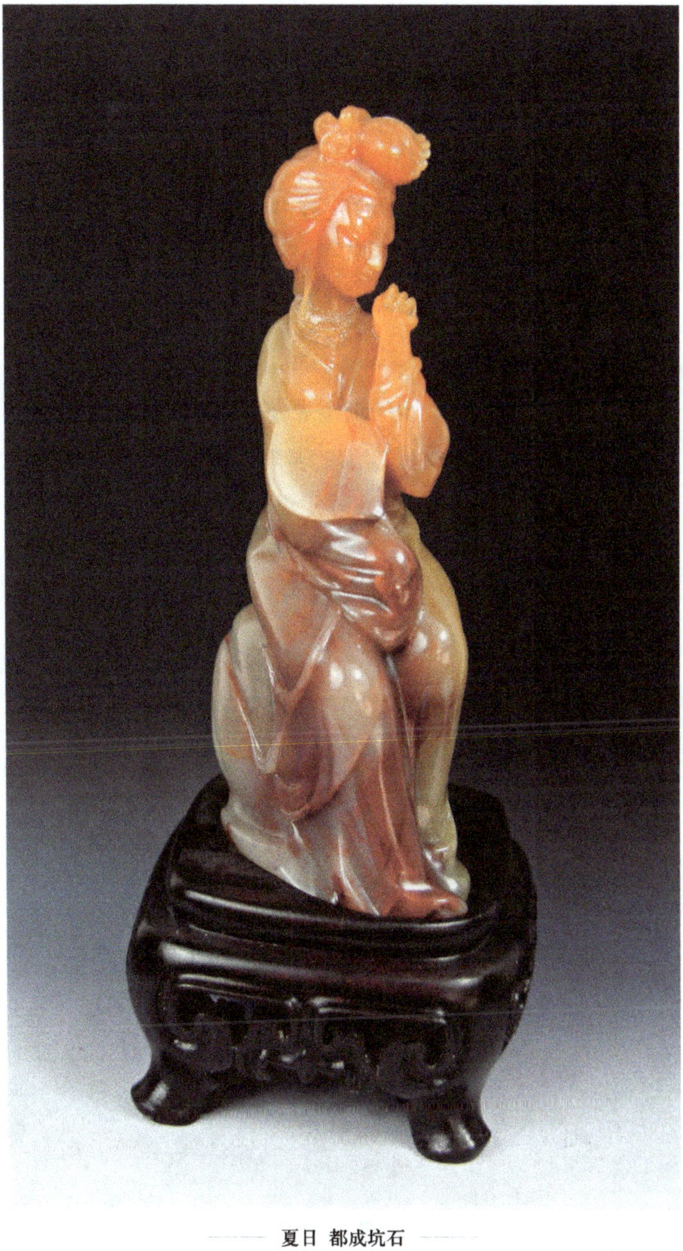

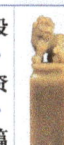

投·资·篇

——— 夏日 都成坑石 ———
俞世英

触自己不熟悉的石种，多找有经验者学习请教，多听寿山石界艺术家、雕刻家、商界前辈的经验之谈，增广见闻。有不懂的问题就问，可以问石农、石商或者问石友。久而久之，自己也会成为专家。

提高鉴别能力是一个循序渐进的过程，不可能一蹴而就，需要在很长的一段时间里注意不断积累总结，才能逐渐提高自己的鉴别水平。

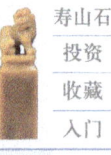

109. 如何以最少的资金进行寿山石的投资与收藏？

艺术品收藏被称为"富人的游戏"，也被人称为花钱的"无底洞"，有多少钱都能投进去。寿山石拍卖场上不时爆出的天价让普通老百姓望而却步，但是也有许多普通人同样热衷于收藏寿山石，那么钱少也能进行寿山石收藏吗？答案是肯定的。

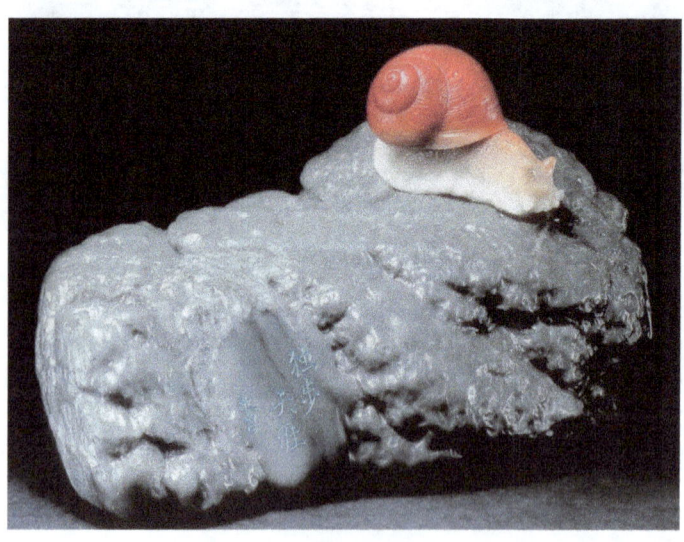

独步天涯 五彩芙蓉石
潘惊石

花少量的钱进行寿山石收藏的秘诀就在于要学会有进有出，懂得以蓄养藏的本领。

大家都听过一个鸡蛋发家致富的故事，我们也可以从中得到启发。世界上没有一位藏家是只收不放的，艺术品收藏切忌只进不出。特别是资金有限的藏家或初学收藏者，应积极探索以有限的资金投资于有升值潜力的藏品。应该有进有出，在适当的时候兑现收益，再寻找机会进行下一次投资。长此以往，活水循环，慢慢积累，在资金投入没有增加的同时，藏品却逐步增多。

以蓄养藏，首先有利于减轻经济压力；其次，还可以及时发现收藏的错误，及时醒悟，避免损失扩大；再次，有进有出还有助于调整藏品的结构，起到优化藏品质量的作用。另外，在一次次的买进和卖出的过程中，藏家可以不断积累经验，不断提高自己的鉴赏水平，可谓一举多得，何乐不为。

我们可以这样概括：蓄和藏同样是一种买进。蓄是一种投资手段，目的是积蓄一些有利润空间的，将来可以放手的寿山石艺术品或原石。藏则是一种娱乐和欣赏的精神上的需要，纯粹是为了自己喜爱的寿山石艺术品或原石，进行选择性的吸纳，是一种文化消费的行为。以蓄养藏是大多数爱好者玩得起和玩得快乐的必经之路。

110. 如何看待名贵石种的收藏？

很多刚刚入行的朋友，往往特别注重石种。尤其喜欢名贵石种，认为名贵品种就有价值，一般品种就没有价值，非名贵石种不买。其实这种观点是不一定可取的。

名贵石种中的精品当然谁都喜欢，收藏后的增值空间相应较大。但是，其价格往往也很高，不是一般收藏者可以承

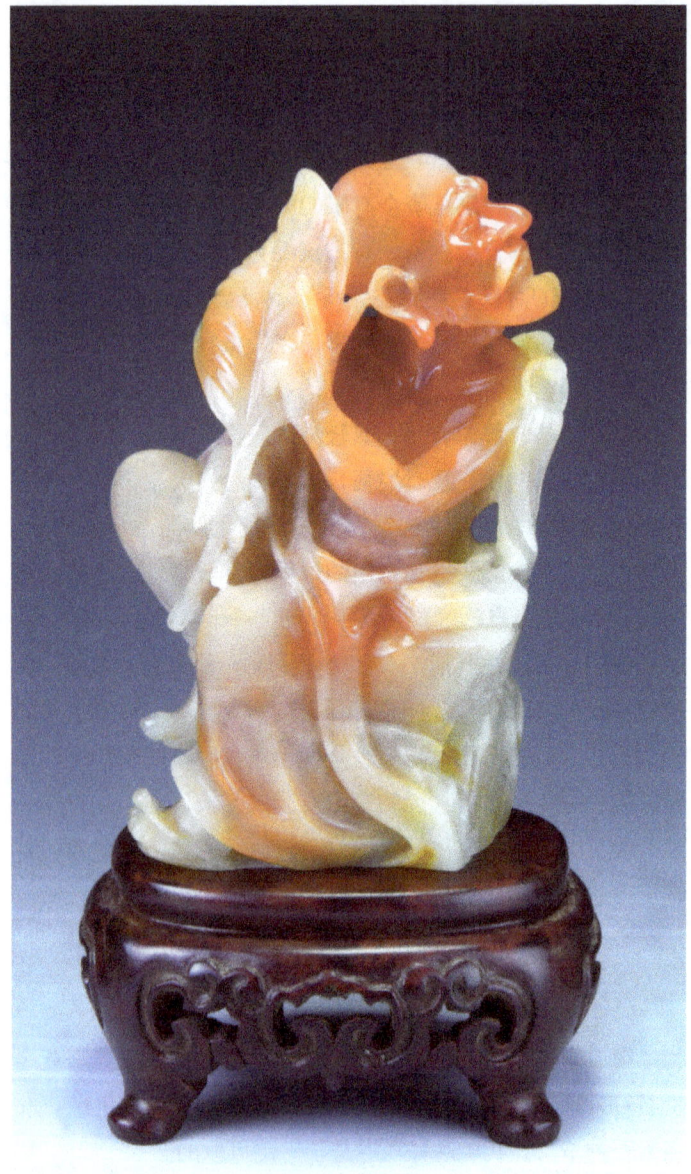

芭蕉罗汉 二号矿石
俞世英

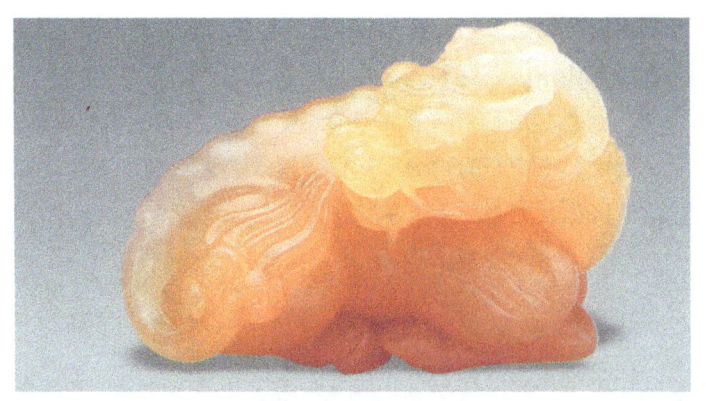

真面兽 荔枝冻石
郭祥忍

受的。收藏寿山石更要注意量力而行。

寿山石的种类繁多，很多名贵石种本身就十分稀少，而且很多已经绝产，还有很多因为被收藏，而难得一见于市场。市面上流通的传世之品大多已数量稀少。就收藏的品种而言，当然最令寿山石玩家心动的自然是上等的田黄石，但要说到收藏却不切实际。田黄石目前已基本没有新品，对于今天多数收藏者而言，已经很难收藏到田黄石。

寿山石有100多个石种，石种的好坏并非绝对，每个石种既有好石，也有差石，更有劣石，它们的比例呈金字塔形。判断石种优劣要具体到每一块石头。名贵品种里面也有石性、石质很差的石头，没有多大收藏价值。如"石帝"田黄，其中既有好田，也有差田，如很差的硬田。相反，普通品种中也有一些石质、石性很好的石头同样会有价值，同样值得收藏。玩差的名贵石种，还不如玩一块好的普通石种。

目前寿山石市场上鱼目混珠的情况时有发生，特别是名贵石种。由于利润高，往往是假冒伪劣的主要对象。市场上名贵石种尤其以冒牌顶替者居多，造假手段也层出不穷。如小石块组合粘贴冒充大石、以其他石种假冒名贵寿山石出售、将普通寿山石染色处理当名贵寿山石卖等。如果在收藏的过程中，太过急功近利，总想一击命中，容易被蒙骗，损失惨重。

因此，寿山石的收藏不能盲目追求名贵石种，要结合自己的情况，量力而行，循序渐进。

111. 收藏寿山石越多越好吗？

许多收藏者在开始时往往会见一件爱一件，把许多石头买来堆在家里。这种现象的原因主要有三：一是收藏目标不明确；二是财力有限，价高的不敢下手；三是觉得购买低价石头风险小，如果买错了也不心疼，就当交了学费。其实，这样的做法是不值得提倡的。

收藏艺术品应贵在"精"而不在"多"。收藏寿山石不论是欣赏还是投资，都应该有系统有规划地挑选寿山石精品，而不是盲目地大量占有。

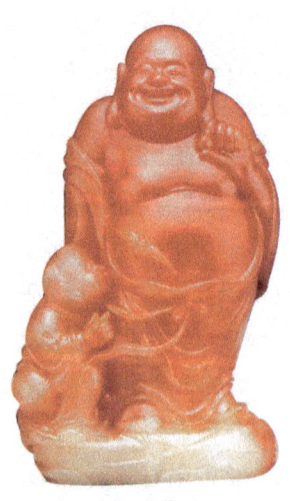

弥勒 芙蓉石
郑幼林

收藏不仅要重数量，还应重质量。要防止贪量多而泛滥成灾。一大堆的普通石堆在家里，而没时间打理，更谈不上欣赏。这样的收藏根本谈不上任何精神享受，甚至影响个人生活环境和情绪。

有些收藏者抱着捡漏的心理收藏寿山石，在购买寿山石时只图便宜，希望花小钱能买到好东西，或只是拣价格低的买入。买得多了钱也没有少花,买回来的石头有价值的却寥寥无几。当寻觅到真正贵重的寿山石精品时,已经囊中羞涩,变得有心无力了。由于手上全是一堆很普通的石头,想转手时却不容易卖出。

以同样的钱,宁可选择数量少的精品,也不买数量多的低档寿山石雕作品。多花点钱买块质量好的石头和用这些钱多买几块便宜石头,二者不管从审美角度还是保值增值的角度考虑,都不可同日而语。精品寿山石作品相对增值潜力好,转手也容易;低档寿山石作品增值潜力差,甚至贬值,转手也不容易,毫无收藏价值。

投资寿山石应以质取胜,而不是以量取胜。只有在质的保证下,才考虑藏品的数量。因此在平时应坚持多看少买,在看的过程中学会鉴赏,遇到真正的好石再出手。

收藏者要追求精品。宁买贵不买多,宁精勿滥。精品的收藏价值远高于常品,只要物有所值,就可大胆买入。否则会错失精品,丧失赢利机会。

112. 寿山石雕作品越老越值钱吗?

在收藏界历来就有"厚古薄今"的观念。很多寿山石收藏爱好者也认为,年代越久的寿山石雕作品就越值钱。这其实是个误解。

不可否认,传世的寿山石雕精品因历史悠久、数量稀少,因此有很高的收藏价值。如 2006 年在香港拍卖的"明 17 世纪田黄石雕瑞狮纸镇"以 4 167.92 万元港币创下了寿山石雕的世界拍卖纪录。2007 年 5 月一件清康熙御用红白寿山石雕子母狮钮宝玺在香港佳士得拍出 719.136 万元港币。这些取得天价的拍品均为明清之际的创作。

但是，收藏者必须认识到藏品的收藏价值不仅仅体现在年代久远，而是主要体现在历史文化价值、稀罕程度和工艺水平上。

首先，虽然寿山石雕的历史悠久，但是到现代，传世佳品已经十分稀少。特别是在近些年的市场开发后，古代名家的旧刻佳作更是日渐稀缺。能收藏到古代名家的精品固然可喜，但是对绝大多数收藏者而言，或许连见上一面都难，更何况收藏。

其次，当前市场上命名为清代或民国时期的寿山石雕赝品层出不穷，极大地影响了买家的信心。收藏旧品需要很高的鉴识水平，一般需在资深的专家指导下购买。普通投资收藏者很容易上当受骗。

第三，近期新开采的优质石种，及当代寿山石雕刻大师的优秀作品，其收藏价值也很高。只有精品才是经得起市场

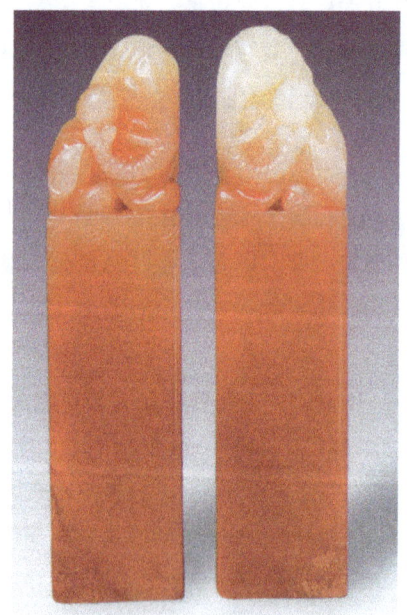

象钮对章 红芙蓉石（旧）

考验的。

随着参与寿山石收藏的队伍的激增,人们对寿山石雕刻精品的需求日益提高,当代大师作品逐渐走上前台。与古代的寿山石雕刻工艺相比,当代工艺大师在传承传统雕刻手法的基础上,在雕刻素材上也有了更新和突破,使得雕刻更具时代感和独创性。为了顺应市场规律的要求和收藏者的需要,各拍卖公司拍卖的重心也逐渐转向创作者明确的当代寿山石雕刻,纷纷主打当代寿山石雕刻大师的品牌,市场反应良好。相信,随着时代的发展和人们审美意识的提高,具有全新面貌的当代寿山石雕,会成为寿山石市场的主导。

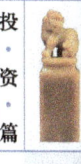

113. 为什么寿山石雕投资收藏需要注重雕工?

寿山石雕集各种美誉于一身,不仅仅是因为其石质的优异,还在于其雕刻技艺的精湛。常言道:"好石遇好工"。寿山石雕的价值除了好石头外,还在于雕刻艺术。

寿山石收藏界,许多收藏爱好者往往只重石种,不重雕工,这样的收藏观念是不正确的。寿山石本身的稀缺性以及市面上以次充好、以假乱真的现象频发,使得人们更加关注石材,在石材石种的鉴别上花费很大精力,而忽略作品艺术价值的重视。这完全可以理解,但收藏者应当意识到,石材的优劣固然重要,然而艺术本身才是最具价值的。如北京的故宫博物院收藏的寿山石雕珍品,其中不少是寿山的老岭石、虎艮、峨嵋之类的一般石种,但仍为帝王所珍爱,为世人所追捧。这些作品不以石品的名贵、质料的价值取胜。

近年来,由于寿山石的价格暴增,在巨大利益的驱动下,寿山石雕生产队伍盲目扩大。许多人没有接受过任何寿山石雕刻技术培训,或者只是进行了简单的学习了解,就拿起了

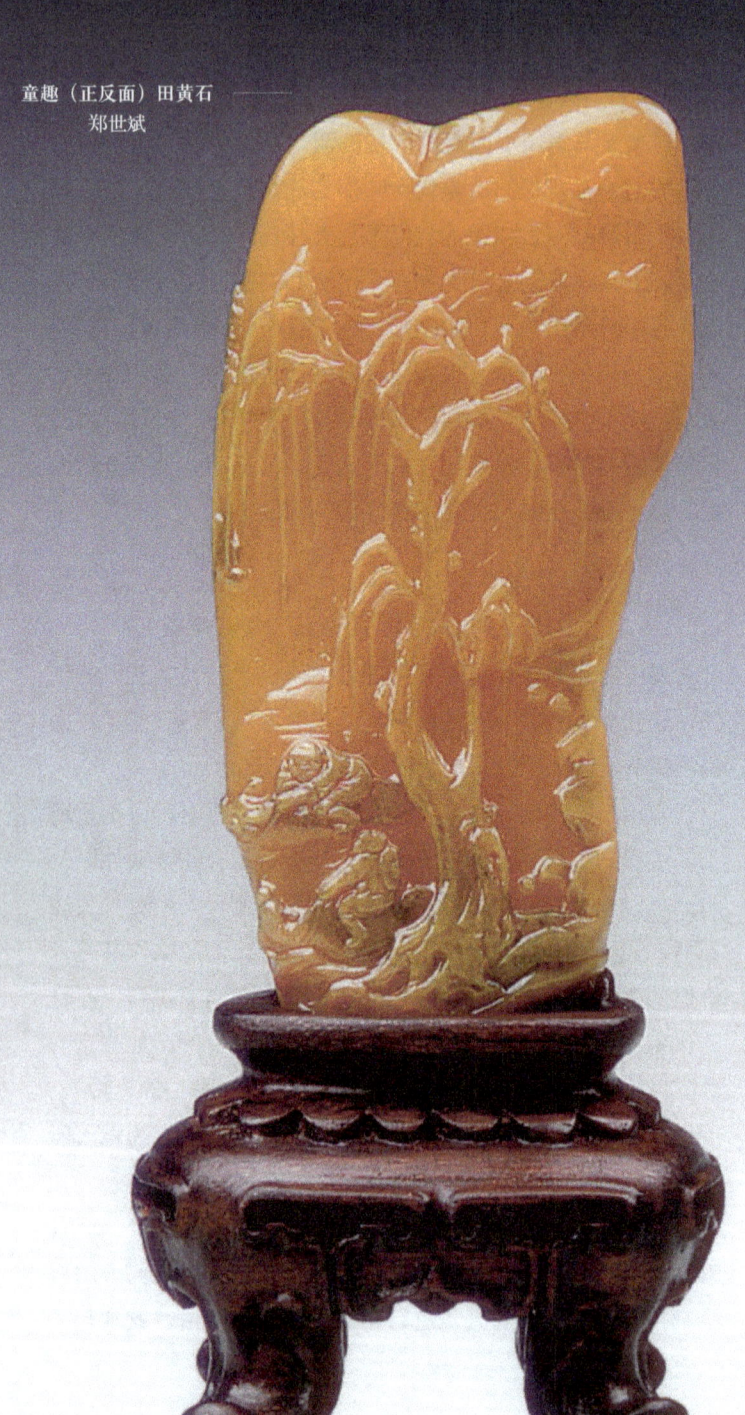

童趣（正反面）田黄石
郑世斌

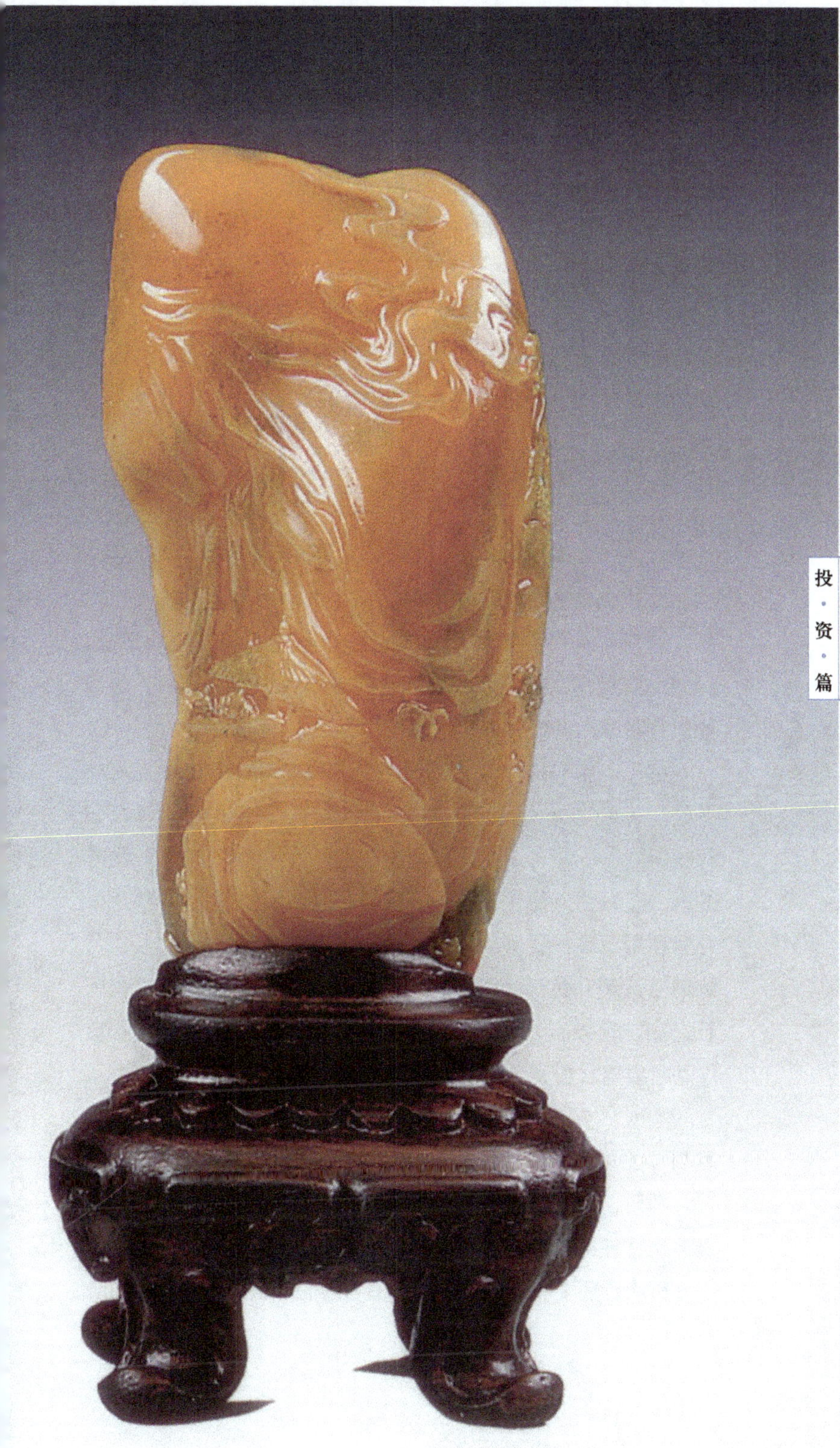

投·资·篇

刻刀，粗制滥造，只求数量，不求质量，其技艺水平和文化修养不敢恭维，作品就更谈不上高水准，糟蹋了好石。这样的作品就好比工厂批量生产出来的低档工艺品，无收藏价值可言。

目前从事寿山石雕刻的人数众多，但其中能称为高水平的雕刻师寥寥可数。建议寿山石爱好者更多地提高对石雕艺术的审美能力，应该多关注名家的作品以及一些中青年雕刻家的作品。

114. 如何判断寿山石艺术品雕工的优劣？

保留或欣赏自然天成的材料美是寿山石雕艺术的一大优势。原料本身的价值固然重要，但是艺人雕刻技巧的高低，对寿山石雕作品的艺术档次同样起着不可忽视的作用。那么如何判断雕工的好坏呢？

首先，要看作品是否因材施艺。要在寿山石中寻找两块造型和色彩完全相同的石头是不可能的。因受材料、颜色和形状所限制，在寿山石雕创作中特别强调"因材施艺"。优秀的寿山石雕艺人往往能巧妙地根据石料形状俏色，因料取材，充分利用石质、石形、石色、石纹来确定相应的题材与造型，雕刻出造型和色泽相适应的作品。发挥原石自然美质或利用石之病，顺势而为，而不是牵强附会。因此，收藏者在欣赏作品时要将材料、创作者的构思和雕刻技艺结合起来考虑。

其次，要看雕刻技法。经过1 000多年的发展，寿山石雕刻技法从南朝时代的简单线条刻画，已经发展为浮雕、薄意、圆雕、透雕、印钮雕、镶嵌雕等多种技法。一件寿山石雕精品往往综合应用各种传统技法。

再次，还要看运刀技艺。寿山石雕的刀法通常不为人们所

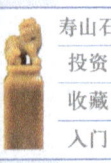

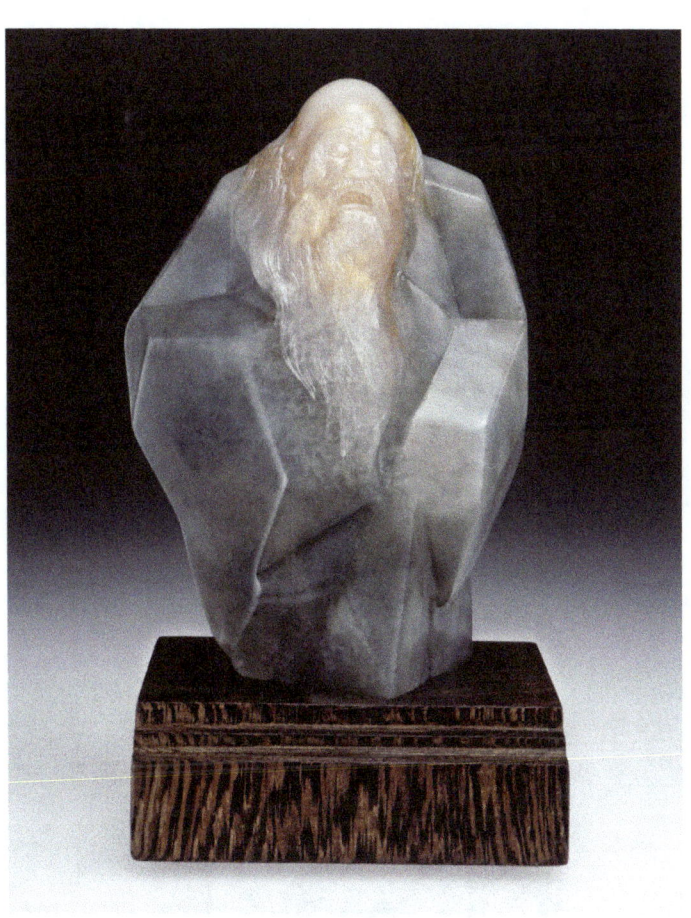

道家始祖——老子 鸡母窝石
黄宝庆

重视,而在创作中,寿山石雕的技法往往是通过运刀的刀法来体现的,或简练,或精致,或浑厚,或娟秀,具有独特的艺术风格。特别是薄意作品,乃以刀代笔在石面上作画,画面上刀法的起承转合以及末端的勾峰无不体现着作品的神韵。

寿山石雕的欣赏来自于各因素之间的巧妙而有机的结合。好的作品往往能充分发挥材料的特色,巧用石形、石质和石色，且构图严谨、用工精致，生动传神，无论造型、形象乃至运刀技法都能达到"石工合一"的境界。好的雕工往往经得起时间的考验，越看越有味道，令观者赏心悦目。

115. 如何看待寿山石雕的名家作品？

现在不少收藏者在选购过程中不仅重视石头本身的质地，而且开始关注作品的文化背景，对于雕刻者的资历生平也同样重视起来。普通雕刻者的作品与名家作品的价格已经产生了巨大的价差，这可以说是寿山石收藏者成熟的表现。

笔者认为，收藏名家作品是明智之举。

首先，从艺术角度看，名家之所以为名家，其艺术造诣、雕刻水平及作品的社会认知度自然要比普通的寿山石雕从业

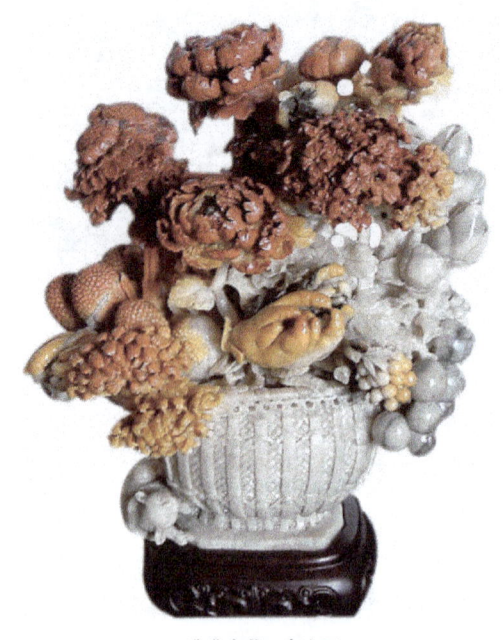

欣欣向荣　高山石
冯久和

者要高。

其次,从投资角度看,名家的作品价格虽然高于一般作品,但近年来的上涨势头不容小觑,名家作品往往升值快,回报率高。不少寿山石雕作品在石质相差不多的情况下,名家作品通常可以卖出更高价格。特别是已故名家,其价格无法估量。

再次,名家所选用的石材一般都是比较有保证的,石质粗劣或假冒的石料很难为名家采用。对于那些对寿山石的鉴别不是很在行的藏友们,选择名家作品,无疑是借名家的专业知识为石种提供了一个保障。

116. 如何投资收藏寿山石雕的名家作品?

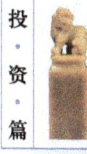

从市场趋势来看,不少投资人对寿山石雕作品的雕刻者知名度关注度逐渐增高,甚至有些人只对名家作品有兴趣。那么如何选购名家作品呢?

第一,必须看到,名家作品,因价格较高,假冒的人也多。因此,选购名家作品,不可掉以轻心。

第二,选购名家作品要视自己经济水平而定,不能盲目追求名家。作为中小投资收藏者也可以适当购入一些普通但雕工精美的寿山石雕,如果是经济实力较为雄厚的投资收藏者则尽量购入名家作品。

第三,投资收藏者尽量在正规有保证的商家购买寿山石雕,或者通过拍卖会等正规渠道购买。如果有条件的话最好直接向作者本人购买,一来可以保证真品,二来可以当面讨教。若是能得到大师和该作品的合照以及签名,也是很有纪念意义的。

第四,有些雕刻者没有名气但刻得好的作品也有人收藏,

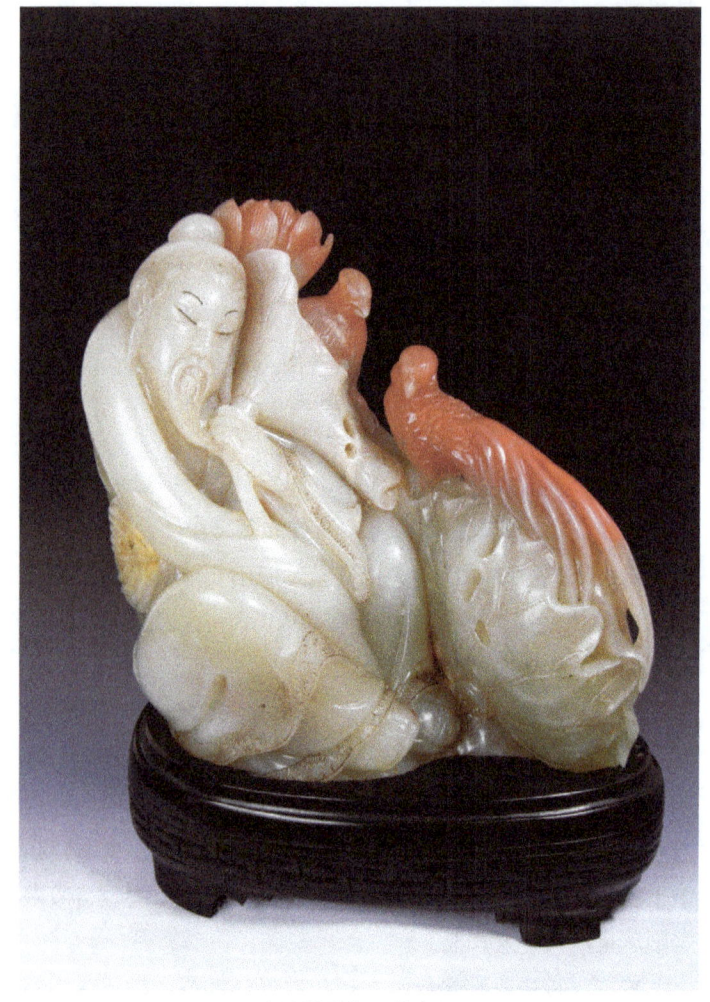

周廉溪爱莲 二号矿石
林发述

这就需要投资收藏者独具慧眼,发掘寿山石投资市场上的"潜力股"。当代许多中青年石雕艺术家十分优秀,其作品具有很好的升值潜力,投资收藏他们的作品在未来也会有较高的回报。

117. 如何看待裂格？

很多藏友或许都有这样的经历，看上去光鲜夺目，完美无瑕的石头买回家后，放上一小段时间，少则一日，多则数日，油一干，裂格便暴露无遗。特别是一些印石上若隐若现的裂纹让藏家十分苦恼。开裂的印石如同鸡肋，嚼之无味，弃之可惜。

收藏寿山石，裂格问题是不能回避的。大家都想买到无格无裂，完美无缺的石头，但是这是不现实的。事实上，无论是原石还是成品，在其形成和开采加工过程中难免会产生一些裂格。那么，如何看待裂格？

雕刻者常把裂格较多或杂质较多的石材用来雕刻圆雕、浮雕和薄意等。好的雕刻者往往十分巧妙地利用雕件的线条，把裂格"化净"。很多裂格在加工雕刻阶段已经被掩盖了。

当然也有些裂格太多太深，虽然雕刻时也用线条加以掩藏，但无法全部掩盖。于是商家就会在待售商品表面涂上一层油。吸饱油汁之石，裂缝隐匿，看上去光鲜夺目，但是油一干则裂格尽显。

事实上，裂格并不可怕，我们可以将其分为比较明显

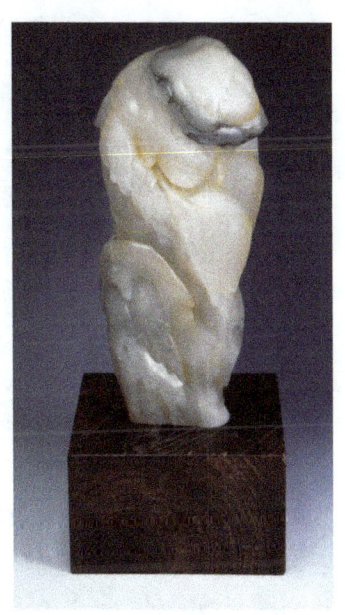

———— 冬 坑头石 ————
黄宝庆

的裂纹和局部细小的微裂，区别对待。局部比较小的微裂，一般的原石都不可避免，不应太过苛刻。但是如果有比较明显的主体裂痕，影响到整体的观赏性，就难以接受了。

不同的产品，对裂格的要求程度也不一样。印章印体平整，与雕件相比，对裂纹的要求相对高一些，如果出现裂格或杂质对印章的影响是很大的，印章最好是没有裂格的。比较小的手件、挂件对裂格要求也比较高，因为物件本身体积较小，如果有裂必定很明显，影响也比较大。对于大一点的摆件，有点小裂痕，只要不在主体形象的关键部位，都可以接受。

在此，提醒购买者购买时应屏气静心，反复搜寻，切不可只听商家一面之词。最好将石雕表面油擦干，在日光下，双手用力挤压，有油痕线显现，则表示有裂纹。建议随身携带手电筒，裂纹一般在强光下色线偏深，或有异常光痕。

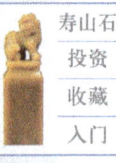

118. 寿山石雕有哪些规范标识？

1999年福建省技术监督局发布实施了《寿山石雕石种名称标识规定》，对全省范围内生产和销售的寿山石、寿山石雕的石种鉴定、标识内容与标识方法进行了统一的规定。此标准出台后，寿山石、寿山石雕在鉴定和贸易往来中有了统一的法律依据，交易中发生质量纠纷也有了裁定标准，为市场的公平竞争和维护消费者利益提供了新的保障。

对石种名称的标识要求。自然界出产的寿山石分田坑石、水坑石、山坑石三大类，计100余个品种，应直接使用《寿山石主要品种表》中规定的石种名称，如田黄石、银裹金田黄石、坑头石、高山石等。

改色处理、拼合、仿真、人造寿山石可仍按原寿山石石

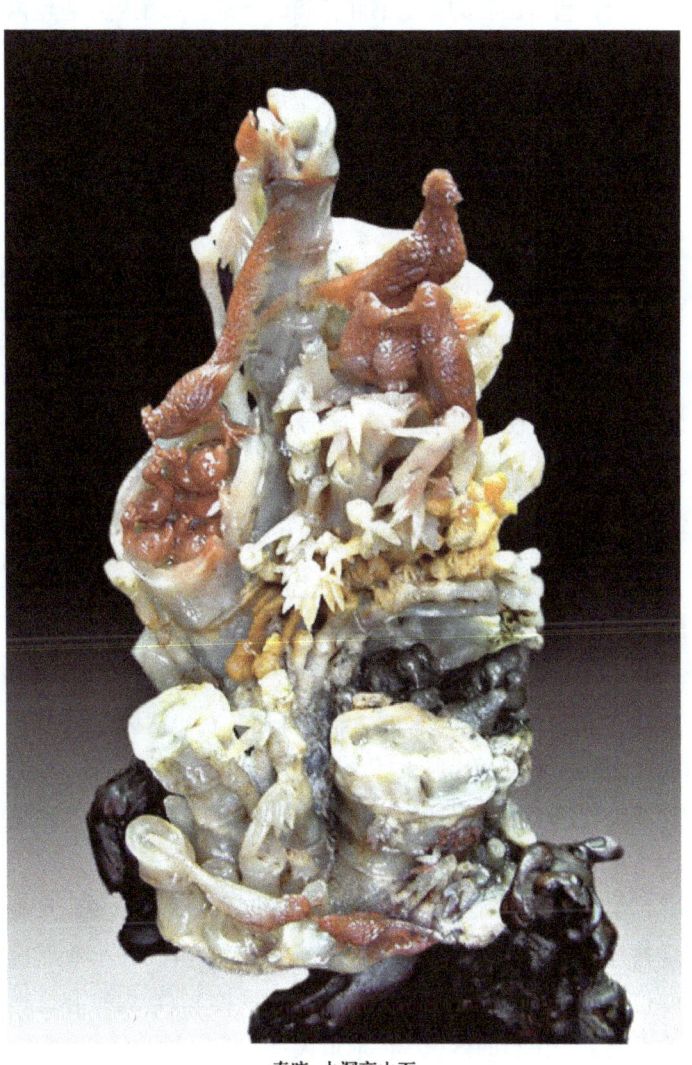

春晓 水洞高山石
冯久和

种名称标识，但必须附加说明，如高山石（改色）、高山石（拼合）、仿高山石、人造高山石。

对销售寿山石的鉴定书和标签的要求。凡在福建省境内生产、销售的寿山石雕的鉴定书与标签上必须分别标明以下内容：寿山石雕品名与石种名称；规格，各件商品（除田黄石外）必须标明长、宽、高，规格尺寸按厘米计；重量，田黄石雕必须按克（g）标明重量；作者姓名；生产或销售企业名称、地址。

对寿山石雕的标注方法的要求。每件雕刻品必须有一个对应标签；对于同类多件雕刻品置放在一起时，允许共用一个标签；

标注时应使用规范汉字，字号必须大于小 7 号。

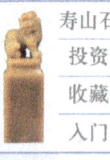

119. 测量寿山石的尺寸要注意哪些事项？

寿山石书籍或网络拍卖图片上的印石及雕件通常会标注尺寸，以方便读者估量大小。1999 年福建省技术监督局发布实施了《寿山石雕石种名称标识规定》，对寿山石雕测量的规格进行了统一的规定：各件商品（除田黄石外）必须标明长、宽、高，规格尺寸按厘米计。但这样一条简单的规定，并不能解决实践中标注尺寸的问题，有些寿山石买卖纠纷往往是因为尺寸上产生误差而引发的。

实践中，寿山石的测量通常以厘米（cm）为单位，尺寸规格按照"长度×宽度×高度"书写，精确到小数点后一位，如 3.5×3.5×12.5（长×宽×高）。行内也有这样的规则：寿山石的体积标注取最大尺寸值，即以石头本身的最长、最宽、最厚的尺寸进行标注。

寿山石本身各部分的长短不一、厚薄不同，同样尺寸的

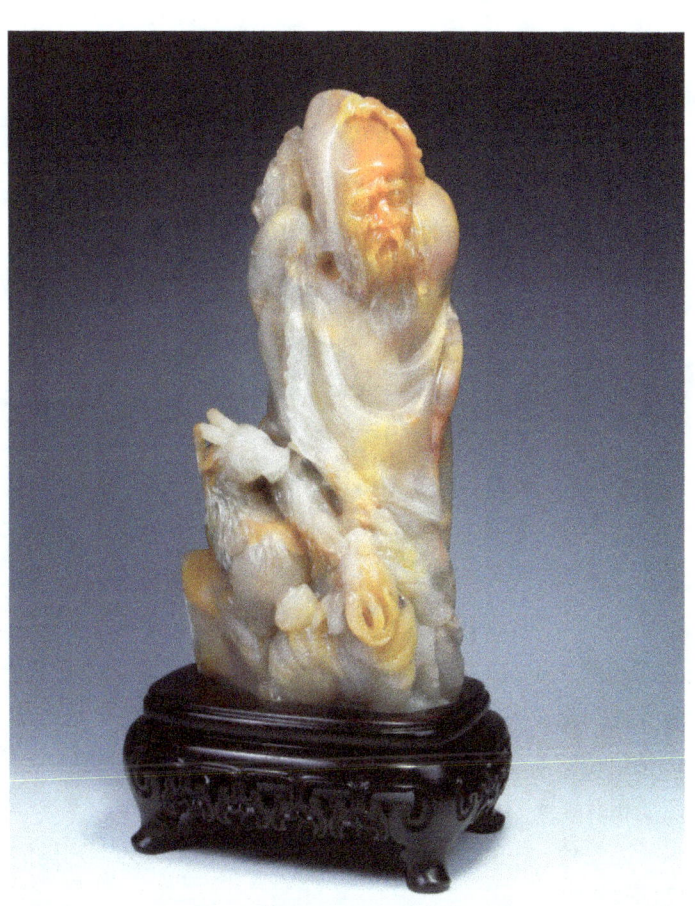

—— 苏武牧羊 都成坑石 ——
俞世英

不同石头有时体积的差别会达到数倍之多。

原石由于形状不规则，测量的结果和实物的误差会比较大。如有的棱角比较锐长，这样的原石测量起来就比较容易出现偏差。而棱角短钝的原石的尺寸出入则会小一点。雕件已经除去了棱角，所以尺寸相对精确一些。但成品也有许多形状不规则，测量难免会有误差。印石材形方正相对比较好测量，误差一般不会太大。

减少误差的方法是取其最大值，也就是最大的长度、最大的宽度及最大的高度。但是在很多情况下，最大尺寸并不能准确描述出雕品的实际形状和大小。

总的说来，光凭测量数据来想像寿山石的大小形状可能会产生较大的误差。购买寿山石还是眼见为实，最好还要拿手掂量一下，摸一摸。

120. 网上交易寿山石有哪几种方式？

目前利用网络在线交易寿山石主要有以下几种方式。

第一种，艺术品交易的专业拍卖性网站。创作者与网站合作，将作品交给网站，网上交易平台出面参与组织整个拍卖过程，双方在卖出后按比例分成。如中国嘉德在线、香港苏富比网上拍卖，都有长期或定期的大众艺术品网上拍卖。专业性的拍卖网站一般以经营中高档艺术品为主。但是与传统拍卖行的高端路线又有所不同，网络拍卖主要面向大众，门槛相对较低。

第二种，一般性的交易网站。这样的网站只为客户提供

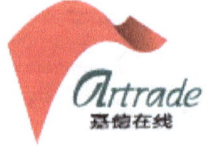

嘉德在线标志　　　　　苏富比拍卖网标志

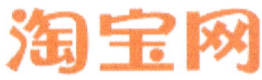 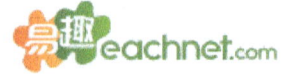

淘宝网标志　　　　　易趣网标志

自行的双向交易网上平台，而不负责提供待售作品。如淘宝网、易趣网、拍拍网等都设有艺术品和收藏品专场。这些网站的交易范围涉及方方面面，而寿山石只是其中的一个小门类，主要销售中低档的寿山石，当然也有高档寿山石，但毕竟是少数。因门槛较低，因此，消费群体范围较广。

第三种，一些商家也开设有自己的网站或者在艺术网站开辟商业区，通过网站来为自己的商品做广告，吸引客户远程邮购或直接买卖。一般也是以经营普通寿山石雕作品为主。

第四种，还有一些网站或论坛，在为寿山石爱好者提供交流平台的同时，很多寿山石收藏者也会在论坛上发布一些零散的求购或出售的信息，留下简单的作品介绍和联系方式，有意者进行交易。这是比较原始的，也是比较没有保障的一种交易方式。

121. 网购寿山石有哪些优势？

网上购物已经成为当下广为流行的购物方式，涉及生活的方方面面。近年来，艺术品网购逐渐兴起，寿山石也加入了这一行列，其增长非常迅猛。如今，网络销售已经成为寿山石流通的渠道之一。寿山石网购因其独特的优势，正被越来越多的寿山石爱好者所认识接受，其优势主要有以下几点。

第一点，方便快捷。寿山石网购具有便捷性和实用性的特点。对买家来说，网购寿山石足不出户，就可以搜寻到比逛寿山石市场多得多的寿山石雕，还可以在网上查阅作品记录和作者信息，根据自己的经验和喜好购买寿山石，节约不少时间和金钱。

第二点，价格便宜。网购是省钱的途径，价格优惠是所有网购吸引消费者的主要卖点之一。之所以网购寿山石有如

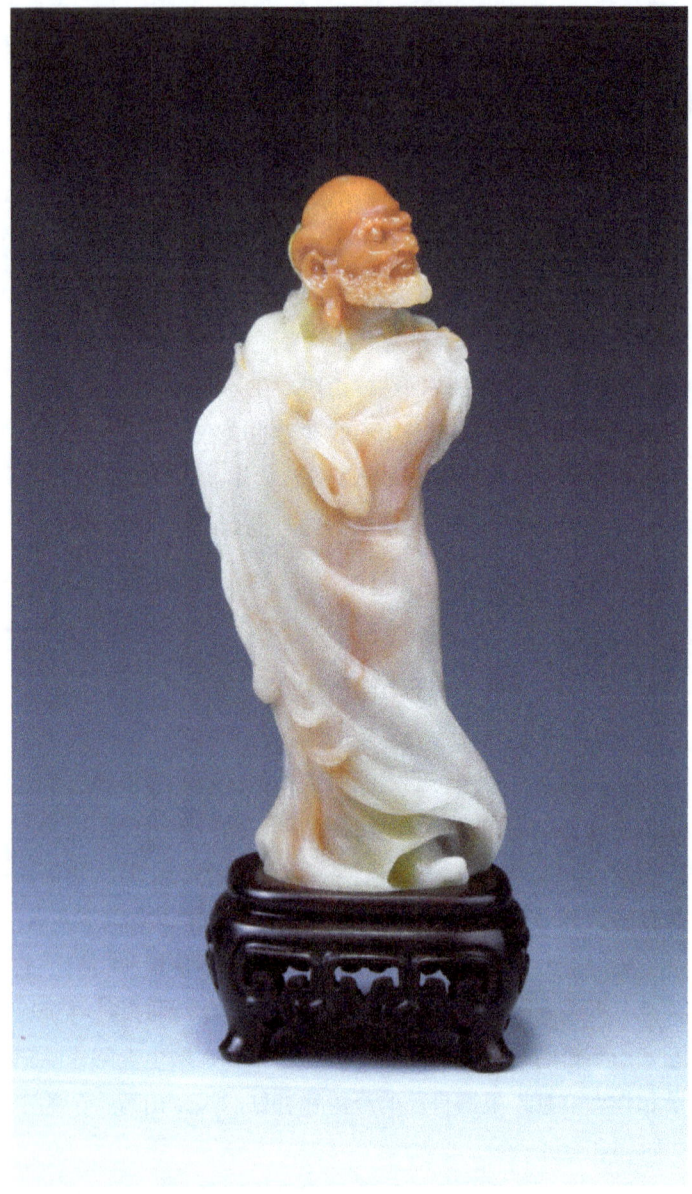

达摩 二号矿石
俞世英

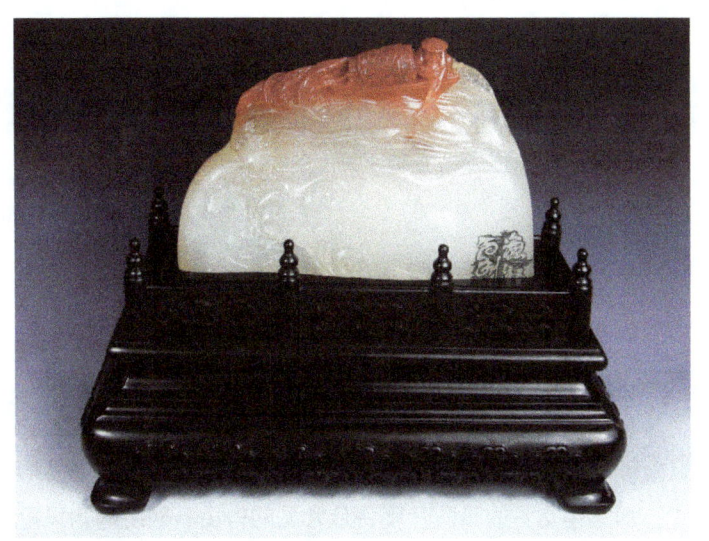

———— 渔舟唱晚 水洞高山石 ————
左一刀

此迅速的发展速度,主要因为网上购买寿山石的价格大多要比在寿山石市场或展销会购买更为便宜,明显的差价吸引了众多藏家。当然,这也不是绝对的。

  第三点,无时间空间的界限。网络是个全天候开放的空间,其潜在的客户遍及世界各地。这种交易方式可以省去路途奔波的时间和费用,而且没有地区和国界的限制。对商家而言,自己的商品可以让各地的人看到,商家可以通过网络轻而易举地招徕五湖四海的顾客,其生意当然越做越大。对于买家而言,可以获知所有网上商品信息,而不仅仅局限于本地,可选择的机会也多了许多,何乐不为。

  第四点,交易与学习同步。许多网上的交易平台,在提供寿山石商品或交易机会的同时,往往也提供很多寿山石的相关知识和信息。寿山石爱好者们在搜寻作品的同时,还可以丰富自己的知识。最重要的是可以和石友们进行交流,不断提高自己的鉴赏水平。

随着互联网日益普及，便捷、实惠的网络购物作为一种新兴的消费方式，已经被更多的网民接受并喜爱。但任何事情都有正反两面，在选择网购的同时也选择了更多的风险。

122. 网购寿山石存在哪些风险？

如今，寿山石的市场异常火热，随着网络技术的发展和普及，网购已经成为商品流通的一大平台，寿山石在网上的交易也如火如荼。寿山石买卖有风险，而网上寿山石交易的风险性更大。网购一改过去"一手交钱一手交货"的交易形式，加大了交易的风险。现将最常见的寿山石网络购物风险列举如下。

第一，网购不同于传统的当面交易，许多网购者在收到货品时，发现实物与网上照片相去甚远，其偏差主要体现在色彩、体积、格纹上，一些经验不足的淘友由于误判而蒙受损失的事件时有发生。作为卖家当然想把自己的商品拍得漂亮一些，网上呈现出来的所谓实物图大多是经过后期处理的，色彩、杂质、格纹都可以调节美化，加上不同电脑的显示屏都存在色差，因此网上的图片跟实物或多或少都存在差异，只是程度不同而已。寿山石雕作为艺术品有其特殊性，对色彩及其他细节的要求很高。有时这些偏差有可能就意味着石质甚至石种的不同，价值也相差很大。同时也不排除有不少商家利用图片来推销的质次或残次甚至假冒的商品。

第二，寿山石品种众多且分类复杂，辨别十分困难，寿山石雕的从业者也良莠不齐，衡量寿山石雕作品的标准又很多，就是业内人士也绝大多数不能了解其详，一般的寿山石雕消费者的鉴别水平还不足以准确评判寿山石的价格。目前

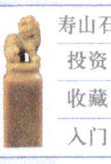

网络上寿山石雕作品或原石的标价没有标准，有漫天要价的现象，使买家无所适从。

第三，艺术品鉴定本身就需要专业知识，而寿山石的鉴识很重要的一点就是手感。寿山石的温润程度是判断石质的一个重要因素。而通过网络交易只是凭肉眼观察，观察的对象也仅是卖家提供的部分照片，不可能全面。很多买家轻信卖家的承诺，在网上看着比较可信的东西，真正拿到手里之后完全变样了，甚至根本不是自己在网上所看到的那样。

第四，交易中一旦出现产品质量、付款方式、发货时间、不兑现承诺、售后服务等问题，可能出现协调难、处理难等情况。多数买家在事后很久才发现上当，但因没索要发票，导致维权出现障碍。

综上所述，网购是把双刃剑，在使艺术品消费走向大众的同时，也衍生出一系列的网络风险。寿山石雕作为艺术品，是一种特殊的商品，不同于一般的生活消费品。网购寿山石

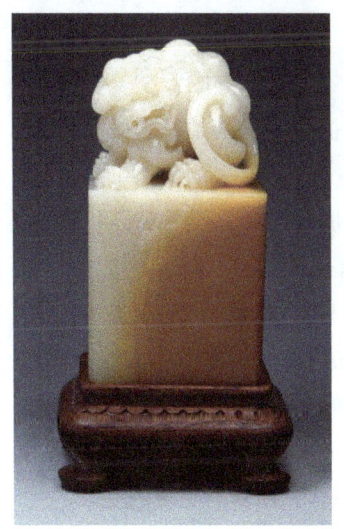

——古兽钮章 汶洋石——
郑则评

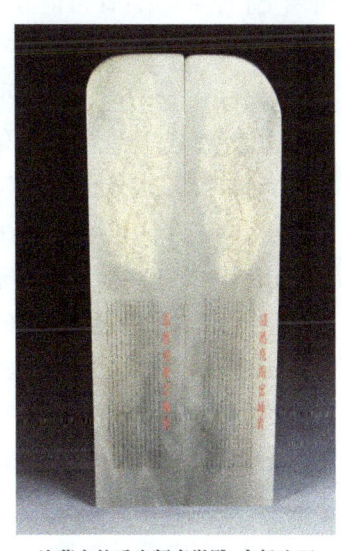

——诸葛亮前后出师表微雕 太极头石——
许通海

有其特殊性，建议寿山石爱好者们谨慎对待。

123. 网购寿山石应该注意哪些问题？

网购由于其自身的优势，吸引了许多寿山石收藏爱好者。有人在网购上尝到了甜头，也有人栽了跟头。网购是一大趋势，但网购风险却难以避免。

网购寿山石应该注意哪些问题，如何才能降低风险，避免网上购物陷阱，以下是笔者的一些经验之谈，供读者参考。

首先，应选择合适的购买渠道。选择专业性较强的规范化网站是艺术品网购最为重要的。对于那些专业艺术品拍卖的网站，首先要考察网站是否属实，是否具有完善的购物条例，信誉如何；其次网站是否具有强大的专家队伍支持；第三要考察其历来的作品的销售情况及客户评价。利用网络行骗的人大有人在，不可掉以轻心。只有对网站有深入的了解，才可放心购买。其中很重要的一个标准是：正规网站都标注有网上销售的经营许可证号和工商行政管理机关红盾检验标志。

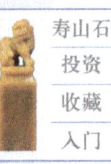

淘宝网、易趣网、拍拍网等信誉较好的大型交易平台，其所卖的商品并不是网站本身提供的。网站只是一个平台，销售商品的卖家素质也良莠不齐，需要买家仔细判断。这些网站一般都采用身份证实名注册，并建立了信誉评价机制。每家店铺成交了多少产品，信誉度如何，买家的评价等都有显示。买家在购买时要选择信用度高的卖家，相对有保障。

而对于那些论坛上个人公布的交易消息，则要慎之又慎。交易前要对卖家真实度进行全面了解，查看是否有真实的名称，卖家地址、联系电话等等。由于网络论坛注册方便，且不规范，因此对于普通买家来说，判断真假比较困难。

其次，应选择比较规范的交易流程。正规的专业购物网

达摩 芙蓉石
叶星光

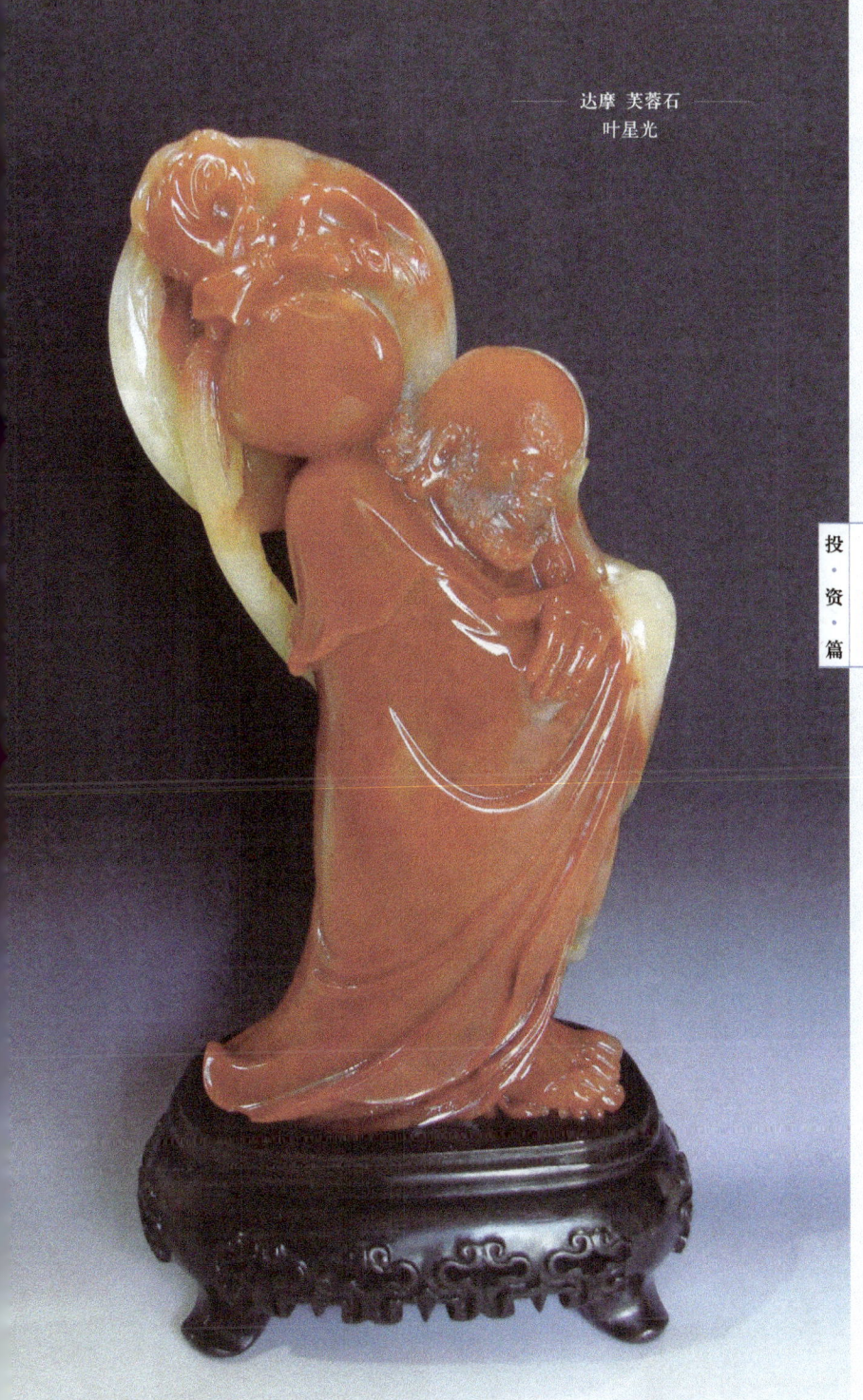

站基本都有一套比较规范的交易流程，对保障交易顺利完成有重要作用。如淘宝网、易趣网等的交易流程一般都是买家看中某件商品，拍下后付款给网站，卖家发货；货物到达，买家查验无误后，在网上完成确认收货，由网站付款给卖家；如果货品有问题，在规定时间内可以要求退货，网站核实后负责把钱退给买家。这样的做法可以规避卖家对售后不承担责任的风险，在一定程度上遏制了欺诈行为。作为消费者，要保存好付款凭证和网上交易清单，以利于投诉维权。

　　第三，要做到货比三家。网络交易中，买家更容易通过多方信息比对，来判断物品的市场价格。网购寿山石如果不是只看中了一个，非他莫属的话，一般情况下最好要货比三家。网上商城同类商品之间竞争相当激烈，货比三家是很有必要的。可以的话，适当议价。而与此同时，买家还可以通

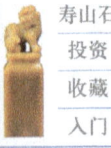

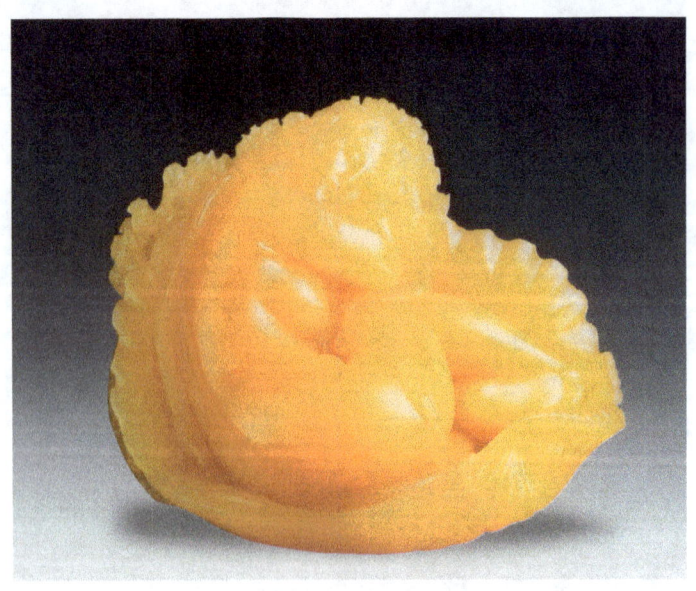

—— 春 芙蓉石 ——
王则坚

过线上交流，了解网友们的评价。

第四，注重售后服务。卖家对承诺的售后服务很重要，大多数正规的卖家一定会承诺质量问题出现后的服务。有些商家为了保证销量，提出了无条件退货的售后承诺。

第五，尽量减少实物误差。如果同城交易，应尽量争取看实物的机会。大家约定一个时间和地点，卖家把作品拿给买家亲眼鉴别。如果交易的是较大金额的作品，或者对卖家手里好几样东西都感兴趣，最好还是当面交易，不要吝啬花上一笔交通费，否则损失更大。

如果双方距离太远而不方便看实物的话，买家可以要求卖家提供作品的高精度、全方位、多角度、细部特写的图片，让买家对大小、色彩、格纹、杂质、雕工、造型等细部特征一目了然，才可放心购买。

总之，网上购物是机遇与风险并存，寿山石网购更需要消费者保持谨慎态度，避免落入网购陷阱。

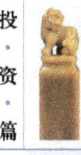

附 录

寿山石三坑主要品种表

类别	石种名称	石名及产地	外观特征	附注
田坑类	田黄石	寿山溪中,西起坑头占,东止结门礴,总长约为8千米的小溪及两岸之田地、沙土中,总面积约1平方千米	黄色微透明,肌理隐现萝卜丝纹,通常有黄皮、红筋格	
	田黄冻石		田黄石中,质极通灵者	
	金裹银田黄石		外层黄色,肌理为白者之田石	
	银裹金田黄石		外层白色,肌理为黄者之田石	
	乌鸦皮田黄石		外裹黑皮,肌理为黄色之田石	
	白田石		微黄偏白,萝卜丝纹较明显	
	红田石		质地鲜艳通灵,红如橘皮	
	黑田石		黑赭色,萝卜纹较粗	
	煨红田石		外泛红橙色,通常有深赭色纹,黑层黄色	
	灰田石		色淡灰,略带微黄	
	硬田石		不通灵之粗劣田石	
	寺坪田石	寿山广应寺遗址	深赭色,古意盎然,通常已加工成作品	
	牛蛋黄石	大洋、寿山溪流域	质坚不透明,有色皮,呈卵状形	
水坑类	水晶冻石	坑头水昌洞	莹澈透明,时有棉花纹,有红、白、黄水晶冻	

(续表)

类别	石种名称	石名及产地	外观特征	附注
水坑类	鱼脑冻石	坑头水晶洞	白色半透明，含棉花纹，凝腻脂润	
	黄冻石		黄色半透明，洁而凝腻	
	鳝草冻石	坑头洞	灰黄色，半透明，隐深色细点	
	牛角冻石		色黑中带赭如牛角，时有水波纹，通灵而有光泽	
	天蓝冻石		色蔚蓝，质明净，半透明，蓝色愈淡愈佳	
	桃花冻石		白色半透明，细红点多，或隐或现	
	玛瑙冻石		半透明，色如玛瑙纹	
	环冻石		水坑冻石，肌理现泡状圆环。以环多清晰为上品	
	坑头冻石		质纯而通灵者	
	坑头石		质稍坚，微透明	
	冻油石		质如结冻之油蜡	
	掘性坑头石	坑头洞旁砂土中	半透明，有红筋，肌理含萝卜丝纹或白晕点，多有稀皮	
山坑类	高山矿泉	高山石	质细而松，微透明，有白、红、黄、黑等各色	宜上油
		高山峰		
		高山晶石	纯白通灵，时有萝卜丝纹	

(续表)

类别	石种名称	石名及产地		外观特征	附注
山坑类	高山矿脉	高山冻石	高山峰	质凝腻，特通灵者	宜上油
		荔枝洞石		质晶莹，色泽娇艳，时有萝卜丝纹与色皮	
		鸡母窝石		质晶莹，色泽鲜艳，时有色皮与萝卜丝纹，多有色点	
		太极头石		质晶莹，稍松，红、黄鲜艳，白者脂润，色层交接处浑化	
		水洞高山石		质细松，时有萝卜丝纹，上油后色泽鲜艳	
		四股四高山石		质稍坚，色层清晰、鲜艳通灵，性近都成坑石	
		掘性高山石		纯洁通灵，外泛淡黄，时有萝卜丝纹与色皮	
		鲎箕石	高山峰西南侧，属芹石村	微透明，多有棉砂地，纹路粗，有金黄、暗红、白色等，质优者，俗称"鲎箕田"石	
	都成坑矿脉	都成坑石	都成坑山	质坚润、透明，有光泽，时有长曲纹与灰色层，各色俱有	
		琪源洞都成坑石		质晶莹温润，多为黄色，系都成坑石之最	
		掘性都成坑石	都成坑砂土中	质温润，多有石皮，肌理隐萝卜丝纹与红筋	
		马背石	都成坑山西面	质坚，半透明，性近都成坑石	

(续表)

类别	石种名称	石名及产地		外观特征	附注
山坑类	都成坑矿脉	迷翠寮石	都成坑山顶	质细腻，微透明，含金砂地	宜上蜡
		尼姑楼石	都成坑山旁	质坚脆，微透明，含白色点	
		蛇瓠石		微透明，多黄、红、豆青色相间，有砂地与色点	
		鹿目格石	都成坑山坳	质细嫩，微透明，多黄色外裹色皮，时有红色透出，其中质优者，俗称"鹿目田"石	
	善伯洞矿脉	老善伯洞石	善伯洞山	晶莹脂润，半透明，富有光泽，含细金砂点	
		新善伯洞石		稍逊于老善伯洞石，无金砂点，时有白晕点	
		月尾石	月尾山	质细嫩，微透明，有光泽，有格纹，多绿、紫色	
		艾叶绿石		质脆而通灵者	
		善伯洞尾（月尾仙）石	善伯、月尾山中间	质细腻，性近善伯洞石，带有绿味，或淡紫色	
	虎岗矿脉	虎岗石	虎岗山	质脆微坚，有虎皮纹	
		新虎岗石		质细微坚，微透明，性近老岭通石	
		碓下黄石	虎岗山麓	质稍松，黄色不透明，格纹细密	

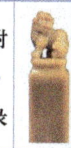

(续表)

类别	石种名称	石名及产地		外观特征	附注
山坑类	虎岗矿脉	花坑石	铁头岭	质坚色彩斑斓,多有绿、黄结晶体夹石中,以晶体多为佳	宜上蜡
	吊笕矿脉	吊笕石	吊笕山	质坚,黑色有光泽,时有白色纹点	
		吊笕冻石		质通灵,隐黑、白纹	
		虎皮冻石		质灵色黄,含虎皮色纹	
		鸡角岭石	吊笕山附近	质较粗松,多格纹	
	金狮公山矿脉	金狮峰石	金狮公山	质粗硬,含金属细砂	
		房栊岩石	金狮公山旁	质粗多砂,肌理隐色点结晶体	
		鬼洞石	房栊岩附近	质坚不透明,含砂格	
		野竹桁石		质粗色黄,含白色斑点	
	柳坪矿脉	柳坪石	柳坪山尖	质粗松,不透明,含色点	
		柳坪晶石		质淡绿或淡黄结晶体	
	旗降矿脉	老性旗降石	旗降山	质细而温嫩,性韧,时有花生糕,有黄、红、白、紫诸色	
		银裹金旗降石		外层白色,内心全黄,多为扁形	
		新性旗降石		质稍逊于老性旗降石	

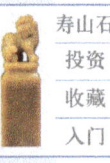

(续 表)

类别	石种名称	石名及产地		外观特征	附注
山坑类	旗降矿脉	焓红石	旗降山	质坚而脆，多青白、赭黄或土红，隐色点	宜上蜡
		掘性旗降石	旗降山土中	质温嫩，有色皮	
	老岭矿脉	大山石	老岭山旁	质坚，性近老岭石，多斑纹	
		大山通石		质洁通灵者，石表时有白坚色层，以纯黄、纯青者为佳	
		豆叶青石	老岭山麓	半透明，色嫩绿	
		老岭石	老岭山	质坚脆，微透明，颇具光泽，色多青、黄	
		老岭通石		质地通灵者，其淡绿色结晶体为老岭晶石	
	旗山矿脉	马头岗石	旗山马头岗	质硬多砂，不透明	
		水洞湾石	马头岗下	质粗硬，各色相间	
		大洞黄石	旗山旁	质脆坚，不透明，色多暗黄，含黄色斑	
		三界黄石	旗山一带	质粗不透明，多红、黄、白三色相杂	
		鸡母孵石		质粗，多赭黄色，不透明	
		水莲花石	旗山附近	质粗不透明，色杂不纯	

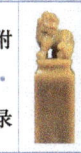

附录

(续表)

类别	石种名称	石名及产地		外观特征	附注
山坑类	黄巢山矿脉	党洋绿石	日溪黄巢山	质细，微透明，色青绿	宜上蜡
		鸭雄绿石		绿色如雄鸡翼者，乡人惑于风水禁采已久	
		黄枣冻石		黄色结晶体，材小通灵，俗称"二号矿"	
		松柏岭石		质稍坚，红、白色，白色多带绿意，格纹多	
		山秀园石	南峰楄树夹	质润，蜡质强，黄、红、白色，有黄砂粒	
	加良山矿脉	芙蓉石	加良山顶	质柔而细嫩，微透明	
		将军洞石	加良山天面洞	纯洁细腻，色强白玉	
		醉芙蓉石	加良山顶	芙蓉石种中纯黄者，润比田黄石	
		五彩芙蓉石		质润，色彩丰富鲜艳	
		蜡烛红芙蓉石		质润、纯洁、色彩鲜艳，红似蜡烛	
		天面洞芙蓉石	加良山天面洞	质凝腻，色泛青灰味	
		半山石	加良山花洋洞	质细，有红色斑纹	
		半粗石	加良山腰	质粗，色杂，多格纹	

(续 表)

类别	石种名称	石名及产地		外观特征	附注
山坑类	加良山矿脉	绿若通石	芙蓉洞旁	通灵，青绿色，含红色浑点	宜上蜡
		竹头窝石	加良山竹篮洞	质细而脂润，微透明，微带绿味	
		花洋洞峨嵋石	加良山花洋洞	质微坚，色杂，多格纹	
		峨嵋石	加良山腰	质坚而细，多格纹	
		溪蛋石	月洋溪中	质稍坚，形如卵状，外泛黄色	
	山仔濑矿脉	连江黄石	金山顶旁	色黄，质稍脆，微透明，隐直纹，多细格	
		山仔濑石	金山山腰	质稍坚，石表多赭黄色，肌理渐淡，多砂多	

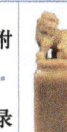

www.ingramcontent.com/pod-product-compliance
Lightning Source LLC
Chambersburg PA
CBHW050202230526
45470CB00001B/204